APERÇU

DE L'ÉTAT ACTUEL

DES

LÉGISLATIONS CIVILES

DE L'EUROPE, DE L'AMÉRIQUE

ETC., ETC..

OUVRAGES DU MÈME AUTEUR

Étude de droit pratique : De la renonciation à son hypothèque légale par
la femme du vendeur. In-8°; Paris, 1869.

De la vénalité et de la propriété des offices de notaires. In-8°; Paris,
1870.

Étude sur l'institution du notariat en Russie et en Espagne (extrait
du *Bulletin de législation comparée*). In-8°; Paris, 1872.

Études sur le notariat français : Réformes et améliorations. In-8°; Paris,
1879.

De la prescription de l'hypothèque par le tiers détenteur. In-8°; Paris,
1880.

Le tarif général et raisonné des notaires. 2ᵉ édition. 2 vol. in-8°; Paris,
1881.

Recherches bibliographiques sur le notariat français. In-18; Paris,
1881.

Commentaire sur la loi du 25 ventôse an XI, de Rutgeerts. 2ᵉ édition.
3 vol. in-8°; Bruxelles et Paris, 1884.

EN PRÉPARATION

Code annoté et comparé des lois notariales en vigueur en Europe.
2 vol in-8°.

Aperçu de l'état actuel des législations pénales de l'Europe, de l'Amérique, etc...

APERÇU

DE L'ÉTAT ACTUEL

DES

LÉGISLATIONS CIVILES

DE L'EUROPE, DE L'AMÉRIQUE

ETC., ETC....

AVEC INDICATION DES SOURCES BIBLIOGRAPHIQUES

SUIVI

DE TROIS APPENDICES

Contenant des tableaux et extraits de tous les Traités conclus par la France
avec les Puissances étrangères relativement au règlement des successions des étrangers
en France et des Français à l'étranger,
à l'organisation des tutelles, à l'exécution des jugements et à la dispense
de la caution *judicatum solvi.*

PAR

Albert AMIAUD

Secrétaire-adjoint et Bibliothécaire du Comité de Législation étrangère
au Ministère de la Justice,
Secrétaire de la Société de Législation comparée,
Membre correspondant de l'Académie de Législation de Toulouse, etc.

PARIS

LIBRAIRIE COTILLON

F. PICHON, SUCCESSEUR, ÉDITEUR,

Libraire du Conseil d'État et de la Société de Législation comparée
24, rue Soufflot, 24

1884

APERÇU

DE L'ÉTAT ACTUEL

DES

LÉGISLATIONS CIVILES

DE L'EUROPE, DE L'AMÉRIQUE

ETC., ETC.

Le besoin de convertir en loi écrite ce que l'usage a introduit et consacré, d'en fixer avec précision les interprétations et formules diverses, d'en régler les écarts, de rendre constant ce qui est essentiellement variable, de modifier, d'après les nécessités sociales et les intérêts généraux, ce qui ne doit son origine qu'à des relations individuelles, s'est fait sentir dans tous les pays comme à toutes les époques.

C'est sous cette impulsion qu'a été faite à Rome la loi des XII tables, qu'ont été rédigés, à Constantinople, les Codes de Théodose et de Justinien; c'est le même besoin qui, plus tard, donnait naissance à l'*édit* de Théodoric, aux compilations germaniques connues sous les noms de *loi Salique*, *loi Ripuaire*, *Bréviaire* d'Alaric, *loi Gombette*, etc., et, à une époque plus récente, à la rédaction et à la réformation des coutumes en Allemagne, en Belgique et en France. C'est à cette même nécessité qu'obéissaient Barnabé Brisson, en rédigeant sa *Basilique* ou Code de Henri III (1587); Michel de Marillac, en écrivant le Code Michaud de 1629; Colbert, Lamoignon, d'Aguesseau, en publiant les grandes ordonnances civiles du XVII* et du XVIII* siècle.

On se tromperait donc étrangement, si l'on s'imaginait que le Code civil français de 1804 a été la première œuvre de codification des lois civiles. A l'étranger, le Code danois de Christian V (1684), le Code suédois de 1734, le Code bavarois promulgué en 1756, le *Landrecht* prussien de 1794, furent aussi des essais importants de codification, dont on ne saurait contester les progrès sur la législation de l'époque.

Mais ni les uns ni les autres ne réalisaient le type d'une codification définitive. Sans parler de ceux qui, en France, sont restés, comme le Code Michaud et le Code de Henri III, à l'état de simple projet, ou des ordonnances qui, n'embrassant qu'une très minime partie du droit civil, étaient appelées à disparaître dans une codification complète, — le Code bavarois est bien plus un traité de jurisprudence, donnant la solution des questions douteuses et controversées, qu'un Code proprement dit; le *Landrecht* prussien n'a même pas la qualité principale de tout Code qui est d'établir l'unité de législation et d'abroger les statuts et coutumes en vigueur; cette œuvre législative, d'ailleurs, prolixe, mal divisée, avec ses prétentions à tout prévoir et à tout réglementer, n'a pas trouvé plus d'imitateurs que d'apologistes.

Les codes danois et suédois n'étaient pas seulement une consolidation des lois civiles; ils embrassaient aussi presque toutes les branches du droit, et, sur bien des points aujourd'hui, leurs dispositions ont été abrogées ou sont tombées en désuétude. Là aussi l'œuvre de codification est à reprendre.

Il faut donc le reconnaître, si le Code de 1804 n'est pas venu le premier, il est du moins le seul qui, par ses qualités particulières, ait mérité de survivre et qui ait survécu. Il est aussi le seul, et cet éloge le venge bien des dures attaques de Savigny, il est le seul qui ait servi de modèle aux législateurs étrangers (1). Imposé par

(1) « Il y a un fait, a dit Bluntschli, qui est la justification et la glorification du Code civil français. Aucune nation n'a songé à imiter le Code prussien, tandis que le Code français a été maintenu en Belgique, dans les provinces rhénanes, dans le grand-duché de Bade, dans le royaume de Pologne, quoique dans ces pays on pût dire que Napoléon avait imposé son Code comme vainqueur de l'Europe. Les vaincus, chose remarquable, gardèrent les lois françaises comme un bienfait. » Cité par M. Laurent, dans son *Avant-projet de revision du Code civil*, t. I, p. VII.

Pour ce qui nous concerne, a écrit aussi M. Laurent, nous admirons le Code Napoléon comme un chef-d'œuvre de législation. (*Journal du droit internat. privé*, t. IV, p. 498. — V. Glasson, *Éléments du droit français...* 2 vol. in-18; Paris, 1875), p. 36.

Rappelons qu'à l'occasion de la préparation du Code civil italien de

Napoléon dans tous les pays annexés à la France, même à quelques-uns de ceux qui avaient été placés sous son protectorat, en Italie, en Pologne, en Hollande, on pouvait croire qu'en se débarrassant du vainqueur, les peuples vaincus se débarrasseraient aussi de ses lois. Il n'en a point été ainsi : notre Code civil est resté en vigueur dans les provinces rhénanes, dans le Palatinat bavarois, dans le grand-duché de Bade où il est devenu le *Landrecht* et a été traduit en allemand, dans le Luxembourg, en Belgique, en Hollande, jusqu'en 1838; enfin dans le canton de Genève et le Jura bernois.

Dans d'autres pays où il n'avait pas été introduit, il a servi de modèle et a inspiré plus ou moins directement le législateur. Le Code de la Louisiane (1824), d'Haïti (1828), des Pays-Bas (1838), des îles Ioniennes (1841), le Code roumain (1864), les Codes du canton de Neufchâtel (1855), de Vaud (1819), de Fribourg (1834), du Valais (1855), le nouveau Code italien (1865), ont été faits à l'image du Code français, et il n'y a pas jusqu'aux petites Républiques du Centre et du Sud de l'Amérique qui n'aient délaissé souvent la législation Espagnole pour emprunter les principes du droit français.

Mais le mérite du Code civil n'a pas seulement contribué à répandre les principes de notre droit; il a été comme le signal de ce grand mouvement de codification qui sera un des caractères distinctifs des progrès du droit dans notre siècle. Le système de la codification a définitivement triomphé partout; suivant l'exemple de la France, plus de dix États, en effet, se sont donné des Codes : l'Autriche en 1811, la Hollande en 1838, la Saxe royale en 1863, la Roumanie et les provinces baltiques en 1864, l'Italie en 1865, le Portugal, les îles Ioniennes en 1867, la Turquie en 1869, l'Égypte en 1875; enfin, sur les 25 cantons suisses, 16 possèdent déjà des Codes civils complets. L'Amérique a suivi l'impulsion de l'Europe, et, de toutes parts, dans ces dernières années, des Codes y ont été promulgués dans les diverses branches du droit. La Bolivie, le Chili, le Pérou, le Mexique, la République argentine, les Républiques de l'Uruguay, de Costa-Rica, de Guatemala, du Salvador, des États de Colombie, etc., sont dotés d'un Code civil.

Ce mouvement législatif a même fini par s'étendre aux pays qui se sont montrés jusqu'à ce jour les plus rebelles à toute codification. L'Allemagne, dont l'École historique a si vivement et si longtemps

1865, M. le sénateur Vigliani, défendant les principes consacrés par la loi française, citait notre Code civil comme le « grand type des Codes modernes. »

lutté contre l'envahissement de la méthode dogmatique, a enfin cédé à l'entraînement général ; on y a compris que la codification n'a pas seulement des avantages scientifiques, mais qu'elle a aussi son utilité et qu'elle est un moyen puissant d'organisation politique. Aussi l'œuvre d'unification législative a-t-elle marché d'un pas rapide. Après avoir fait voter pour tout l'empire un Code pénal en 1871, — en 1877, un Code d'organisation judiciaire, un Code de procédure civile, un Code des faillites et un Code de procédure pénale, le gouvernement travaille à la préparation d'un Code civil, et, malgré les immenses difficultés que rencontre l'exécution de ce projet, il y a tout lieu de croire que, dans quelques années, il sera réalisé.

L'Espagne, dès 1851, avait tenté de codifier sa législation civile. Les révolutions interrompirent à plusieurs reprises ces essais. Ils viennent d'être repris ; un nouveau projet a été rédigé et sera prochainement déposé au Parlement.

La Suisse s'efforce aussi d'unifier ses lois et d'effacer les différences qui séparent principalement les cantons d'origine germanique des cantons français ou romans ; à diverses reprises, la Société des juristes suisses (1) s'est préoccupée d'étudier les différences principales qui existent entre les législations civiles de la Suisse allemande et celles de la Suisse française et les moyens possibles d'arriver à une conciliation ; cette difficulté a reçu un commencement de solution dans la Constitution revisée de 1874, qui donne au Conseil fédéral le droit de légiférer sur plusieurs matières du droit civil (2).

L'Angleterre elle-même, si fière de ses lois et coutumes nationales, subit insensiblement l'influence du continent. Secondés par les embarras, chaque jour plus nombreux, qui naissent du chaos des statuts, du dédale inextricable des règles souvent contradictoires que suscite l'application du droit coutumier ou de l'équité, des jurisconsultes éminents ont repris la thèse de Bentham, de Brougham, de Peel, et réclament avec instance tout au moins une consolidation des statuts (3).

C'est qu'en effet la codification répond aujourd'hui à un besoin naturel des individus non moins qu'à une nécessité d'ordre social.

(1) Consulter notamment les travaux du Congrès de Coire, en 1873, (*Bulletin de la Société de législation comparée*, 1874, p. 399 ; *Revue de législation française et étrangère*, n° de mai-juin 1874.

(2) V. *Bulletin de la Société de législation comparée*, 1880, p. 455.

(3) V. Barclay. *Les effets de commerce dans le droit anglais* (Paris, in-18. 1884). Introduction, p. 111 ; Thornley, *Law Magazine*, 1879, p. 42.

Dans un État bien organisé, nul ne doit ignorer la loi. Et comment la connaître, si elle n'est fixée dans un texte simple, précis, mis à la portée de tous? Comment, aussi, en appliquer avec justice les sanctions à ceux qui l'ont violée sans avoir pu la connaître? Vraiment, les avantages pratiques de la codification sont si nombreux qu'on a peine à concevoir qu'on ait pu les contester et qu'on leur ait préféré cette « glorieuse incertitude de la loi » si longtemps vantée par les jurisconsultes anglais.

Cela est si vrai et les bienfaits de l'uniformité des lois sont tellement incontestables que là où, comme en Angleterre, en Amérique, en Allemagne, en Suisse, — soit qu'on répugne à une codification générale, soit qu'elle présente encore des difficultés insurmontables, — on n'a pu aboutir à la rédaction d'un Code complet, on s'efforce, dans toutes les matières du droit, de simplifier, d'uniformiser les coutumes et les lois.

En Angleterre (1), le Parlement ne profite-t-il pas de chaque occasion qui lui est donnée d'amender quelque loi importante, pour reviser les statuts antérieurs et promulguer un texte général qui n'est autre chose qu'une classification de la matière? Les cinq grandes lois votées en 1861, sous le nom de « criminal statutes consolidation act », ne forment-elles pas une sorte de Code pénal qu'il s'agit seulement de compléter? Les lois de 1854 sur la marine marchande, de 1853 et de 1855 sur les douanes, de 1873 sur la haute-cour de justice, de 1882 sur la lettre de change (2), sur les corporations municipales, de 1883 sur la faillite, ne sont-elles pas de véritables codifications (3)?

(1) La question de la codification des lois anglaises a été exposée et discutée à plusieurs reprises dans le *Bulletin de la Société de législation comparée*; on peut consulter l'étude générale de M. Ribot, 1874, p. 365 ; les très judicieuses observations présentées à la suite par M. Aucoc, p. 370, et les communications de MM. Georges Louis et Bertrand, 1877, p. 178 ; 1878, p. 549.

(2) Cette loi est, si je ne me trompe, la première qui mentionne, par son titre même, l'essai de codification du législateur; elle est, en effet, intitulée : *An act to Codify the law relating to bill of Exchange.*,.

(3) Il y a lieu de rappeler aussi le projet de Code pénal et de Code de procédure criminelle *Bill to etablish a Code [of indictable offences and the procedure relating thereto*, préparé par sir James Stephen, déposé par le gouvernement le 4 mai 1878 et adopté sans opposition en première et deuxième lecture, les 16 mai et 17 juin. Ce projet de Code, seul, abrogeait, en totalité ou en partie, quatre-vingt-cinq lois antérieures, et, parmi ces quatre-vingt-cinq lois, les cinq grandes « Consolidations » de 1861 qui, elles-mêmes, avaient été formées par la réunion de plusieurs centaines d'*acts*. Ce seul fait ne suffirait-il pas à démontrer l'utilité, en Angleterre plus que partout ailleurs, d'une codification ! — G. Louis, *Bull.* 1878, p. 556-557.

En Allemagne, la loi 6 février 1875 qui organise d'une façon uniforme l'état civil et la célébration du mariage, celle du 17 février suivant qui fixe à vingt et un ans, pour tous les États de l'Empire, l'âge de majorité, ne sont-elles pas comme le prélude de la codification des lois civiles qui se prépare?

En Suisse, la loi du 24 décembre 1874 qui réglemente la tenue des registres de l'état civil et étend le mariage civil et le divorce à toute la Suisse, la loi du 22 juin 1881 sur la capacité civile, le Code fédéral des obligations, sont sans aucun doute un acheminement considérable vers l'unité de législation civile et commerciale.

L'Espagne, également, n'a pas cru devoir attendre la promulgation du Code civil qui est à l'étude pour réglementer d'une façon générale la tenue des registres de l'état civil, la célébration du mariage et le régime hypothécaire dans la Péninsule. Ces matières importantes ont fait l'objet des lois du 18 juin 1870, du décret du 9 février 1875 et des lois hypothécaires des 21 décembre 1869 et 21 juillet 1876.

La promulgation de ces lois uniformes n'a pas eu pour seul avantage d'unifier sur ces matières le droit particulier de chacun des États que nous venons de passer en revue, elle a certainement ouvert la voie au projet peut-être encore chimérique, en tout cas fort louable, qu'ont formé et que poursuivent plusieurs jurisconsultes distingués d'effacer ou tout au moins d'atténuer, sur les points les plus importants, les conflits internationaux en matière de droit privé (1).

(1) Ce projet dû à l'initiative de l'éminent homme d'État et jurisconsulte italien, Mancini, a été exposé à plusieurs reprises au Parlement italien et avait été accepté en principe par plusieurs gouvernements, lorsque survint la guerre franco-allemande de 1870.

Sur la proposition de M. Mancini, la Chambre des députés italienne vota, le 24 novembre 1873, une motion exprimant le vœu que le gouvernement du roi proposât, lorsque l'occasion se présenterait, de rendre uniformes, en les réglant par des conventions avec les autres puissances, les règles essentielles du droit international privé. Le gouvernement hollandais invita même, en 1874, tous les autres gouvernements à réunir une conférence internationale qui établirait des règles uniformes déterminant les bases et les limites de la compétence des tribunaux des différents États et facilitant, dans chaque pays, l'exécution des jugements rendus par les tribunaux étrangers. Ce projet n'a pu aboutir. M. Mancini a repris, récemment, les négociations avec les puissances étrangères. Lord Edmund Fitzmaurice vient, en effet, de déclarer à la Chambre des communes que l'Angleterre accepte l'invitation de l'Italie de prendre part à une conférence, à Rome, dont le but serait l'étude préliminaire de la question internationale de l'exécution des jugements étrangers. Cette conférence prendrait pour base les résolutions adoptées à Milan au

Nous faisons les vœux les plus ardents pour le succès de cette pensée généreuse. Mais que d'obstacles à vaincre ! que d'éléments hostiles à rapprocher ! que de divergences, quelle variété presque infinie de prescriptions non seulement dans le droit en vigueur dans les divers pays, mais encore dans chaque pays, entre les législations des États ou des provinces soumis, cependant, au même régime politique !

Pour n'en citer que quelques exemples, le mariage qui, au commencement du siècle, était considéré comme un acte exclusivement religieux chez presque tous les peuples de l'Europe, qui a conservé ce caractère en Russie, en Roumanie, en Serbie, en Danemark, dans plusieurs États de l'Amérique du Sud, est devenu, au contraire, un simple contrat civil en France, en Belgique, en Allemagne, en Suisse, en Italie, et le sera vraisemblablement bientôt en Suède, en Autriche, en Espagne, en Portugal où la force des traditions religieuses en a fait une institution mixte, soumise tout à la fois aux lois civiles et religieuses, suivant la religion et la volonté des contractants (1). Aux États-Unis, dans la majorité des États, la loi n'exige aucune forme solennelle, aucune cérémonie religieuse ou civile, pas même la présence des témoins ou le consentement des parents ; le mariage y est tellement libre, que le simple consentement échangé entre les parties suffit pour sa formation (2).

---

mois de septembre 1883, par l'*Association for the Reform and Codification of the Laws of Nations*. Plusieurs autres gouvernements auraient aussi dit-on, accepté la proposition du ministre italien.

V. sur cette importante question le rapport lu par M. Mancini dans la session de l'Institut de droit international privé, tenu à Genève, le 31 août 1873 (*J. du droit intern. privé*, 1884, p. 221 et suiv.; *Revue du droit international*, 1874, p. 172 et 582; 1875, p. 329; 1878, p. 373; 1880, p. 5); et le *Report of the Annual conference held at Milan*, 1884.

(1) En Angleterre, le mariage est, en principe, religieux ; le mode de célébration varie suivant les confessions religieuses, mais doit être accompagné de quelques formalités de publication et d'inscription, toutes de l'ordre civil. Il y a aussi, depuis un certain nombre d'années (1836), un mariage civil qui se fait devant un magistrat ou *registrar*, assisté de deux témoins. Il y a même des règles spéciales pour le mariage des juifs, des quakers, etc... La législation du mariage en Angleterre, en Irlande et en Écosse, a été très complètement exposée par M. Gonse, *Bulletin de la Soc. de législ. comparée*, 1875, p. 80 à 101. — V. aussi Glasson, le *Mariage civil et le Divorce* dans l'antiquité et dans les principales législations modernes de l'Europe. 2e édition (in-8. Paris 1880), p. 308 et suiv.

(2) Beach Lawrence, Étude de législation comparée sur le mariage (*Revue de droit intern.*, 1870, p. 244).

Le divorce, qui existe en Belgique, en Angleterre, en Allemagne, en Suisse, en Russie et dans les pays scandinaves, est interdit en France, en Italie, en Espagne, en Portugal. Dans quelques pays, il n'est autorisé que pour des causes déterminées; ailleurs, comme en Prusse, dans le duché de Bade, dans le Wurtemberg, en Saxe, en Danemark, en Hollande, la loi autorise plus ou moins directement le divorce par consentement mutuel (1).

Le principe de la puissance paternelle est accepté chez tous les peuples, mais que de différences dans l'exercice de ce pouvoir, dans l'application des droits de correction, d'administration, d'usufruit légal qui en découlent, dans les restrictions qu'il peut subir. Ici elle cesse à l'âge de majorité ou par l'émancipation, à plus forte raison par le mariage de l'enfant; ailleurs, elle peut même être enlevée au père qui en abuse ou en méconnaît les devoirs. Dans quelques pays, on distingue entre les filles et les garçons. Dans d'autres, non seulement le mariage ne met pas fin aux droits du père de famille ou ne fait que les restreindre, mais la puissance paternelle est maintenue même au delà de la majorité de l'enfant (2).

Les législations relatives à la tutelle ne sont pas moins dissemblables. Pendant qu'en France et dans les pays qui ont accepté notre Code civil, cette institution conserve le caractère d'une magistrature de famille, partout ailleurs elle est encore une véritable institution publique, conférée d'après des règles particulières et soumise au contrôle d'administrations pupillaires qui sont tantôt le conseil communal, comme dans certains cantons suisses, tantôt des tribunaux spéciaux (*Vormundschaftsgericht*), comme en Allemagne, en Autriche, — ou certaines administrations générales se chargeant de tous les soins de la tutelle, comme en Danemark et en Norwège, — ou même les tribunaux ordinaires, comme en Bolivie.

En matière de succession, les différences sont aussi nombreuses : le privilège du sexe existe encore avec des restrictions plus ou moins grandes dans les États Scandinaves, en Russie, en Angleterre, en Serbie, dans plusieurs cantons Suisses; la distinction des biens, au point de vue de leur nature ou de leur origine, n'a pas disparu dans tous les pays; l'ordre des personnes

---

(1) V. Glasson, le *Mariage civil et le Divorce*, p. 282-283. — V. aussi *Bulletin de la Soc. de législation comparée*, 1882, nᵒˢ de janvier et février.

(2) Consulter sur cette matière l'intéressante étude publiée par M. l'avocat général Pradines dans le *Bulletin de la Société de législation comparée*, 1880, p. 113.

successibles varie avec chaque peuple, spécialement en ce qui concerne les ascendants, les enfants naturels et l'époux survivant; chaque législation a son système, et on ne pourrait peut-être pas en trouver deux qui présentent un mode de procéder absolument uniforme.

Le droit hypothécaire est entièrement différent, si l'on consulte la législation française ou la législation allemande, le droit des pays scandinaves ou le droit anglais; et ces différences ne s'appliquent pas seulement à certains principes de tel ou tel système hypothécaire, comme la publicité ou la spécialité de l'hypothèque; elles portent sur la constitution même et le principe du droit, sur son mode de fonctionnement et l'organisation des registres hypothécaires.

On voit, par ces simples indications, qui ne touchent cependant qu'aux grandes lignes du droit, quelle diversité existe encore, malgré de nombreuses codifications, dans les législations particulières des peuples de l'Europe. Que serait-ce si nous avions à pénétrer dans le détail de chaque matière, s'il fallait, par exemple, analyser les dispositions des cent et quelques législations qui régissent les régimes matrimoniaux en Allemagne (1), ou les divers systèmes admis en matière successorale ou hypothécaire dans les vingt-cinq cantons suisses?

Ces divergences ont leur origine dans la diversité des sources et des éléments qui ont contribué à la formation de ces législations. Ainsi, tandis qu'en France et en Allemagne, par exemple, le droit romain se fusionnait avec le droit barbare et coutumier, pour constituer peu à peu le droit national, — en Italie, en Espagne, en Portugal, l'élément romain dominait presque exclusivement, plus ou moins modifié, en Italie par les coutumes germaniques, dans les trois pays par le droit canonique ou le droit féodal. En Angleterre, au contraire, les lois nationales, composées d'éléments saxons et normands, sont restées presque entièrement étrangères aux principes du droit romain. On peut en dire autant de la Russie et des États scandinaves dont les lois ont conservé jusqu'à nos jours et, pour ainsi dire, sans altération sensible, leur caractère particulier et national (2).

(1) V. l'étude de M. Bufnoir sur ce sujet dans le *Bulletin de la Société de législation comparée*, 1876, p. 163.

(2) Glasson, *op. cit.*, p. 71 à 79.

C'est pour donner un aperçu de ces sources multiples, principalement dans les pays où la législation n'est pas encore codifiée, que j'ai entrepris le travail que je publie aujourd'hui. Il ne dispensera pas de recourir aux ouvrages spéciaux; il est destiné, au contraire, à indiquer, pour chaque législation, ceux auxquels il est indispensable de recourir pour étudier le droit particulier de chaque pays. Il ne s'adresse donc pas à ceux qui savent, mais à ceux seulement qui veulent apprendre et auxquels il évitera, j'en ai l'espoir, des recherches et des pertes de temps (1).

Le plan de ce tableau est simple. J'ai suivi, pour l'indication du droit en vigueur dans chaque pays, l'ordre alphabétique. Peut-être eût-il été préférable d'en choisir un autre, de grouper les États, soit d'après l'état actuel et le caractère de la codification, soit d'après les origines propres de chaque législation; mais il m'a paru que ces classifications pouvaient avoir un danger; on est bien souvent porté à les accepter d'une façon trop absolue et à négliger certaines sources, par cela seul qu'elles sont indiquées comme secondaires. D'ailleurs, cette étude, je me hâte de l'ajouter, n'a aucune prétention scientifique. Je n'ai point cherché à faire œuvre personnelle ni originale. Je n'ai voulu qu'être utile et autant que possible exact (2). J'ai réuni, en les puisant un peu partout, en m'aidant principalement des excellents travaux de la Société de législation comparée, tous les renseignements ayant rapport à mon sujet. Plusieurs de mes maîtres et de mes collaborateurs y retrouveront donc fréquemment le résultat de leurs recherches, parfois même des passages de leur prose. J'oserais presque dire enfin, si la chose en valait la peine, que ce n'est là qu'une œuvre collective, car toutes ces indications m'ont été fournies, et je n'ai mis, comme dit Montaigne que le « *filet qui sert à lier un amas de fleurs estrangières.* »

---

(1) Cette publication sera suivie prochainement d'une étude semblable sur l'état actuel des législations pénales.

(2) Là où j'ai dû, faute de renseignements, rester incomplet, je serai particulièrement obligé envers les personnes qui voudront bien m'aider à combler les lacunes de ce travail. Je prie aussi les lecteurs de me signaler les inexactitudes que j'ai pu commettre.

ALLEMAGNE

Les événements de 1866 et ceux de 1871 ont profondément modifié la composition politique de l'Allemagne; l'ancienne confédération n'existe plus, et l'Allemagne actuelle, — dont l'Autriche ne fait plus partie, — après avoir été pendant quatre ans (1866-1870), séparée en deux groupes, celui du Nord et celui du Sud, forme maintenant un empire unique sous la souveraineté du roi de Prusse qui porte, en même temps, depuis 1871, le titre d'empereur d'Allemagne et qui gouverne avec le concours d'un Parlement où tous les États sont représentés.

Voici les divisions principales de l'Empire (1).

Quatre royaumes : Prusse, Saxe, Bavière, Wurtemberg.

Un pays d'empire : Alsace-Lorraine.

Six grands-duchés : Bade, Hesse, Mecklembourg-Schwerin, Mecklembourg-Strélitz, Oldenbourg, Saxe-Weimar.

Cinq duchés : Anhalt, Brunswick, Saxe-Altenbourg, Saxe-Meiningen, Saxe-Cobourg-Gotha.

Sept principautés : Lippe-Detmold et Schaunbourg-Lippe ; Reuss, branche aînée et branche cadette; Schwarsbourg-Rudolstadt et Schwarzbourg-Sondershausen ; Waldeck.

Trois villes hanséatiques, Brême, Hambourg et Lubeck.

A vrai dire, aucun de ces vingt-six États ne possède la même législation civile. Aussi la diversité des législations et coutumes qui se partagent l'Allemagne fait-elle de l'étude du droit civil allemand une tâche particulièrement difficile. Il existe bien « un fonds « commun d'idées et de principes qui a permis à la doctrine de « systématiser le droit privé allemand dans son ensemble » (2), d'en dégager les traits distinctifs et vraiment nationaux, c'est le travail auquel se sont livrés, depuis le commencement de ce siècle, avec une autorité incontestable, les Bluntschli, les Beseler, les Gerber, les Kraut, les Mittermaier, etc. ; mais, outre que ces jurisconsultes se sont attachés à l'étude des principes généraux, sans pénétrer dans les détails des usages particuliers de chaque pays,

(1) Constitution fédérale du 16 avril 1871, art. 1er.

(2) Bufnoir, *Bulletin de la Société de législation comparée*, 1875, p. 422 1881, p. 256.

il ne faut pas oublier qu'ils sont loin, eux-mêmes, d'être d'accord sur les bases mêmes du droit privé et sur ce qu'il faut entendre par le « *Deutsches gemeine recht.* » Car, tandis que les uns considèrent le droit romain comme le droit commun de l'Allemagne et cherchent dans les pandectes des règles pour toutes les matières non prévues par la loi positive, les autres, sans toutefois méconnaître l'autorité du droit romain, recherchent avant tout dans les anciens monuments législatifs du pays, dans les travaux des premiers juristes, dans les coutumiers et les statuts locaux du moyen âge, le complément des lois écrites (1).

Quoiqu'il en soit et, sans prendre parti dans cette controverse qui divise toujours les juristes d'outre-Rhin, on peut dire que trois législations principales se divisent l'Allemagne :

I. Le droit prussien (*Preussisches Landrecht*).
II. Le droit français.
III. Le droit commun allemand (*Deutsches Gemeinrecht*), plus ou moins modifié par des codifications particulières.

Nous nous proposons d'esquisser brièvement chacune de ces législations, mais comme ce qu'on appelle le *droit commun* n'est qu'une législation subsidiaire, c'est-à-dire suppléant à l'absence des lois ou coutumes locales ; comme le *Landrecht* prussien lui-même, tout en introduisant un droit nouveau, n'excluait point le droit antérieur et maintenait soit les particularités des coutumes et statuts locaux, soit l'autorité subsidiaire du droit romain, il nous a paru utile, tout d'abord, de jeter un coup d'œil d'ensemble sur les sources du droit allemand en général, qu'il peut être utile de consulter.

Il est constant aujourd'hui qu'en Allemagne, comme en France, les coutumes locales succédèrent aux lois Barbares au fur et à mesure que celles-ci tombèrent en désuétude ; mais les premières coutumes ne furent point constatées par écrit et, durant un assez long espace de temps, du commencement du XIe siècle au com-

(1) L'opinion qui paraît aujourd'hui admise par les jurisconsultes les plus autorisés et qui est soutenue par von Roth, dans son dernier ouvrage *System des Deutchen Privatrechts.* t. 1, p. 5 et suiv.) est qu'il n'a existé à aucune époque un droit germanique applicable à toute l'Allemagne... Il n'y a de droit commun germanique qu'en ce sens que les institutions germaniques ont laissé dans la législation de l'Allemagne, une certaine somme de règles communes. Le seul vrai droit commun subsidiaire, c'est le droit romain combiné avec le droit canonique et l'ancienne législation impériale. — V. aussi Glasson (*Histoire du droit et des institutions de l'Allemagne* de Schulte. Introduction, p. XVII).

niencement du XIII', les populations germaniques vécurent sous
ce régime législatif que les jurisconsultes allemands ont appelé *l'autonomie*. « L'autonomie, nous dit M. Gide, c'était le pouvoir législatif attribué à chaque seigneur, dans ses terres, — à chaque cité,
à chaque bourg, à chaque commune dans son territoire, — à
chaque chef de famille noble dans sa maison. » (1) C'était, en un
mot, la confusion. Aussi, dès les premières années du XIII' siècle,
voit-on se manifester une tendance générale à fixer et unifier les
diverses lois et coutumes.

C'est de cette époque que datent les livres de droit ou *coutumiers*
(Rechtsbücher) connus sous le nom de miroir de Saxe (2) (*Sachsenspiegel*), et miroir de Souabe (3) (*Schwabenspiegel*), deux des
monuments les plus autorisés et les plus considérables du droit
germanique. Ces recueils répondaient tellement aux besoins de
l'époque que, bien qu'ils fussent l'expression d'un droit local et
écrits par de simples praticiens, ils se répandirent bientôt dans
toute l'Allemagne, où ils furent adoptés et servirent de modèles
à plusieurs compilations, parmi lesquelles nous citerons le
Deutschenspiegel ou miroir des Allemands, le *Rechtsbuch* de Louis
de Bavière (1346), le *Breslauer Landrecht* de 1356, le *Dithmarsches
Landrecht* de 1447, etc.

A ces premières sources du droit vinrent en même temps se
joindre les chartes et statuts des villes (*Stadtrechte*). Rédigées d'a-
bord pour une ville, ces coutumes municipales s'étendaient parfois aux autres villes voisines et étaient alors adoptées comme loi
mère (*Mutterrecht*) ; c'est ainsi que celle de Cologne fut adoptée
par soixante-douze autres villes; que celle de Culm devint la loi
commune pour toute la Prusse orientale; que le droit municipal

(1) Gide, aperçu historique sur les sources du droit en Allemagne. (*Bulletin de la Société de législation comparée*, 1881, p. 258).

(2 Le *Sachsenspiegel* est un ouvrage de droit provincial (*Landrechtbuch*)
et de droit féodal (*Lehnrechtbuch*), rédigé entre 1224 et 1235 par un juge
saxon, Eike de Repgow et embrassant presque toutes les branches du droit.
Les sources de cet ouvrage sont d'abord le droit coutumier saxon, qui est la
plus importante, puis les lois impériales et les jugements des tribunaux im-
périaux ; il se répandit principalement dans l'Allemagne du Nord. V. *Sachsenspiegel*, édit. Homeyer. Berlin, 1862; — éd. J. Weiske (6° éd. par Hilde-
brandt) ; Leipzig. 1882.

(3 Ouvrage composé à l'aide du miroir de Saxe, du droit romain, du droit
canonique, des lois impériales, du droit municipal. Il paraît avoir été écrit
vers 1275 par un auteur resté inconnu. Il se répandit surtout dans l'Allemagne du Sud et la Bohême. Voy. *Schwabenspiegel*, hrsg. von Gengler,
Erlangen, 1875.

de Magdebourg se répandit en Saxe, en Thuringe, en Silésie, en Lusace, en Prusse et jusqu'en Pologne ; celui de Francfort en Franconie, celui de Lubeck, sur les côtes de la Baltique et de la mer du Nord (1).

Ce développement du droit germanique fut interrompu, au XVe siècle par l'introduction du droit romain que les empereurs d'Allemagne reconnurent et firent appliquer comme droit de l'Empire. La réception du droit romain se manifesta principalement dans les revisions des statuts municipaux, (Réformation de Nuremberg, en 1479 ; de Hambourg, en 1497, de Worms, en 1498 ; de Francfort, en 1509, de Fribourg en 1520, de Hambourg, en 1603, etc.), dans les *Landrecht* de Wurtemberg, de Bavière et enfin, dans les *Reichsgesetze* ou ordonnances impériales, qui étaient obligatoires pour tout l'Empire. — Mais bientôt l'influence des institutions germaniques reprend le dessus ; la réforme des coutumes ne donne pas seulement à chaque ville son statut particulier, les grands feudataires de l'Empire règlent, dans leur domaine, par des codes spéciaux, l'administration de la justice et le droit ; tels furent les *Landrecht* des ducs de Wurtemberg, en 1555, de Bavière en 1616, révisé en 1756, les constitutions de l'électeur de Saxe, en 1592 ; enfin le *Landrecht* prussien de 1794.

— Ce sont ces sources multiples, compilations coutumières, statuts des villes, droit romain, lois générales de l'empire qu'il faut parfois interroger et étudier, lorsque la question à résoudre n'a pas été tranchée soit par une loi spéciale, soit par le *Landrecht*, qui ne porte pas toujours abrogation du droit commun et des coutumes particulières.

Ces données générales établies, nous abordons l'examen des trois grands régimes juridiques, pour employer une expression allemande (*Rechtsgebiete*), qui se partagent l'empire d'Allemagne.

I. — DROIT PRUSSIEN

L'origine de cette législation remonte au commencement du XVIIIe siècle. Le grand Frédéric, voulant remédier à la confusion et à l'obscurité qui régnaient alors, par suite du mélange in-

____

(1) Gide, *loc. cit.*; Glasson. *Mariage civil*, p. 106 ; Bergson, *Aperçu historique sur les origines du droit civil moderne de l'Europe*, p. 115 ; Roth, *Deutsches Privatrecht*, p. 18 ; Stobbe, *Rechtsquellen*, I, 502 et suiv.

cohérent du droit romain, du droit saxon, des coutumes locales et
des opinions divergentes des commentateurs, chargea son chancelier Coccejus de lui présenter un projet de Code. La mort de
Coccejus, survenue en 1755 et la guerre de Sept ans interrompirent
ce travail qui resta inachevé jusqu'en 1780. Il fut repris par le chancelier de Carmer et plusieurs autres juriconsultes, auxquels Frédéric II confia la mission de rédiger un Code complet embrassant,
dans son universalité, toutes les matières du droit public et
privé. Cette œuvre ne vit le jour qu'après la mort du prince qui en
avait pris l'initiative et dont elle reçut le nom (*Corpus juris Fredericiani*). Elle ne fut mise en vigueur que le 5 février 1794, par
lettres patentes de Frédéric-Guillaume II, sous le titre de code général des états prussiens (*Allgemeines Landrecht für die Preussischen Staaten*). Promulgué primitivement dans la Prusse proprement dite, il fut étendu par divers édits et rescrits successifs aux
diverses principautés et provinces qui ont été depuis incorporées
au royaume (1). Mais ce Code, peu après son apparition, subit des
changements et reçut des interprétations législatives. Il en parut
une nouvelle édition officielle en 1803, dans laquelle on intercala,
sous forme d'articles additionnels, les dispositions intervenues
postérieurement. D'autres éditions ont été publiées ; chacune d'elles
contient, sous le titre de supplément (*Anhang*), les dispositions
mises en vigueur depuis celle qui l'a précédée (2).

« Malgré ses défauts, le Code général est une œuvre d'une
étrange originalité ; le plan, la méthode, l'étendue, les systèmes
juridiques, tout diffère des traditions généralement reçues. On y
rencontre, d'ailleurs, une profondeur d'aperçus, des institutions
juridiques, des créations tutélaires et protectrices, une sollicitude
éclairée pour les mineurs et enfin un système hypothécaire, qui
seraient parfois pour nos législateurs un utile sujet d'étude.

« Ce qui frappe d'abord, c'est l'énorme développement de ce Code

(1) On trouvera une liste complète des lois de mise en vigueur du *Landrecht* prussien pour les diverses provinces Prussiennes dans le *Haupt-
Register zur Gesetz-Sammlung für die Königlichen Preussichen Staaten* (1806-1872) — in-8°; Berlin, 1874, — au mot *Landrecht*. — V. aussi Koch,
Allgemeines Landrecht, t. I, p. 18-19.

(2) Les lois les plus importantes promulguées dans ces dernières années
sont :

La loi du 23 février 1873, concernant l'autorisation des dons et legs et le
transfert de biens immobiliers aux corporations et autres personnes civiles;

Les lois du 5 mai 1872 sur l'acquisition de la propriété immobilière, les
biens fonciers, la division des immeubles et les droits de mutation dus à cet

qui ne contient pas moins de 17,860 articles, sans parler des dispositions additionnelles. On dirait que ses auteurs ont pris à tâche d'appliquer à la lettre la maxime de Bacon : *Optima lex est quæ minimum relinquit arbitrio judicis* et qu'ils aient conçu la prétention chimérique de tout prévoir et de tout régler... C'est un travail immense qui embrasse et classe systématiquement toutes les lois éparses de la société civile, droit public, droit privé, administratif, ecclésiastique, féodal, économique et commercial (1).»

Une traduction en a été faite en 1801, sous le contrôle du bureau de législation comparée, institué au ministère de la justice (2).

Le *Landrecht* prussien a force de loi pour une population de

égard; c'est le *Code hypothécaire* de la Prusse (V. Gide, *Annuaire de législation étrangère*, 1873, p. 208 à 273) ;

La loi du 11 décembre 1872, sur l'âge requis pour le mariage (*Ann.* p. 273;

La loi du 9 mars 1874, sur la constatation de l'état civil et la forme de célébration du mariage (*Annuaire*, 1875, p. 159;

La loi du 5 juillet 1875, sur la tutelle (*Annuaire*, 1876, p. 421);

La loi du 2 juillet 1875, sur la capacité des mineurs (*Annuaire*, 1876, p. 461 ;

La loi du 23 janvier 1878, sur les donations d'ascendants dans la province de Hesse-Nassau ;

La loi du 24 avril 1878, sur la mise en vigueur du Code allemand d'organisation judiciaire (*Annuaire* 1879, p. 171).

Les lois des 29 et 31 janvier 1879, sur les biens fonciers en Hanovre et dans le Schleswig-Holstein ;

La loi du 4 mars 1879, sur la saisie immobilière, modifiée par la loi du 13 juillet 1883 (*Annuaire*, 1880, p. 102).

La loi du 17 mars 1879, sur la propriété indivise en Westphalie;

La loi du 24 mars 1879, sur la mise en vigueur du Code de procédure civile;

La loi du 28 mars 1879, sur l'exécution forcée contre les héritiers bénéficiaires (*Annuaire*, p. 133) ;

La loi du 29 mars 1879, sur les arbitres (*Annuaire*, p. 138) ;

La loi du 2 février 1880, concernant les honoraires des avocats-avoués (*Annuaire*, 1881, p. 94 ;

La loi du 24 février 1880, concernant le *Höferecht* (Sur cette institution du droit civil hanovrien. V. *Annuaire*, 1875, p. 156);

La loi du 8 mars 1880, sur le notariat *Annuaire*, p. 94).

La loi du 14 mars 1882, modifiant la législation sur les biens fonciers (*Annuaire*, 1883, p. 375).

La loi du 13 juillet 1883, sur l'exécution forcée des immeubles.

Enfin un grand nombre de lois sur l'abolition des fiefs dans les diverses provinces de la monarchie (V. *Annuaire*, 1876, p. 301; 1877, p. 174), etc...

(1) De Neyremand, *France judiciaire*, 1877, p. 506.

(2 4 vol. in-8°. Paris, an IX, imprimerie de la République. — Une autre traduction a été publiée, en français, en 3 vol. in-24, sans lieu d'édition, ni nom d'éditeur, par M A. A. de C., conseiller privé du roi, sous le titre de *Code Frédéric*, ou cours de droit pour les états de S. M. le roi de Prusse, etc...

dix-huit millions d'babitants environ. Il est en vigueur dans la plus grande partie de la Prusse : dans les provinces de la Prusse orientale, de la Prusse occidentale, à Berlin, dans le Brandebourg, la Poméranie, à l'exception des cercles de la nouvelle Poméranie de Greisfwald, Grimmen, Franzbourg, Stralsund et Rügen ; dans le grand duché de Posen, en Silésie et en Saxe, y compris les parties détachées de Schleusingen, Mublberg et Ziegenruck ; dans le district d'Aurich, à l'exclusion de la circonscription de la ville de Wilhemschaffen ; dans la ville de Duderstadt et dans le bailliage de Gieboldehausen (district d'Hildesheim), en Westphalie, ainsi que dans les cercles de la rive droite du Rhin de la régence de Dusseldorf, Zees, Duisbourg, Mulheim sur la Zuhr, le territoire et la ville d'Essen. Le Code prussien est encore en vigueur dans les principautés franconiennes, autrefois prussiennes, maintenant bavaroises, d'Anspach et de Bayreuth.

Il ne faudrait pas croire, cependant, que le Code général soit admis dans tous ces pays comme droit principal et exclusif. Aux termes des lettres patentes de 1794, il a bien remplacé le droit romain jusqu'alors en vigueur, mais il laissait subsister, jusqu'à leur codification, les coutumes locales et statuts provinciaux. Cette codification, qui devait avoir lieu avant le 1er juin 1796 (art. 4.), n'ayant jamais été achevée que pour la Prusse, il en résulte que pour les autres provinces incorporées, les coutumes locales et statuts provinciaux sont restés en vigueur et doivent encore être appliqués soit dans les cas non prévus par le Code général, soit dans les dispositions particulières qui seraient en contradiction formelle avec son texte (1).

II. — DROIT FRANÇAIS

Le Code français régit encore, avec quelques modifications :
1° La *Prusse rhénane*, à l'exclusion des cercles de la régence de

---

(1) Sur les sources du droit dans les diverses provinces prussiennes et sur la bibliographie du droit, V. l'ouvrage très complet de Roth, *System des Deutschen Privatrechts*, t. I, p. 53 et suiv. ; Schulte, *Reichs-und Rechtsgeschichte*, et la traduction française de Fournier, in-8° ; Paris, 1383.

Nous indiquerons aussi :

Gesetz-Sammlung fur die Preussischen Staaten, 1806-83. Berlin.

Annuaires de législation étrangère, 1872 à 1883.

Allgemeines Landrecht... mit Kommentar, par E. F. Koch, 6e édition, 4 vol. in-8°. Berlin, 1874-76.

Allgemeines Landrecht..., par Schering. 5 vol. in-8°. Berlin, 1876. Texte pu-

Dusseldorf placés sous la juridiction du Code prussien, du cercle de Meisenheim et de la partie de la régence de Coblentz située à droite du Rhin et à gauche de la Sieg, et des îles du Rhin, qui sont soumises au droit commun allemand ;

2° Le *Palatinat Rhénan ;*

3° La *Hesse rhénane ;*

4° Le duché de *Bade ;*

5° L'*Alsace-Lorraine.*

Soit en totalité, sept millions six cent mille habitants environ.

a). *Alsace-Lorraine.*

Depuis le 9 juin 1871, l'Alsace-Lorraine est un pays de l'Empire (*Reichsland*) et, par suite, conformément aux dispositions constitutionnelles qui régissent l'empire d'Allemagne, les provinces conquises ont conservé leur législation civile dans toutes les matières qui n'ont pas été modifiées par une loi spéciale. Le Code civil et le Code de procédure civile français sont donc en vigueur en Alsace-Lorraine, sauf les modifications introduites par les lois suivantes :

blié sous le patronage du ministère de la justice, contenant des notes et les lois complémentaires.

Lehrbuch des Preussischen Privatrechts, par Heinrich Dernburg. 3 vol in-8°. Halle, 1875-80.

Allgemeines Landrecht... par Rehbein et Reinke. 2. vol. in-8°; Berlin, 1881.

Pour les provinces du Rhin :

Der Code civil Französisch und deutsch, 2° édition. In-8°; Dusseldorf, 1883. Des *appendices* donnent le texte du Code de procédure civile, des lois d'empire et des lois et ordonnances prussiennes en vigueur.

Das Rheinische civilrecht, publié par Cretschmar; in-18. Dusseldorf, 1883.

Institutionen der französischen in den deutschen Länder des linken Rheinufers geltenden Civilrechtes, par J. J. Bauerband; in-18. Bonn, 1873.

Pour Francfort :

Handbuch des Frankfurtes Privatrechts, par Johann-Heinrich Bender; in-8°, Francfort, 1848.

Pour le Hanovre :

Hannover's Recht..., par Grefe; in-8°. Hanovre, 1861.

Das Hannoversche Hypothekenrecht, par L. von Bar in-8°, 1871.

Pour Nassau :

Das Nassauische Privatrecht, par Bertram; in-8°. Wiesbaden, 1873.

Pour le Schleswig-Holstein :

Handbuch das Schleswig-Holsteinischen Privatrechts, par [Falck; 5 vol. in-8°. Altona, 1848.

Loi du 3 juillet 1871, sur la promulgation des lois et ordonnances (1).

Loi du 14 juillet 1871, sur les modifications à l'organisation de la justice (2).

Loi du 31 mars 1872, concernant l'emploi de la langue officielle (3).

Loi du 21 octobre 1873, sur la déclaration d'absence (4).

Loi du 22 octobre 1873, sur la surveillance des tutelles (5).

Loi du 27 novembre 1873, sur le rétablissement du divorce (6).

Loi du 1" décembre 1873, sur la vente forcée des immeubles (7).

Loi du 1" décembre 1873, sur les partages extrajudiciaires et les ventes judiciaires (8).

Loi du 26 décembre 1873, sur le notariat (9).

Loi du 27 mars 1874, sur les frais des ventes forcées (10)

Ordonnances du 27 novembre 1875 et 8 janvier 1876, sur les dispenses en matière de mariage (11).

Loi du 8 juillet 1879, sur la mise en vigueur du Code de procédure civile (12).

Loi du 3 avril 1880, relative aux frais de justice et tarifs (13).

Loi du 30 avril 1880, sur l'exécution forcée des immeubles (14).

Loi du 21 mars 1881, sur les ventes d'immeubles aux enchères (15).

Loi du 7 mars 1881, sur la responsabilité du locataire en cas d'incendie (16).

Loi du 4 juillet 1881, sur l'affectation des indemnités d'assurances contre l'incendie à la garantie des créanciers privilégiés (17).

Loi du 24 mars 1882, concernant l'aptitude aux fonctions de notaire (18).

(1) *Annuaire de législation étrangère*, 1872, p. 377. — (2) *Annuaire*, p 381. — (3) *Annuaire*, 1873, p. 507. — (4) *Annuaire*, 1874, p. 556. — (5) *Annuaire*, p. 557. — (6) *Annuaire*, p. 559. — (7) *Annuaire*, p. 560. — (8) *Annuaire*, p. 567. — (9) *Annuaire*, p. 588. — (10) *Annuaire*, 1875, p. 224. — (11) *Annuaire*, 1876, p. 479 et 1877, p. 345. — (12) *Annuaire*, 1880, p. 282. — (13) *Annuaire*, 1881, p. 209. — (14) *Annuaire*, p. 232. — (15) *Annuaire*, 1882, p. 279. — (16) *Annuaire*, p. 288. — (17) *Annuaire*, p. 292. — (18) *Annuaire*, 1883, p. 422-423.

On peut consulter pour l'Alsace-Lorraine :

Sammlung der in Elsass-Lothringen geltenden Gesetze. 3 vol. in-4°; Strasbourg, 1880-81. Ce recueil contient tous les textes actuellement en vigueur.

Gesetzblatt für Elsass-Lothringen, années 1871 à 1883. 8 vol. in-8°. Berlin.

Lois concernant la tutelle, la saisie immobilière, les partages et le notariat. In-8°; Colmar, 1874.

Das notariat in Elsass-Lothringen, recueil des lois et ordonnances sur

b). Bade (Grand duché de)

Le grand duché de Bade fut soumis, en 1809, comme tous les Etats qui faisaient partie de la confédération rhénane, à la législation française et spécialement aux Codes civil et de procédure civile.

Le Code civil y est encore en vigueur, sous certaines modifications introduites, soit dans le texte même du Code, traduit lors de la promulgation le 22 décembre 1809, soit par des lois particulières édictées postérieurement (1).

Ces additions et modifications portent principalement sur les titres de la puissance paternelle et de la tutelle (Lois du 29 décembre 1809 et 18 avril 1810) ; sur la propriété foncière et propriété littéraire (Loi du 5 février 1810) ; sur les causes du divorce ; sur les droits de l'époux survivant ; sur la transcription des acquisitions immobilières, etc.

Mentionnons aussi, parmi les lois les plus récentes, celle du 22 janvier 1874, sur la compétence des tribunaux de district, au point de vue de l'exercice des droits de tutelle et de curatelle.

Celle du 9 décembre 1875, qui assure l'exécution de la loi de l'empire sur la constatation de l'état des personnes et la célébration du mariage, et modifie les divers textes du Code civil en désaccord avec cette loi.

Celle du 25 août 1876, sur l'usage et l'entretien des cours d'eau (2).

Celle du 6 février 1879, sur la juridiction volontaire et le notarial.

Celle du 3 mars 1879, qui met en vigueur dans le grand duché les lois judiciaires allemandes de 1877 (3).

---

la matière, avec commentaire, publié par Franz (trad. fr. en regard). In-8° ; Strasbourg, 1884.

Les lois et ordonnances d'exécution des lois de justice de l'empire d'Allemagne pour l'Alsace-Lorraine. In–12 ; Strasbourg, 1880.

(1) Consulter dans le duché de Bade :

Das Badische Landrecht, par K. Kah. In-8° ; Manheim, 1874-1877.

Das Badische bürgerliche Recht und der Code Napoléon, 3ᵉ édition, par Behagel. 3 vol. in-8° ; Carlsruhe, 1880.

Gesetz-und Verordnungs-blatt für das Grossherzogthum Baden, 1803-1883.

2) *Annuaire*, 1877, p. 320.

(3) *Annuaire*, 1880, p. 228-229.

c). *Hesse rhénane.*

C'est le Code français qui est également en vigueur dans la Hesse rhénane depuis le 21 mars 1804. Mais, comme dans le duché de Bade, d'assez nombreuses lois postérieures sont venues modifier la législation française.

On trouvera ces lois postérieures dans le recueil publié par Möller et Fuchs : *Sammlung der im Kurfürstenthume Hessen noch geltenden gesetzlichen Bestimmungen*, de 1813 à 1866. Pour les années postérieures, il y a lieu de consulter le Bulletin officiel du grand duché de Hesse-Darmstadt (*Grossehrzoglisch Hessischer Regierungsblatt*) dont la Hesse rhénane n'est plus qu'une province.

d). *Palatinat bavarois ou Bavière rhénane.*

Cette partie de la Bavière est aussi régie par le Code civil français, qui y a été déclaré exécutoire en 1806. Toutefois, plusieurs lois sont venues modifier le Code civil. Une loi du 1ᵉʳ juin 1822, sur l'aliénation forcée des immeubles ; une loi du 16 mai 1868, sur les privilèges et hypothèques; une loi du 16 mai 1868 sur le notariat; la loi du 23 février 1879 de mise en vigueer du Code de procédure civile allemand (*Annuaire* 1880, page 205); une loi du 28 février 1880 qui modifie les dispositions de la loi de ventôse relativement à la présence des témoins dans la réception des actes notariés; une loi du 20 mars 1882 relative aux ,ordonnances d'exécution en matière civile.

e). *Prusse rhénane.*

Le droit civil français, introduit dans la Prusse rhénane et le royaume de Westphalie, en 1807 et 1810, y est resté en vigueur, à l'exclusion toutefois des cercles de la régence de Dusseldorf, placés sous la juridiction du Code prussien; du cercle de Meisenheim et de la partie de la régence de Coblentz, située à droite du Rhin et à gauche de la Sieg, — et des îles du Rhin, qui sont soumises au droit commun allemand (1).

(1) On trouvera les diverses lois modificatives du Code civil français dans les recueils suivants : Marquard et Leitner, *Sammlung der für die Preussischen Rheinprovinz seit 1813... ergangenen Gesetze... und Verordnungen*, 1834-1864, 12 vol. — Cramer, *Sammlung von Gesetze und Verordnungen welche die fünf Französischen Gesetzbucher modificiren*, 1848-1862. — Eschweiler, *Rheinische Gesetzsammlung... die wichtigsten der in der*

III. — DROIT COMMUN ALLEMAND

Le droit commun allemand (*Deutsches Gemeinrecht*) qui est, avec les coutumes locales, le droit principal de tous les pays allemands qui n'ont pas de Code, et le droit subsidiaire des États dont la législation civile a été codifiée (Bade, Bavière, Prusse, Saxe, Wurtemberg) est « l'ensemble des règles, des principes empruntés aux textes du droit romain, aux anciennes coutumes germaniques, aux compilations telles que le *Sachsenspiegel*, le *Schwabenspiegel*, le *Kaiserrecht*, aux statuts des villes, au droit canon, aux lois générales de l'empire, enfin aux lois particulières rendues dans chaque État par le souverain (1). » Il est le produit savant de la doctrine, et c'est en puisant aux sources nombreuses que nous venons d'indiquer, que les jurisconsultes ont composé le droit commun allemand, dû entièrement à leurs patientes recherches. C'est donc dans leurs traités qu'il doit être étudié. Eichhorn, Mittermaier, Bœhmer, Bluntschli, Beseler, Walter, Kraut, etc., en ont consigné les règles principales dans leurs ouvrages.

Le droit commun allemand est en vigueur dans les provinces prussiennes du Schleswig-Holstein, dans le Hanovre, à l'exception de la Frise orientale et de la partie du cercle d'Osserode appartenant à l'Eichsfelde ; dans la Hesse-Nassau, dans le cercle de Meisenheim et dans la partie de la régence de Coblentz située à droite du Rhin, de même que dans le Hohenzollern et les cercles de la Nouvelle-Poméranie ; dans le royaume de Bavière (avec une codification particulière), à l'exclusion du Palatinat rhénan et des principautés d'Ansbach et de Beyreuth ; dans le royaume de Wurtemberg (avec une codification particulière); dans la Hesse, à l'exception de la Hesse rhénane ; dans les duchés de Saxe-Weimar, Saxe-Meiningen, Saxe-Altenbourg, Saxe-Cobourg-Gotha ; dans le royaume de Saxe (avec une codification particulière); dans l'Anhalt, Schwarzbourg-Rudolstadt et Schwarzbourg-Sonderhausen, Reuss, branche aînée et branche cadette, Waldeck, Lippe et Schaumbourg-Lippe ; dans le Brunswick, l'Oldenbourg ; en Mecklembourg-Schwerin et

Preussischen Rheinprovinz... geltenden Gesetze, 1873-1876 — *Rheinisches civil Gesetzbuch*, 1 vol. in-18; Dusseldorf, 1877. — Cretschmar. *Das Rheinische Civilrecht*, in-8 ; Dusseldorf, 1883.

(1) Bergson, Introduction à la *Concordance des lois civiles* d'Anthoine de Saint-Joseph, p. cxvii et cxlii ; Glasson, *Mariage civil et divorce*, p. 106.

Mecklembourg Strélitz ; enfin, dans les villes hanséatiques de Hambourg, Brême et Lübeck (1).

Comme on vient de le voir, le droit commun allemand régit, mais avec une codification particulière, la plus grande partie de la Bavière, le royaume de Saxe et le royaume de Wurtemberg. Il nous reste à donner une idée de ces codifications.

a). Bavière.

La Bavière, l'Etat le plus important de l'Allemagne après la Prusse, se compose de deux parties très inégales, dont la moins grande, qu'on appelle Bavière rhénane ou Palatinat bavarois, située sur la rive gauche du Rhin, est encore régie, comme nous l'avons dit, par le droit français, et dont la plus étendue, formée de plusieurs principautés, villes et territoires de l'empire et de l'ancien électorat de Bavière, a conservé les législations diverses de chacun des territoires incorporés; car le Code bavarois (le premier essai de codification réalisé en Allemagne), publié en 1756 sous le nom de *Codex Maximilianeus Bavaricus civilis*, laissa subsister toutes les coutumes locales antérieures, et n'est, du reste, obligatoire que dans le haut Palatinat, la haute et basse Bavière, dans quelques parties de la Souabe et de la haute Franconie.

Le *Landrecht* prussien est applicable, comme droit subsidiaire, dans les principautés d'Ansbach et de Beyreuth, et, comme droit principal, dans les bailliages de Neustadt, Streitberg, Osternohe, Lauenstein, Seibelsdorf, Solnhofen.

Le Code autrichien de 1811 dans le bailliage de Redwitz.

Le *Landrecht* du Wurtemberg est en vigueur dans certains districts de la Souabe.

Le droit territorial du Palatinat supérieur de 1657 est encore conservé, sauf dans les matières modifiées par le Code Maximilien.

Les législations locales sont applicables dans toute la Bavière avant toutes les autres.

Enfin, le droit romain et le droit commun allemand y sont aussi reçus comme droit subsidiaire.

On devine, par ce simple aperçu, à quelle confusion doit aboutir

(1 V. Roth, *Deutsches Privatrecht*, p. 70 à 242. D'après les statistiques, on évalue à dix-huit millions cinq cent mille, les habitants des territoires soumis au droit commun allemand.

cette diversité de législations (1) dont le nombre dépasse soixante ;
aussi divers projets de codification ont-ils été tentés à plusieurs reprises en 1811, 1828, 1831, 1843 et 1860-64 ; mais aucun de ces
travaux n'a pu encore aboutir (2).

Parmi les lois civiles promulguées depuis la constitution du
royaume de Bavière et applicables à toutes les provinces, nous
mentionnerons :

La loi du 11 juin 1822 sur le régime hypothécaire.

La loi du 10 novembre 1861 sur le notariat.

La loi du 4 juin 1848 concernant la suppression des rapports
féodaux.

L'ordonnance du 19 octobre 1875 relative à l'exécution de la loi
d'empire sur la constatation de l'état civil des personnes et la célébration du mariage.

La loi du 19 juillet 1876 qui modifie le cautionnement et le trai-
tement des notaires.

La loi du 22 février 1879 relative à l'exécution forcée des
immeubles (3).

Les lois du 23 février et 10 mars 1879 sur la mise en vigueur du
Code de procédure civile allemand de 1877 et du Code d'organisation judiciaire (4).

La loi du 18 août 1879 concernant l'impôt successoral.

(1) Pour en donner une idée, nous rappellerons que dans la seule province
de Souabe, on trouve en vigueur les législations suivantes :

Dans l'évêché d'Augsbourg, la principauté de Œttingen, les villes d'Augsbourg, de Kausbeuren, de Kempten, de Lindau et de Memmingen, des
ordonnances particulières.

Dans le Margraviat de Burgau, l'ancien droit autrichien ; — l'ordonnance
locale du prince Ehrard de 1594 dans la circonscription de l'ancienne principauté de Kempten ; — le droit municipal de Nordlingen de 1650 ; — le
droit municipal d'Ulm ; — le *Landrecht* du Wurtemberg de 1610, dans quelques localités des tribunaux de bailliage de Nordlingen, Höchstädt, Lauingen,
Œttingen et Kempten. Roth. *op. cit.* t. I, p. 128.

(2) Ceux qui voudront connaître et étudier en détail la législation de la
Bavière devront recourir aux ouvrages suivants :

Gesetzblatt für das Königreich Bayern. Munich, 1818-1883.

Weber. *Provinzial und Statuten rechte.* Augsbourg, 1838-1844.

Jäck. *Statistik des K. Bayern in Bezug auf materielle bürgerliche Gesetze* Erlangen, 1829.

Peiszl. *Civilgesetz und Statistik von Bayern* ; Nordlingen, 1863.

Roth. *Bayrisches civilrecht.* 3 vol. in-8° ; Tubingue, 1871-75.

— *System des Deutschen Privatrechts.* Tubingue, 1880.

(3) *Annuaire de législation étrangère*, 1880, p. 206.

(4) *Annuaire*, p. 202 et 204.

b). Saxe (*Royaume de*).

La Saxe est, parmi les États de l'Allemagne, le premier qui ait compris la nécessité de rédiger, conformément aux exigences et aux idées de l'époque, un nouveau Code civil. Ce Code, voté le 2 janvier 1863, est entré en vigueur le 1er mars 1865. Il contient 2,620 articles et est divisé en cinq parties. La première renferme des dispositions générales sur le droit civil, les personnes, les choses, les faits, les droits et leur sanction. La deuxième partie est consacrée au droit des choses : possession, propriété, gage et hypothèques, servitudes. Les obligations font l'objet de la troisième partie; on y expose les principes généraux et les règles propres à chaque contrat. Dans la quatrième partie, sont compris les droits de famille et la tutelle, le mariage, la puissance paternelle, etc. La cinquième partie est consacrée aux successions : succession *ab intestat*, testamentaire, acquisition des successions, legs, donations à cause de mort, etc. Cette division est conforme à la méthode scientifique la plus généralement répandue en Allemagne (1), et l'on s'accorde à reconnaître que les dispositions édictées par le Code saxon sont l'expression très exacte du droit germanique moderne (2).

Ce Code, comme le Code autrichien de 1811 et le Code de Bade de 1809, abroge toutes les coutumes et lois civiles antérieures. Il n'y a donc lieu, en dehors de son texte (3), que de rechercher les lois qui ont pu être promulguées postérieurement soit pour le royaume, soit pour tout l'empire. Ces lois sont peu nombreuses; nous citerons les plus importantes :

La loi du 15 décembre 1870 sur les droits d'auteur ;

La loi du 5 novembre 1875 qui modifie le Code civil pour le mettre d'accord avec la loi d'empire sur la constatation de l'état civil des personnes et la célébration du mariage.

La loi du 13 novembre 1876 sur la revision de l'impôt des successions.

La loi du 23 février 1879 sur la mise en vigueur du Code d'organisation judiciaire de 1877 (4).

---

(1) Glasson, *le Mariage civil et le Divorce*, p. 110.

(2) Siebenhaar, *Commentar zu dem Bürgerlichen Gesetzbuch*, 2e édition. 1869; Roth, *Deutsches Privatrecht*, I, p. 141.

(3) Le droit commun allemand, dans le royaume de Saxe, ne sert donc qu'à interpréter le Code ou à régler les points qui n'y sont pas prévus,

(4) *Annuaire de législation étrangère*, 1880, p. 202.

La loi du 4 mars 1879 contenant des dispositions annexes au Code de procédure civile du 30 janvier 1877.

La loi du 11 mars 1879 qui, par application de l'article 13 de la loi du 10 février 1877 sur la mise en vigueur du Code des faillites, fixe les droits de préférence de la femme mariée en cas de faillite du mari (1).

La loi du 27 janvier 1882 réglant l'exécution de la contrainte sur les biens immobiliers.

La loi du 20 février 1882 relative à l'interdiction des aliénés, des infirmes et des prodigues (2); celle du 25 février concernant la radiation des redevances foncières; celle du 21 avril 1882 concernant l'exercice de la profession de prêteur sur gages (3).

BIBLIOGRAPHIE

Gesetz-und Verordnunsgsblatt fur das Konigreich Sachsen. 1818-1883, Dresde.

Siebenhaar. Das bürgerliche Gesetzbuch für das Königreich Sachsen, 3ᵉ édition. In-12. Leipzig, 1876.

Édouard Siebenhaar, Pöschmann et G. Siegmann. Kommentar zu das bürgerlichen Gesetzbuche für das Konigreich Sachsen, 3 vol. in-8°, 2ᵉ édition. Leipzig, 1869.

G. Siegmann. Das Sachsische hypothckenrecht, In-8°; Leipzig, 1875.

c). *Wurtemberg.*

Le Wurtemberg eut de bonne heure un droit territorial spécial (*Landrecht*). Cinq éditions officielles en ont été successivement publiées, la première le 11 novembre 1495 et la dernière le 2 janvier 1552. Il fut revisé en 1555 et promulgué sous le titre de : Droit territorial nouveau de la principauté de Wurtemberg.

Revisé de nouveau en 1567 et en 1610, c'est cette dernière revision, publiée sous le titre de « *Des Herzogthumbs Württemberg ernewert gemein Landtrecht* », qui est encore aujourd'hui en vigueur. Comme le Code de 1555, le Code de 1610 est divisé en quatre parties : la première explique les règles de la procédure, la deuxième les contrats, la troisième les testaments, la quatrième les successions *ab intestat*.

Il a été modifié ou complété depuis par diverses lois spéciales, les ordonnances sur les tutelles du 14 avril 1660, de 1776 et du

---

(1) *Annuaire de législation étrangère.* 1840, p. 204.
(2) *Annuaire,* 1883, p. 388.
(3) *Annuaire,* p. 386.

25 septembre 1781. Le régime hypothécaire a été réformé par les lois des 15 avril 1825 et 21 mai 1828. Le notariat a été organisé par une loi du 14 juin 1843.

En Wurtemberg, comme dans presque toute l'Allemagne, d'ailleurs, les coutumes locales subsistent à côté du droit territorial (1).

La loi fédérale du 6 février 1875 sur la constatation de l'état des personnes et la célébration du mariage a été introduite dans le Wurtemberg par une loi du 8 août 1875.

Les Codes d'organisation judiciaire et de procédure civile de l'empire y ont également été rendus exécutoires et complétés par cinq lois du 18 août 1879 (2), dont une est spéciale à la procédure de saisie immobilière.

Mentionnons encore quelques lois spéciales : la loi du 6 octobre 1872 sur les constructions et les droits de mitoyenneté et de servitude; la loi du 26 mars 1873 qui réglemente l'exercice et l'extinction du droit de pacage; celle du 28 juin 1876 abrogeant certaines dispositions de rigueur envers les étrangers, en matière de tutelle et de procédure civile.

BIBLIOGRAPHIE

Regierungsblatt, für das Konigreich Württemberg. 1807-1883; Stuttgard.

R. Römer. *Das Württembergische Unterpfandrecht,* In-8°; Leipzig, 1876.

H. Lang. *Handbuch des in Kœnigreich Württemberg geltenden Personen, familien-und Vormundschaftsrecht,* 2ᵉ édition. In-8°; Tubingue, 1880.

Wächter. *Geschichte, quellen und litterature des Würtemb . ₍hcn₎ Privatrechtes;* 2 vol. in-8°; Stuttgart, 1842.

Tous les autres États qui n'ont pas de codification particulière sont régis directement par le droit commun allemand, c'est-à-dire par le droit romain, mais seulement à défaut de statut local, de lois du pays, d'anciennes lois générales de l'empire (3).

L'empire d'Allemagne, on le voit par le rapide exposé qui précède, est bien loin d'avoir réalisé l'unité dans sa législation civile. A l'exception de deux ou trois États où une codification spéciale l'a simplifiée, partout ailleurs, même dans la Bavière, la Prusse et le Wurtemberg qui ont cependant aussi des *Landrecht* particuliers,

(1) Bergson, dans Antoine de Saint-Joseph, t. IV, p. 453.

(2) *Annuaire de législation étrangère,* 1880, p. 218.

(3) Pour les autres états de l'empire soumis au droit commun allemand et non expressément mentionnés dans les trois groupes ci-dessus, il y a lieu

la multiplicité des systèmes législatifs est telle qu'un jurisconsulte allemand, dans une étude sur les régimes matrimoniaux en Allemagne, a pu constater qu'il n'existe pas moins de cent vingt lois différentes actuellement en vigueur sur le territoire de l'empire (1).

de se reporter, pour étudier la législation spéciale de chacun d'eux, aux sources suivantes :

Anhalt. — *Gesetzammlung*. 1720-1882. Bernbourg et Dessau.

Brême. — *Gesetzblatt für Bremen*, 1814 à 1883.

Brunswick. — *Gesetz-und Verordnungs-Sammlung für die Herzoglich Braunsweigischen Lande*. 1814-1883. Brunswick.
Annuaire de législation étrangère, 1875-1882.

Hambourg. — *Sammlung der Verordnungen* et *Gesetzammlung der freien und Hausestadt Hamburg*. 1814-1883. Hambourg.
Das Privatrecht der freien und Hansestadt Hamburg, par H. Baumeister. 2 vol. in-8°. Hambourg, 1856.
Annuaire de législation étrangère, 1875-1882.

Hesse-Darmstadt. — *Grossherzoglich Hessisher Regierungsblatt*. 1819-1883. Darmstadt
Annuaire de législation égangère, 1875-1882.

Lippe-Detmoldt. — *Gesetz-Sammlung für das Fürstenthum Lippe*. 1779-1883.

Lubeck. — *Sammlung der Lübechischen Verordnungen...* 1813-1883. Lubeck.

Mecklembourg-Schwérin. — *Gesetz-Sammlung...* 1800-1857. Recueil publié par Raabe. 6 vol. in-8°.
Regierungsblatt für das Grosserzogthum M... 1857-1883.
Mecklemburgisches Landrecht, par Heinrich-Alb. Bohlau 2 vol. in-8° ; Weimar, 1871-72.

Mecklembourg-Strélitz. — *Gesetz-Sammlungen*, éd. par Th. Scharenberg et Genyken. 3 vol. in-8°. Neustrélitz, 1859-1860. Continué par l'*Officieller Anzeiger...* 1860-1883.

Oldenbourg. — *Gesetz-Sammlung...*, 1813-1845. Continué par le *Gesetzblatt für das H. Old.* 1846-1883. Oldenbourg.

Reuss. — *Gesetz Sammlung für das Fürstenthum Reuss, älterer Linie* und *für die Furstlich-Reussichen Lande, Jungerer Linie*.

Saxe-Altenbourg. — *Gesetz-Sammlung...* 1821-1883. Altenbourg.

Saxe-Cobourg-Gotha. — *Gesetz-Sammlung...* 1800-1882. Cobourg-Gotha.

Saxe-Meiningen. — *Sammlung der Landesherrlichen Verordnungen...* 1826-1883. Meiningen.

Saxe-Weimar-Eisenach. — *Regierungsblatt...* 1828-1882. Weimar.

Schaumbourg-Lippe. — *Landes Verordnungen...* Buckeburg.

Schwarzbourg-Rudolstadt. — *Gesetz-Sammlung für F...* 1840-1883. Rudolstadt.

Schwarzbourg-Sondershausen. — *Gesetz-Sammlung für F...* 1839-1882. Sondershausen.

Waldeck. — *Fürst. Waldeckisches Regierungsblatt*. 1811-1883. Waldeck.

(1 Roth. *Zeitschrift für Vergleich. Rechtswiss*. 1878, p. 39. V. aussi l'étude de M. Bufnoir sur le même sujet dans le *Bulletin de la Société de législation comparée*, 1876, p. 16°.

Cependant, depuis le commencement du siècle actuel surtout, on s'efforce de tous les points de l'Allemagne d'établir, dans toutes les branches du droit, cette uniformité de législation si désirable et si utile. La fondation de l'empire d'Allemagne (Constitution du 16 avril 1871) a donné au pouvoir central le droit de promulguer des lois obligatoires pour tous les États sur le droit des obligations, le droit pénal, le droit commercial, le droit de change, la procédure civile, etc. (art. 4), et aussi sur le droit civil (loi du 20 décembre 1873 (1).

Déjà plusieurs Codes ont été promulgués et rendus applicables à tout l'empire : un Code de commerce et une loi sur le change, en 1869 ; un Code pénal, en 1870 ; un Code d'organisation judiciaire, un Code de procédure civile et pénale et un Code de faillites, en 1877.

Enfin un projet de Code civil est en préparation. Dès 1879, une commission de onze membres, sous la présidence du docteur Pape, président de la Cour supérieure de Leipzig, a été chargée de formuler un projet de Code civil ; cet immense travail a été divisé en cinq parties dont chacune a été confiée à un rédacteur choisi parmi les membres de la commission, assisté d'un juriste praticien (2). Tous les projets partiels devaient être terminés et déposés dans le courant de l'année 1880, pour que la commission pût commencer la discussion générale. Mais cette discussion est encore ajournée ; car, à la date du 29 juillet 1883, la *Gazette de l'Allemagne du Nord*, qui publiait un aperçu des travaux de la commission, ne dissimulait pas qu'un grand nombre d'années s'écoulerait encore avant que l'empire pût être doté d'un Code civil uniforme. En effet, des quatre parties qui composeront le Code, obligations, droits de famille, droits de succession et droits réels, la première seule se trouve aujourd'hui complètement rédi-

---

(1) V. *Annuaire de législation étrangère*, 1874, p. 80.

(2) Voici les noms des membres de la commission chargés de ces travaux : *Dispositions générales* : le docteur Gebhard, conseiller de ministère à Carlsruhe, assisté du docteur Bœrner, juge à Leipsig. — *Droit des choses* : le docteur Johow, conseiller au tribunal de Berlin, assisté de M. Achille, juge au tribunal de Berlin et du docteur Martini, conseiller de justice à Rostock. — *Droit des obligations* : M. de Kübel, directeur du tribunal supérieur de Stuttgart, assisté de M. Võgel, juge à Darmstadt. — *Droit de famille* : M. Planck, conseiller à la Cour d'appel de Celle, assisté de M. Braun, juge au tribunal supérieur de Celle. — *Droit de succession* : le docteur Schmidt, conseiller de ministère, à Munich, assisté de M. Neubauer, juge au tribunal de cercle, à Berlin. — V. les communications faites par M. Bufnoir sur les travaux de la commission, *Bulletin de la Société de législation comparée*, 1875, p. 105, et 1880, p. 424.

gée. Elle est considérée, au point de vue de la science allemande, comme la plus compliquée et la plus délicate; mais les trois autres parties sont loin d'être achevées. Puis, lorsque la commission aura complètement rédigé son projet, il faudra encore le soumettre aux délibérations du Parlement. Il faut donc compter sur un laps de plusieurs années avant que le Code puisse être promulgué (1).

BIBLIOGRAPHIE GÉNÉRALE

En dehors des recueils de lois de chaque État, on peut consulter comme ouvrages généraux sur le droit civil allemand :

Encyclopädie der Rechtswissenschaft in Systematischer Bearbeitung, par Franz von Holtzendorff. 3ᵉ édition. In-4° ; Leipzig, 1877.

Rechtslexion, par le même. 3ᵉ édition. 3 vol. in-8° ; Leipzig, 1881.

System des heutigen römischen Recht, par Carl von Savigny. 9 vol in-8° ; Berlin, 1863.

Grundsœtze des g. deutschen Privatrechts, par Mittermaier. Ratisbonne, 1847.

Einleitung in das deutsche Privatrecht, par Karl Friedrich Eichorn. In-8°. Gœttingue, 1845.

System des deutschen Privatrechts, par von Gerber. 12ᵉ éd. Iéna, 1875.

System des gemeinen deutschen Privatrechts, par G. Beseler. 3ᵉ édition. Berlin, 1873.

Handbuch des deutschen Privatrechts, par Stobbe. 3 vol. in-8°. Berlin, 1878.

System des deutschen Privatrechts (en cours de publication), par Bluntschli. 2 vol. in-8° ; Tubingue, 1880.

Éléments du droit civil germanique, par E. Lehr. In-8° ; Paris, 1875.

Das gemeine deutsche Eherecht, par A. Scheurl. in-8° ; Erlangen, 1882.

Das in deutschland gellende eheliche Güterrecht par Neubauer. Berlin. 1879.

Das Erbrecht und die Grundeigenthumsvertheilung in deutschen Reiche, par August von Miaskowski. In-8° ; Leipzig, 1882.

Civilprocessordnung für das deutsche Reich, par Friedrich Hellmann. 2 vol. in-8° ; Erlangen, 1878-1879.

Die Justiz-gesetze für das d. Reich, texte et trad. fr. in-12. Strasbourg, 1879.

Reichsgesetzblatt., 1871 à 1883. Berlin.

Annuaires de législation étrangère, 1872 à 1883.

(1) En attendant, le Parlement, usant des pouvoirs que lui confère l'art. 4 de la Constitution, prépare peu à peu cette uniformité de la législation civile par la promulgation dé lois spéciales, dont nous citons ci-apres les plus importantes :

Lois des 1ᵉʳ juin 1870 et 20 décembre 1875, sur l'acquisition et la perte de la nationalité fédérale et de la nationalité d'État (*Annuaire*, 1872, p. 183);

Loi du 11 juin 1870, relative au droit d'auteur sur les écrits, dessins, com-

Procédure civile et organisation judiciaire. — L'organisation judiciaire et la procédure civile, avant la promulgation des lois fédérales de 1877, n'étaient pas moins multiples et diverses en Allemagne que le droit civil. Plusieurs états allemands : le Hanovre, Oldenbourg, Bade, le Wurtemberg, la Bavière, avaient des Codes de procédure votés de 1850 à 1869, et auxquels la loi hanovrienne du 8 novembre 1850 avait généralement servi de modèle. Les provinces rhénanes et l'Alsace-Lorraine avaient conservé le Code français ; les provinces prussiennes de la rive droite du Rhin étaient régies par une loi publiée en 1795 sous le titre de *Allgemeine Gerichtsordnung*, et qui fut, en 1833, 1846, 1859 et 1866, l'objet de modifications diverses. Dans les autres pays, les règles et les formes de la procédure étaient fixées par des usages que la doctrine et la pratique comprenaient sous l'expression de *Gemeiner Deutscher civilprozess*, et qui variaient souvent d'État à État, de province à province, et même de tribunal à tribunal. La création de la Confédération de l'Allemagne du Nord, et plus tard de l'Empire d'Allemagne, firent sentir plus vivement le besoin de mettre un terme à cette diversité de législation. Dès 1870, un projet de Code de procédure avait été arrêté par une commission instituée en exécution d'un vote du Parlement de la Confédération de l'Allemagne du Nord ; le 8 mai 1871, le Conseil fédéral chargea une nouvelle commission, composée de dix jurisconsultes, de l'élaboration définitive d'un projet pour l'Empire. Le projet de 1870 et un autre projet, préparé dans les premiers mois de 1871 par le ministre de la justice du royaume de Prusse, devaient former les bases principales de ses délibérations. L'œuvre de la commission fut terminée en mai 1874, imprimée et présentée au Conseil fédéral. La discus-

positions musicales et œuvres dramatiques (*Annuaire*, p. 205. V. aussi les lois des 9, 10 et 11 janvier 1876) ;

Loi du 6 février 1875, sur la constatation de l'état des personnes et les formes de la célébration du mariage (*Annuaire*, 1876, p. 215) ; Glasson, *Revue critique de législat.*, 1875, p. 512).

Loi du 17 février 1875, qui fixe à 21 ans l'âge de la majorité dans tous les états de l'empire (*Annuaire*, p. 260).

Loi du 25 mai 1877, sur les brevets d'invention (*Annuaire*, 1878, p. 106).

Loi du 1er mai 1878, sur la foi due aux actes authentiques (*Annuaire*, 1879, p. 85.

Lois des 18 et 24 juin 1875 et 20 juin 1881, sur les frais de justice et le tarif des huissiers (*Annuaire*, p. 93) ;

Loi des 1er juillet 1878 et 7 juillet 1879 sur les avocats-avoués (*Annuaire*. p. 96, et 1880, p. 76) ;

Loi du 15 mars 1881, étendant le droit de revision en matière civile.

sion, dont elle y fut l'objet, amena la commission à publier un projet revisé qui fut soumis au *Reichstag*, voté le 20 décembre 1876 et promulgué, comme loi de l'Empire, le 30 janvier 1877 (1).

Une loi du même jour (*Einführungsgesetz zur civilprozessordnung*), déclare le nouveau Code applicable à tous les procès en matière civile dont, aux termes de la loi sur l'organisation judiciaire, la connaissance appartient aux tribunaux ordinaires. La même loi abroge, sauf quelques exceptions qu'elle indique, toutes les dispositions des lois spéciales aux divers États sur les contestations en matière civile qui doivent être jugées d'après le nouveau Code (art. 14-16). Elle maintient, au contraire, en vigueur les règles de procédure établies par des lois de l'Empire (art. 13).

Le Code contient 872 articles; il se divise en dix livres subdivisés en sections et en titres. On en trouvera une analyse par M. Lederlin, dans l'*Annuaire de législ. étrangère*, 1878, p. 85 et suiv. (2).

— Le Code d'*organisation judiciaire*, discuté les 18, 19 et 20 décembre 1876, fut voté par le *Reichstag* le 21 décembre. Le 27 janvier 1877, il fut promulgué. On en trouvera l'analyse dans une notice publiée par M. Dubarle dans l'*Annuaire de législation étrangère*, 1878, p. 77 et suiv. (3).

Une loi sur le barreau (Anwaltsordnung) a aussi été promulguée le 1ᵉʳ juillet 1878 (4).

— En ce qui concerne le *notariat*, autant d'États, autant de législations différentes. Nous indiquerons seulement la loi en vigueur dans chaque pays :

Anhalt : lois du 11 avril 1877 et 24 juillet 1879.

Bade : loi du 24 août 1864 et 24 juillet 1879 ;

Bavière rhénane, provinces du Rhin : loi du 25 ventôse an XI, plus ou moins modifiée par des lois subséquentes ;

Bavière : lois du 10 novembre 1861 et 12 juillet 1876 ;

Brême : lois du 13 novembre 1820 et 16 novembre 1883 ;

(1) Une traduction de ce Code par MM. Glasson et Gérardin, professeurs de Faculté de droit de Paris, et Lederlin, doyen de la Faculté de Nancy, paraîtra prochainement dans la *Collection des Codes étrangers*, dont le Comité de législation étrangère, au ministère de la justice, poursuit la publication.

(2) C'est à la notice qui est en tête de cette analyse que nous avons emprunté les renseignements qui précèdent.

(3) La traduction entière de ce Code, avec une introduction, par M. Dubarle, paraîtra prochainement dans la *Collection des Codes étrangers*, publiée par le ministère de la justice. — Cons. encore *Les Constitutions Européennes*, par Demombynes (2ᵉ éd. Paris, 1883), t. II, p. 803.

(4) *Annuaire*, 1879, p. 96. V. aussi Flach, *le Barreau allemand*; in-8°. Paris, 1882.

Brunswick : loi du 19 mars 1850 ;
Hambourg : lois du 25 juillet 1879 et 16 novembre 1880 ;
Hanovre : loi du 18 septembre 1853 ;
Hesse rhénane : loi du 11 juin 1879 ;
Mecklembourg-Schwerin : ordonnance du 24 janvier 1880.
Prusse : loi du 11 juillet 1845 et du 8 mars 1880 ;
Saxe : lois du 3 juin 1859 et du 9 avril 1872 ;
Schwarzbourg-Sonderhausen : loi du 27 février 1873.
Wurtemberg : loi du 4 juillet 1849 ;

ANDORRE (République d')

Le droit commun canonique et le droit romain constituent, suivant un écrivain Catalan, la législation Andorrane (1). Un auteur français assure, d'un autre côté, que le bons sens est la seule règle suivie par les juges de première instance et que les juges d'appel appliquent le droit français ou espagnol, suivant qu'ils appartiennent à l'un ou l'autre pays (2).

Enfin, un publiciste distingué, très versé dans les choses de l'Andorre, nous apprend que ni le juge civil ni le juge criminel ne connaissent le joug si souvent tyrannique de la jurisprudence et des lois. L'un et l'autre jugent suivant les inspirations de l'équité éclairée par les principes du droit commun, c'est-à-dire du droit romain et des coutumes (3).

Nous avons, en effet, dit M. Moras dans son discours de rentrée à la Cour d'appel de Toulouse (4), vainement cherché dans le recueil des coutumes andorranes qui s'appelle le *Politar* (5), des renseignements plus précis. Il abonde en indications sur l'organisation administrative et judiciaire ; quant au *droit privé*, il se borne à recommander aux baillis d'appliquer avec discrétion, prudence et modération, les dispositions du droit commun et des coutumes spéciales de l'Andorre. Mais comment retrouver les termes ou le sens de ces coutumes dont aucun écrit n'a conservé les formules ?

(1) Dalman de Baquer, *Hist. de la Republica de Andorra*, p. 63.
(2) *De l'Andorre*, par de Roussillon, p. 58.
(3) *L'Andorre*, par Victorin Vidal, p. 104 et 126.
(4) P. 40.
(5) Recueil écrit en catalan, vers le milieu du siècle dernier, par le curé Anton Puig, et qui est un résumé du *Manuel* des *Gestes* et *Coutumes* de la vallée d'Andorre, composé par le docteur Fiter y Rossel, viguier d'Urgel.

On comprend que le magistrat éprouve quelque embarras à utiliser les indications vagues qui lui sont données et n'en tienne pas toujours compte. Aussi est-il permis au juge de première instance de consulter, dans les procès difficiles, deux avocats, et un troisième, dans le cas où les deux premiers ne pourraient se mettre d'accord. Rien ne montre mieux combien les coutumes du pays sont incertaines. Il en résulte qu'elles sont le plus souvent abandonnées et que, depuis longtemps, dans la pratique, ce sont les lois françaises ou les coutumes catalanes qui servent de droit privé dans l'Andorre (1).

Si l'Andorre ne jouit pas, en propre, d'une législation bien définie, elle possède du moins une curieuse organisation judiciaire qui n'a reçu, depuis le moyen âge, que de légères modifications.

Sans parler des litiges relatifs aux servitudes dont l'examen est entouré de garanties particulières et soumis à une juridiction spéciale (2), tous les procès civils, quelle qu'en soit la valeur, sont portés en premier ressort devant les *battles* ou baillis, magistrats nommés par les co-princes sur une liste de six candidats présentée par le conseil général.

La juridiction du second degré est exercée par un juge unique, nommé à vie et alternativement par la France et l'évêque d'Urgel.

Un dernier recours existe devant les princes qui ont conservé le droit d'évoquer les causes jugées par les diverses juridictions civiles. Ce droit est exercé, pour la France, par la Cour de Toulouse.

Enfin, deux notaires, dont l'un remplit les fonctions de greffier auprès de tous les tribunaux, et des huissiers, complètent le personnel qui concourt à l'administration de la justice (3).

BIBLIOGRAPHIE

Politár Andorrá, de la Antiquitat Govern y religio, dels privilegis, usos, preheminencias, consuetuts y prerrogativas de la vall d'Andorra. (Une copie manuscrite du *Politar* et du *Manual Digest* se trouve à la bibliothèque du comité de législation étrangère, au ministère de la justice).
L'Andorre, par Victorin Vidal; in-8. Paris, 1866.
Lois et coutumes d'Andorre, par Léon Jaybert. Paris, 1855.
Les Coutumes du Pays d'Andorre, par Moras. 68 p., in-8; Toulouse, 1882.
Revue de droit international, 1881, p. 223.

1) V. *Instituciones del derecho civil catalan*, par Guillermo de Broca y Juan Amell. Barcelona, 1880.
(2) Moras, p. 47.
(3) Ceux qui désireraient connaître dans tous ses détails l'organisation judiciaire et la procédure andorranes pourront consulter le *Politar*, l'ouvrage de M. Victorin Vidal sur l'*Andorre* et le *Discours* de M. Moras, déjà cités.

ARGENTINE (République)

Le Code civil de la République Argentine, approuvé par le Congrès le 29 septembre 1869, est en vigueur depuis le 1ᵉʳ janvier 1871 et a force de loi dans tous les États de la Confédération.

Il est l'œuvre d'un éminent jurisconsulte, Dalmacio Velez-Sarsfield, ancien ministre de l'intérieur (1), qui paraît avoir utilisé pour ce travail tous les Codes publiés en Europe et en Amérique (2), ainsi que le projet de Code civil espagnol rédigé par Goyena, et le projet de Code civil préparé pour le Brésil, par le docteur Freitas.

Le Code argentin contient, dans deux titres préliminaires, les principes généraux sur la force obligatoire, la publication et l'interprétation des lois, et les règles fondamentales du droit international privé. Il est divisé en quatre livres : le premier livre traite des personnes en général, des droits personnels et des relations de famille.

Sous le titre de droits personnels, le second livre est consacré aux *obligations* et contient sur ce point la législation la plus complète qui existe, avec une division parfaitement logique en trois sections (1° des obligations en général; 2° des actes de l'homme qui donnent naissance aux obligations ; 3° des obligations conventionnelles), qu'on ne retrouve que dans le Code néerlandais de 1838.

Le troisième livre est relatif aux droits réels (propriété, possession, actions réelles, usufruit, servitudes, hypothèque, gage, antichrèse, etc).

Enfin le quatrième livre, intitulé : « *Des droits réels et personnels* » contient, après un titre préliminaire sur la transmission des droits, trois sections, dont la première traite des successions *ab intestat* et testamentaires ; la deuxième, « du concours de droits réels et personnels contre les biens du débiteur commun », c'est-à-dire des privilèges ; et la troisième, de la prescription.

Si on peut reprocher à ce Code son caractère un peu trop doctrinaire, on ne saurait nier cependant qu'il constitue un progrès

(1) Une édition officielle de ce Code, publiée en 1877, à Buenos-Ayres, contient, sous forme de notes, un commentaire de chaque article et des références aux principales législations étrangères et à la doctrine des jurisconsultes les plus autorisés; 615 p. in 8°.

(2) Lettre au ministre de la justice du 21 juin 1865. V. aussi *las Riformas del codigo civil Argentino*, par E. Quesada; brochure in-4°, 1883.

incontestable sur presque toutes les législations similaires. L'auteur a tenu compte et s'est inspiré heureusement, dans son travail, non seulement des principes du droit romain et des progrès les plus récents réalisés dans les Codes modernes, mais aussi des résultats obtenus dans le domaine de la science.

Nous signalerons spécialement les principes de droit international privé contenu dans le titre préliminaire, et les règles sur les personnes civiles, dans le premier livre ; la matière des contrats et obligations ; dans le livre troisième, le titre de la *copropriété* et de la *propriété imparfaite*, négligé par les autres législateurs, le titre des hypothèques conventionnelles, car le Code argentin n'admet pas l'hypothèque légale ; enfin le titre sur la transmission des droits. On remarquera que la réserve est beaucoup plus élevée dans le Code argentin que dans les divers autres Codes ; elle est, en effet, invariablement des quatre cinquièmes de la succession, s'il existe des enfants ; des deux tiers, s'il n'y a que des ascendants, de la moitié pour l'époux survivant, s'il ne survit ni descendants, ni ascendants.

Diverses modifications de détails et de forme ont été apportées à ce Code par une loi du 9 septembre 1882, dite loi de *correction*. Cette loi, en effet, se borne principalement à corriger les imperfections du texte du Code.

Un décret du 15 septembre 1882 a désigné les docteurs Ruiz de la Llanos et don Isaac Chavarria, pour préparer une nouvelle édition du Code et un autre décret du 27 du même mois les autorise à la publier, d'après la loi de correction.

Procédure civile. — La République Argentine est régie actuellement par un Code de procédure (1) qui se compose de la loi sur la justice nationale du 16 octobre 1862, la loi sur la juridiction et la compétence des tribunaux nationaux du 14 septembre 1863, de la loi désignant les crimes dont la connaissance est attribuée aux tribunaux nationaux, de la loi sur la procédure civile et l'instruction criminelle, toutes deux également du 14 septembre 1863.

Ce Code général règle la procédure à suivre devant la Cour suprême et les tribunaux de section, qui sont aussi nombreux qu'il y a de provinces.

La Cour suprême connaît des causes intéressant les agents diplo-

---

(1) Nous devons ces renseignements sur la procédure civile dans la République Argentine à l'obligeance de M. Paul David, avocat à la Cour d'appel. Cons. aussi le travail qu'il a publié dans le *Bulletin de la Société de législation comparée,* 1879, p. 266.

matiques étrangers, des appels et des recours en nullité des causes du ressort des tribunaux de section ou des tribunaux supérieurs de province.

Les tribunaux de section sont compétents dans les causes se rattachant d'une façon spéciale à l'intérêt de la Confédération.

Antérieurement à cette loi, les *Leyes recopiladas* qui se composaient de la *nueva Recopilacion* (1567, sous Philippe II), de la *novisima Recopilacion* (15 juillet 1805, sous Charles IV), les *Leyes de Indias* formaient la législation en vigueur.

Mais chaque province jouit du droit de légiférer sur son organisation judiciaire particulière.

Le Code de procédure de la province de Buenos-Ayres (*Ley De enjuiciamiento*), qui est la plus importante de toutes celles de la République à cause du contact incessant de ce pays avec les nations civilisées du nouveau monde et de l'ancien, a été promulgué le 20 août 1880 et remplacé celui qui l'avait été le 31 octobre 1878.

Sous le régime colonial, il existait un tribunal de commerce (consulado de comercio) composé de juges spéciaux, mais il a été aboli par la loi de 1862 qui a déclaré que les juges de commerce seraient élus dans les mêmes conditions que les juges civils.

Le titre Iᵉʳ du Code contient des dispositions générales ; le titre II traite de la procédure ordinaire, de l'assignation, des exceptions dilatoires, des fins de non recevoir, répliques, preuves par écrit, par témoins, expertises, reproches des témoins, visite des lieux par justice, jugements.

Dans le titre III sont traités les recours contre les jugements interlocutoires, les appels et les recours en nullité.

Le titre IV s'occupe de la procédure ordinaire en deuxième instance ; le titre V, du recours pour déni de justice ou retard apporté par les tribunaux à rendre leurs décisions ; le titre VI, du recours pour inapplicabilité de la loi, ou de la doctrine légale ; le titre VII, de la plainte et du recours au sujet de la constitutionnalité ou de l'inconstitutionnalité ; le titre VIII, des récusations des juges, greffiers, huissiers, membres du ministère public, du mode de remplacement des juges et autres fonctionnaires récusés ou empêchés.

Dans le titre IX sont relatées les dispositions applicables aux incidents ; dans le titre X, celles concernant les questions de compétence ; dans le titre XI on voit l'instance en expulsion ; dans le titre XII la procédure par défaut ; le titre XIII traite des saisies, conservations, oppositions.

— 42 —

Le titre XIV vise la procédure d'exécution, l'exécution du jugement d'adjudication, les revendications.

Le titre XV donne les modes d'exécution des jugements; dans le titre XVI apparaissent les articles concernant l'exécution des décisions rendues par les tribunaux étrangers.

Le titre XVII traite des interdits d'acquérir, de la réintégrande, de la dénonciation de nouvel œuvre.

Le titre XVIII est relatif à la procédure d'expulsion du locataire; le titre XIX, à l'assistance judiciaire; le titre XX, à l'instance en vue d'obtenir une pension alimentaire; le titre XXI, à l'action en bornage; le titre XXII, aux successions, inventaire, prisée, partage, administration des successions.

Le titre XXIII se rapporte à la procédure concernant les successions *ab intestat* et les hérédités vacantes; le titre XXIV, à l'ouverture des testaments fermés; le titre XXV, à la reconnaissance judiciaire du testament olographe.

Le titre XXVI traite de la procédure de mise en déconfiture; le titre XXVII de l'arbitrage; le titre XXVIII des fonctions d'amiables compositeurs.

Le titre XXIX, règle la rétribution des services des personnes qui peuvent intervenir dans les instances; le titre XXX contient des dispositions transitoires.

Tel est l'ensemble de cette œuvre législative dont certaines parties pourraient, sans aucun doute, servir de modèle à une réforme de notre Code.

Il suffit de citer la section se rapportant à la procédure de déconfiture qui n'existe pas dans nos lois.

Une loi sur l'organisation des tribunaux de Buenos-Ayres a été promulguée le 6 décembre 1881.

BIBLIOGRAPHIE

Codigo civil de la Republica Argentina.— Edition officielle. 1 vol. in-8; Buenos-Ayres, 1877.

Codigo civil de la Republica Argentina, edicion coregida. Buenos-Ayres, 1883; XV. 407 p. in-6.

Asser. *Le Code civil de la République Argentine (Revue du droit international),* 1873, p. 591.

R. Garcia. *Notice sur le projet de Code civil de la République Argentine (Revue historique,* t. xiv, 1868, p. 91 et suiv.).

AUTRICHE

En Autriche, comme en Allemagne, le droit romain, le droit commun allemand et les ordonnances des Empereurs furent, à partir du XIII° siècle, les principales sources et comme la base de la législation civile ; mais comme en raison de la division de l'Empire germanique en États particuliers, il s'était formé dans chaque pays, une série de droits territoriaux réglant principalement l'ensemble des intérêts privés, le droit germanique devint bientôt une agrégation de législations touchant de près à la confusion.

Aussi vers la même époque (1753) où le roi Frédéric ordonnait la préparation du *Corpus juris Fredericiani*, l'impératrice Marie-Thérèse, en Autriche, chargeait une commission de jurisconsultes, de magistrats et d'avocats de rédiger un Code de droit privé qui, tout en conservant le droit commun et la loi en vigueur, mettrait en harmonie et unifierait les diverses lois des provinces.

Un premier projet fut rédigé, en 1767, par le professeur Azzoni. Il contenait huit volumes in-folio ; mais cette énorme compilation, basée uniquement sur le droit romain, ne pouvait remplir le but que s'était proposé l'impératrice, et le conseiller Harten reçut mission de présenter un autre projet moins doctrinal, plus simple et plus en rapport avec le droit national.

La première partie du nouveau projet, comprenant le droit des personnes, fut publiée en 1786, sous Joseph II. Il fut achevé par MM. de Kees et de Martini, et provisoirement mis en vigueur en Gallicie, sous le règne de François II. On recueillait en même temps, sur ce travail, les objections des tribunaux et des universités. Le texte en fut ensuite définitivement arrêté par le conseiller de Zeiller, et le Code reçut la sanction de l'empereur le 7 juillet 1810. Un décret du 1er juillet 1811 le déclara exécutoire à partir du 1er janvier 1812, sous le nom de *Allgemeines bürgerliches Gesetzbuch für die gesammten Deutschen Erblander des Oesterreichischen Monarchie* (1).

Aux termes de l'ordonnance de promulgation, ce Code abroge le droit commun suivi jusqu'alors, la première partie du Code civil publiée le 1er novembre 1786, le Code civil spécial de la Gallicie,

---

(1) Une édition officielle a paru en 1811. Vienne, in-8°.

Une traduction en a été publiée par A. de Clercq, dans la collection Victor Foucher. Paris, in-8°, 1836.

ainsi que toutes les lois et coutumes qui se rapportent aux objets prévus dans la nouvelle loi.

Le nouveau Code général a été promulgué successivement dans les diverses provinces de l'Empire, et, en dernier lieu, le 29 novembre 1852, en Hongrie, en Croatie, en Esclavonie, dans la Voïvodie de Serbie et le banat de Temès, où il est exécutoire depuis le 1ᵉʳ mai 1853 ; il a enfin été mis en vigueur en Transylvanie le 29 mai 1853.

Ce Code a donc force de loi aujourd'hui dans toute l'étendue de l'Empire d'Autriche (1). « Quoiqu'il ne puisse pas être rangé parmi ceux qui ont pris pour base le Code français, on doit reconnaître qu'il s'en rapproche beaucoup plus que des Codes Bavarois et Prussien. La rédaction en est généralement nette et concise. Ce qu'on pourrait lui reprocher, c'est d'être parfois un peu trop doctrinaire ; on sent que les principes en ont été puisés dans les travaux de la doctrine, bien plus que dans la pratique des Cours de justice (2). »

D'assez nombreux changements et additions ont été faits à ce Code. Nous citerons, parmi les plus importants :

Une loi du 4 mai 1868, sur la contrainte par corps ;

Loi du 25 mai 1868, sur les mariages civils (*Nothcivilehen*) (3);

Loi du 13 juin 1868, sur les *fidei commis*;

Loi du 14 juin 1868, concernant la liberté du taux de l'intérêt ;

Loi du 18 juillet 1868, concernant les registres de naissance, mariage et décès des israélites ;

Loi du 10 juin 1869, sur la promulgation des lois ;

---

(1) Mais seulement pour la partie de l'Empire qui comprend les pays situés en deça de la *Leitha* et qu'on nomme Cisléthanie : Basse-Autriche ; Haute-Autriche ; duché de Salzbourg ; Styrie ; Carinthie ; Carniole ; Tyrol ; Voralberg ; comté de Goritz ; Dalmatie ; Bohème ; Moravie ; Silésie ; Galicie ; Bukovine ; Trieste. — Cette partie de l'Empire a un Parlement à Vienne, ou *Reichsrath*, et les lois votées sont applicables de plein droit a toutes les provinces ; car aux termes des art. 11 et 12 de la loi constitutionnelle du 11 décembre 1867, le *Reichsrath* est seul compétent pour légiférer en matière de droit civil.

La deuxième partie de l'Empire, composée des pays au delà de la *Leitha*, ou Transleithanie, comprend la Hongrie proprement dite, la Transylvanie, la Croatie, l'Esclavonie. Elle a un Parlement qui siego à Pesth et une législation particulière. V. *Infrà, Hongrie* et *Les Constitutions modernes*, par MM. R. et P. Dareste, t. I, p. 328.

(2) Anthoine de Saint-Joseph, *Concordance entre les Codes civils étrangers*, notice, p. CXLIV.

(3) *Revue de droit internat.* 1869, p. 384, — et Glasson, *Le mariage civil*, p. 396.

Loi du 30 mai 1869, sur les eaux ;

Loi du 9 avril 1870, sur le mariage des non catholiques ;

Lois des 6 février 1869 et 25 juillet 1871, sur les registres fonciers (1).

Loi des 25 juillet 1871 et 25 décembre 1876, organisant le notariat.

Loi du 27 avril 1873 sur la procédure sommaire et la procédure spéciale d'exécution (*Mahnverfahren*) ;

Loi du 24 avril 1874, sur les obligations au porteur et à ordre ;

Loi du 16 mai 1874, sur la procédure civile ;

Loi du 31 mars 1875, relative à la diminution des frais pour la radiation des inscriptions des petites créances hypothécaires ;

Arrêté du 8 novembre 1877, relatif à l'état civil des vieux catholiques ;

Loi du 23 juin 1878, relative à la caution *judicatum solvi;*

Loi du 4 juin 1882, sur la légalisation (2).

Loi du 16 février 1883, réglementant en certains cas la preuve des décès.

Loi du 23 mai 1883 modificative de la loi sur les livres fonciers.

Loi du 23 mai 1883 sur le cadastre.

Procédure civile. — Depuis plusieurs années, la revision des lois sur la procédure civile est à l'ordre du jour en Autriche. A la séance du Parlement du 23 février 1876, M. le ministre de la justice Glaser a déposé un projet de Code comprenant 704 articles et divisé en cinq parties (3). Une sixième partie, relative aux voies d'exécution devait y être jointe, et avait fait l'objet d'un dépôt antérieur au Parlement (4).

En attendant le vote de ce projet, dont une commission parlementaire poursuit toujours l'étude (1883), le législateur autrichien s'occupe de faire les réformes les plus urgentes, et c'est à ce besoin qu'il s'est efforcé de répondre en promulguant les lois déjà citées des 27 avril 1873 et 16 mai 1874.

On trouvera les autres lois en vigueur sur l'organisation judiciaire et la procédure civile dans le tome II de la collection Geller (*Oesterreichisches Justisgesetz*) (5).

(1) *Bulletin de la Soc. de législat. comp.*, p. 343.

(2) *Annuaire*, 1883, p. 455.

(3) Voir sur ce projet la communication faite à la Société de législation comparée, par M. Glasson (*Bulletin*, 1875, p. 212).

(4) *Annuaire* de 1876, p. 487.

(5) 5 vol. in-32. Vienne, 1881. Cons. aussi, *Les Constitutions européennes* de Demombynes, t. II, p. 221.

Notariat. — Le notariat a été organisé en Autriche par une loi du 25 juillet 1871 (1).

BIBLIOGRAPHIE

Reichsgesetzblatt.... Années 1849-1883. Vienne.

Annuaires de législation étrangère, années 1873 à 1883.

Taschenausgabe der Oesterreichischen Gesetze. 19 vol. in-8 ; Vienne, 1870-76, t. II, III, VI XVI et XVIII.

Oesterreichische justizgesetze, par Leo Geller. 5 vol. in-32 ; Vienne, 1881, t. I, III et IV.

Geschichte der Codification des Oesterreichischen civilrechtes, par le docteur Philipp Harras Ritter von Harrasowsky. In-8 ; Vienne, 1868.

Code civil général de l'empire d'Autriche, traduit par A. de Clercq (collection Foucher). In-8 ; Paris, 1836.

System des Oesterreichischen allgemeinen Privatrechts, par J. Unger, t. I, II et VI parus. Vienne, 1871-1876.

Commentar zum allgemeinen Oesterreichschen bürgerlichen Gesetzbuche, par Moritz von Stubenrauch. — 3ᵉ édition, 3 vol. in-8 ; Vienne, 1876. — Une 4ᵉ édition est en cours de publication.

Commentar zum Oesterreichischen allgemeinen bürgerlichen Gesetzbuche, par Pfaff et Hofmann (en cours de publication). Vienne, 1880-1883.

Commentar zum Oesterreichischen allgemeinen Gesetzbuche , par Ludwig Ritter von Kirchstetter, 4ᵉ édition, in-8 ; Vienne, 1882.

Systematisches Lehrbuch des Oesterreichischen civilrechtes, par Ludwig Shiffner (en cours de publication). In-8 ; Vienne, 1882.

System des Deutschen Privatrechts par Paul von Roth, t. I, p. 243 ; Tubingue, 1880.

Handbuch uber das Grundbuchwesen... par Frantz Offenhuber. In-8 ; Vienne, 1876.

Oesterreichisches Ehegüterrecht, par Ogonowski. In-8 ; Leipzig, 1880.

Das Oesterreichische Hypothekenrecht, par A. Exner. In-8 ; Leipzig, 1881.

BELGIQUE

Depuis 1795, époque où la Belgique fut réunie à la France, le Code civil français n'a cessé d'être appliqué en Belgique dans son intégralité, c'est-à-dire avec certaines dispositions qui n'étaient même plus en vigueur en France, le titre du divorce, par exemple.

---

(1) *Revue du droit international,* 1873, p. 180 ; Pappafava, *Manuale illustrativo dell' ordinamento notarile Austriaco;* in-18. Innspruck, 1883.

Mais des lois particulières ont modifié, à diverses reprises, certaines matières que nous allons indiquer. Telles sont :

La loi du 12 juin 1816 sur les ventes et partages judiciaires.

La loi du 10 janvier 1824 concernant les droits de superficie et d'emphytéose.

La loi du 20 mai 1837 sur le droit des étrangers à succéder en Belgique.

La loi du 28 février 1845 sur la promulgation des lois.

La loi du 16 décembre 1851 sur les privilèges et hypothèques.

La loi du 15 août 1854 sur l'expropriation forcée des immeubles.

La loi du 18 février 1862 sur les vices rédhibitoires.

La loi du 5 mai 1865 sur le prêt à intérêt.

La loi du 27 juillet 1871 sur la contrainte par corps (1).

La loi du 17 août 1873 relative à la prescription dans les affaires fiscales et disciplinaires.

La loi du 20 décembre 1873 et l'arrêté du 25 janvier 1874 sur les aliénés (2).

La loi du 25 mars 1876 comprenant le titre Ier, relatif à la compétence, du projet de réforme du Code de procédure civile (3).

La loi du 1er avril 1879 relative à la qualité de Belge en faveur des personnes qui ont omis de remplir ou rempli imparfaitement les formalités requises pour l'acquérir (4).

La loi du 6 août 1881 sur les naturalisations (5).

La loi du 15 août 1881 accordant la qualité de Belges aux enfants nés en Belgique de parents légalement inconnus (6).

La loi du 28 février 1882, sur la chasse (7).

---

(1) *Annuaire de législation étrangère*, 1872, p. 360.

(2) *Annuaire* 1875, p. 391.

(3) *Annuaire*, 1877, p. 467. — Le projet primitif du Code fut élaboré par une commission extra-parlementaire, nommée sous le ministère de M. Bara, en 1866, et composée de sept membres. Le rapport, présenté par M. Allard, est extrêmement remarquable, *un travail de maître*, a dit M. Laurent. Le 16 décembre 1869 une partie de ce travail fut soumise à la Chambre des représentants, et, dès le 29 mars 1870, M. Thonissen, président de la commission parlementaire, déposait son rapport qui concluait à l'adoption du chapitre I du titre Ier du livre préliminaire. La dissolution des Chambres, en 1870, ayant dessaisi le Parlement, M. de Lantsheere, devenu ministre de la justice, déposa de nouveau le projet le 14 janvier 1873. Les rapporteurs furent MM. Thonissen et Dupont. La discussion eut lieu, à la Chambre, du 17 au 28 novembre 1874 et les 5 et 27 mai 1875; au Sénat, les 21 et 22 décembre 1877 (rapporteur, M. le baron d'Anethan).

(4) *Annuaire*, 1880, p. 482. — (5) *Annuaire*, 1882, p. 446. — (6) *Annuaire*, 1882, p. 453. — (7) *Annuaire*, 1883, p. 739.

La loi du 20 mai 1882, sur la célébration du mariage des Belges à l'étranger (1).

La loi du 10 juillet 1883 abrogeant l'article 1781 du Code civil.

— En exécution de l'article 139 de la Constitution de 1831, qui ordonnait la revision de la législation belge et spécialement des Codes (§ 2), le législateur belge se préoccupe, depuis une quinzaine d'années principalement, de ce travail de refonte. Le Code pénal de 1810 a été remplacé par la loi de 1867. Le Code d'instruction criminelle est à l'étude et le titre préliminaire a fait l'objet de la loi du 17 avril 1878. Le Code de procédure civile est également soumis au Parlement qui a voté le titre 1er sur la compétence, promulgué le 25 mars 1876.

Enfin, le savant professeur à l'Université de Gand, M. Laurent, a été chargé par le ministre de la justice de la revision du Code civil (2) et s'est aussitôt mis à l'œuvre. Déjà quatre volumes (3) ont été publiés qui comprennent, avec l'exposé des motifs, le texte remanié des 1429 premiers articles. Ces 1429 articles correspondent à peu de chose près aux deux premiers livres du Code civil actuel, et aux trois premiers titres du livre troisième.

Procédure civile. — Le Code de procédure civile français est resté en vigueur en Belgique jusqu'en 1876, époque à laquelle le Parlement a voté la loi du 25 mars réformant le titre Ier du titre préliminaire relatif à la compétence en matière contentieuse. Le surplus du Code a été également l'objet d'un projet de réforme déposé à la Chambre en 1870 et sur lequel on peut consulter les remarquables rapports de M. Allard et de M. Thonissen (1870-1876).

L'organisation judiciaire résulte de la Constitution du 7 février 1831, de la loi organique du 4 août 1832, et des lois du 18 juin 1869 et 1er avril 1879 (4).

Le notariat est resté soumis à la loi du 25 ventôse an XI, sauf en

(1) *Annuaire*, p. 754.

(2) Nous ne sommes pas de ceux qui considèrent le Code civil comme une « arche sainte, » selon l'expression de Bigot de Préameneu, à laquelle il ne serait point permis de toucher. Cependant nous ne saurions oublier, en lisant l'avant-projet de M. Laurent, que c'est cet auteur même qui écrivait il y a quelques années : « Nous admirons le Code Napoléon comme un chef-d'œuvre. Il a ses imperfections comme toute œuvre humaine ; mais nous redoutons sa revision. Au lieu de le réformer, on pourrait bien le déformer. »

(3) *Avant-projet de revision du Code civil*, par P. Laurent. Bruxelles, Bruylant-Christophe ; 4 vol. in-4°, 1882-83.—V. aussi *Journal des tribunaux*, 1882, n° 18, note de M. Picard.

(4) V. Duverger, *Bulletin de la Soc. de législ. comp.*, 1881, p. 127, et Demombynes, *op. cit.*, t. I, p. 274.

ce qui concerne la vénalité des offices qui n'a pas été rétablie et, les garanties de capacité qui ont été augmentées (1).

BIBLIOGRAPHIE

Pasinomie. *Collection complète des lois, décrets*, etc. 1814 à 1883.

Annuaires de législation étrangère, 1877-1883.

Bulletin usuel des lois et arrêtés, par Delebecque et de Brandner. 7 vol. in-8°, 1867-1883.

Delebecque. *Les Codes en vigueur en Belgique*. In-32; Bruxelles, 1873 et supp.

Arntz. *Cours de droit civil français*. 4 vol. in-8°. Bruxelles, 1879.

Laurent. *Principes de droit civil*. 33 vol. in-8°. Bruxelles, 1869-1878.

Cloes. *Commentaire du Code de procédure civile belge, d'après les travaux préparatoires*. In-8°; Liège, 1880.

Bormans. *Code de procédure civile belge. Commentaire législatif et doctrinal*, 2e édition. In-8°. Bruxelles, 1877.

Waelbrock. *Commentaire législatif et doctrinal de la loi du 25 mars 1876*. In-8°; Bruxelles, 1876.

Flourens. *Organisation judiciaire de la France et de la Belgique*. In-8°; Paris, 1875.

Martou. *Commentaire de la loi du 16 décembre 1851, sur le régime hypothécaire*. 4 vol. in-8°; Bruxelles, 1859.

BOLIVIE

Lors de l'émancipation des divers États de l'Amérique du Sud, les gouvernements qui s'établirent se hâtèrent de rejeter la législation espagnole jusqu'alors en vigueur et de promulguer des Codes nationaux, dont la plupart furent rédigés d'après les principes du Code civil français. La République de Bolivie fut une des premières à se soustraire à l'influence du droit civil espagnol.

Le Code bolivien fut promulgué en 1843 et est en vigueur depuis le 18 novembre 1845. L'ordre adopté est celui du Code français et les principales différences, motivées par l'influence religieuse, sont relatives à la tenue des actes de l'état civil qui sont encore entre les mains du clergé, et du mariage qui a conservé le caractère exclusivement religieux.

BIBLIOGRAPHIE

Codigo civil de la Republica de Bolivia. In-8°.

A. de Saint-Joseph. *Concord.*, t. II, p. 82.

(1) Cons. le *Commentaire de la loi de ventôse*, de Rutgeerts, 2e édition par A. Amiaud; 3 vol. in-8°. Bruxelles et Paris, 1883-84.

BOSNIE ET HERZÉGOVINE

L'Autriche, à qui l'article 25 du traité de Berlin avait confié l'administration de la Bosnie et de l'Herzégovine, les occupe depuis 1878, et on peut désormais considérer ces pays comme provinces autrichiennes. Une loi du 22 février 1880 (1) organise, d'ailleurs, cette administration.

Mais le droit civil de ces provinces est resté ce qu'il était avant l'occupation, c'est-à-dire qu'il réside uniquement dans les anciennes coutumes toujours en vigueur et pour l'étude desquelles nous ne saurions mieux faire que de renvoyer le lecteur au *Recueil des coutumes chez les Slaves méridionaux*, publié à Agram, 1874, 710 p. in-8° ; (V. *infra : Monténégro*).

Signalons cependant une loi sur la propriété immobilière du 3 mai 1858.

Un Code de procédure civile a été promulgué le 1" septembre 1883, une loi sur les avocats dans la même année.

BIBLIOGRAPHIE

Sammlung der für Bosnien und die Herzegovina erlassenen Gesetze. (1878-1881). In-4° ; Vienne, 1880.
Civil-processordnung für Bosnien und die Herzegovina, in-8° ; Vienne, 1883.
Bulletin de la Société de la législation comp. 1876, p. 319.

BRÉSIL

La législation civile du Brésil est un mélange de la législation portugaise (2), reste de l'ancienne domination de la métropole, et du Code civil français, modifié et complété par un grand nombre de lois nationales.

Pour remédier aux difficultés qu'occasionnait dans la pratique la confusion de ces diverses législations, le gouvernement s'est préoccupé de donner à la législatien Brésilienne un caractère précis et définitif, et un projet de Code civil a été mis à l'étude. Un décret

---

(1) *Annuaire,* 1881, p. 270.

(2) Une loi du 20 octobre 1826 donnait pleine vigueur aux lois, ordonnances, décrets non abrogés, promulgués en Portugal jusqu'au 25 avril 1821.

du 11 janvier 1859 chargea de ce travail le docteur Freitas, qui en a publié une première partie, comprenant 316 articles, au mois d'août 1860, puis une autre fraction en 1865.

En attendant que ce projet pût se réaliser et pour en faciliter la confection, une codification des lois civiles en vigueur a été faite par ordre du gouvernement et rédigée par les soins de l'auteur même du projet; cette codification, dont la troisième édition a paru en 1876 par ordre du gouvernement, sous le titre de « *Consolidaçáo das leis civis* », peut être considérée comme la base même de la législation civile Brésilienne.

M. de Freitas n'ayant pu achever son projet de code, le jurisconsulte Nabuco de Aranjo fut chargé, en 1872, de la confection d'un nouveau projet. Sa mort, survenue en 1878, interrompit son travail déjà avancé, qui fut repris et continué par le docteur Joaquim *Felicio dos Santos*. Ce projet de Code a été présenté en 1881 au gouvernement, et une commission spéciale a été nommée pour l'examiner (mars 1882) (1).

Une loi civile importante a été promulguée le 15 mars 1879 sur le contrat de louage des services agricoles (2).

Il n'y a pas non plus, au Brésil, de Code de procédure civile. L'ancien système, contenu dans les ordonnances et lois du Portugal, est toujours en vigueur au Brésil, en vertu de la loi du 20 octobre 1823.

Il a cependant été modifié par diverses lois sur l'organisation judiciaire de 1832, 1841, 1871 et 1873; par celle aussi du 4 août 1875, qui autorise le gouvernement brésilien, moyennant réciprocité, à régler l'exécution des jugements rendus par des juges étrangers en matière civile (3). Le règlement rédigé le 27 juillet 1878, en exécution de cette loi, a été analysé dans l'*Annuaire*, 1879, p. 736.

L'organisation judiciaire est réglée par une loi du 20 septembre 1871.

(1) Ce projet est divisé en deux parties, précédées d'un titre préliminaire sur la publication, les effets et l'application des lois. La première (subdivisée en trois livres), s'occupe des personnes, des choses et des actes juridiques au point de vue particulier. Il contient 2,692 articles. Rédigé avec méthode, ce projet paraît concilier dans une juste mesure les traditions locales et les progrès de la doctrine

(2) *Annuaire de législation étrangère*, 1880, p. 919 à 958.

(3) Une loi de 1871 a prescrit la compilation de toutes les dispositions législatives et réglementaires concernant la procédure civile et criminelle. Ce travail, confié, pour la procédure civile, à M. Ribar, ancien membre de la commission de revision du Code civil, a été approuvé par le gouvernement.

BIBLIOGRAPHIE

Codigo civil ; Esboço, par H. F. de Freitas. In-8°; Rio de Janeiro, 1860.
Consolidaçao das Leis civis, Publição autorisada pelo Governo. ccxxi-774 p. in-4°; Rio de Janeiro, 1876.
Collecção das Leis do imperio do Brazil Rio de Janeiro
Projecto do Codigo civil Brazileiro do doctor Joaquim Felicio dos Santos. xii-122 p. in-4°; Rio de Janeiro, 1882.
V. aussi *Annuaire de législation étrangère* 1878, p. 848.

BULGARIE

La législation actuelle de la Bulgarie a encore pour base les lois turques, les règlements provisoires édictés par l'autorité russe à l'époque de l'organisation de la principauté (1878-1880) et quelques lois nouvelles votées par l'Assemblée nationale bulgare.

L'organisation judiciaire et la compétence sont, cependant, réglées dans un recueil des lois de procédure promulgué le 24 août 1878 et par les lois des 23 mai et 3 juin 1880 (1).

CHILI

La plupart des Républiques du Sud de l'Amérique ont travaillé avec ardeur à la codification de leurs lois civiles, commerciales et criminelles. Quelques-uns de ces Codes, dont les rédacteurs se sont, il est vrai, inspiré des lois européennes et spécialement du Code civil français, sont des travaux juridiques dignes de fixer l'attention des jurisconsultes.

Le Code civil du Chili, un des premiers publiés, a été promulgué le 14 décembre 1855 et est entré en vigueur le 1ᵉʳ janvier 1857. Il est conforme, dans l'ensemble de ses dispositions, à la législation espagnole. Il contient 2,524 articles et est divisé en quatre livres précédés d'un titre préliminaire sur la promulgation des lois, ses effets, leur interprétation et leur abrogation.

Le livre Iᵉʳ traite des personnes; le livre II des biens, de la propriété, de la possession, de l'usufruit; le livre III des successions et des donations entre vifs; enfin, le livre IV des obligations et contrats.

1 V. Demombynes, les *Constitutions Européennes*, t. 1, p. 795.

Nous signalerons, dans le titre préliminaire, l'article 18 qui dispose que, dans tous les cas où la loi chilienne exige un acte public comme preuve à administrer et devant sortir effet au Chili, aucun acte privé ne peut être admis, quelle que soit la force de ces sortes d'actes dans le pays où il a été passé;

Dans le livre I", l'article 280 qui admet, dans certaines limites, la recherche de la paternité et le 33° chapitre relatif aux personnes juridiques ;

Dans le livre III, les dispositions concernant les successions *ab intestat* où une part est toujours faite à l'époux survivant et, lorsqu'il n'y a pas d'enfants légitimes, aux enfants naturels ; les articles 997 et 998 relatifs aux successions des étrangers;

Dans le livre IV, l'absence du régime dotal, la liberté de l'intérêt conventionnel, etc.

En 1883, le Congrès a voté une loi importante établissant le mariage civil. Cette loi déclare sans effets légaux le mariage qui n'aura pas été célébré devant l'officier de l'état civil. Toutefois, les futurs époux restent libres de se soumettre préalablement aux formalités requises par la religion à laquelle ils appartiennent.

Elle institue, en outre, sous le nom de divorce, une espèce de séparation de corps soit temporaire, soit définitive, qui peut être prononcée dans treize cas déterminés par la loi (art. 19 à 22).

BIBLIOGRAPHIE

Boletin de Las leyes y de las ordenes y decretos del Gobierno. 1823-1882; Santiago.

Codigo civil de la Republica de Chile, 1 vol. in-4º; Santiago, 1877.

Instituta del derecho Chileno, par J. A. Lastarria. In-18 ; Lima, 1863.

Diccionario de derecho civil chileno, par F. Gonzalez. In-8º ; Valparaiso, 1872.

CHINE

Le droit privé, qui n'est, en Chine, qu'une très minime partie de la législation chinoise, se trouve pour ainsi dire confondu dans le grand recueil de lois appelé *Ta-Tsing-Leu-Lée* et qui n'est autre chose qu'un Code pénal. Les Chinois ne touchent, en effet, à un point de droit civil que pour édicter la sanction ou la peine qui est la conséquence de telle ou telle violation de la règle édictée. Les parties du *Ta-Tsing-Leu-Lée* relatives aux lois civiles sont la deuxième division (lois civiles) où il est traité de la succession héréditaire, et

— 34 —

la troisième division (lois fiscales) où il est parlé des terres, des
hypothèques, du mariage, du divorce, de l'usure, des ventes, etc.

BIBLIOGRAPHIE

Ta-Tsing-Leu-Lée, ou *la loi fondamentale du Code pénal de la
Chine,* traduit du chinois par Georges-Thomas Staunton; mis en fran-
çais par Félix Renouard de Sainte-Croix. 2 vol. in-8°; Paris, 1812.
La Chine et les chinois (Revue des Deux-Mondes, n° du 15 mai 1884).

COSTA-RICA (RÉPUBLIQUE DE)

Il existe un « *Codico genérale* » remontant à 1841. Beaucoup de
modifications y ont été apportées ; mais il est toujours en vigueur.

Un nouveau Code civil est en préparation.

On peut consulter sur le droit actuel : Ximénés (Salvador), *Elementos de derecho civil y penal de Costa-Rica,* t. I, 1874.

DANEMARK

Le système des lois civiles actuellement en vigueur en Danemark
remonte à l'année 1683, où il fut promulgué sous forme de Code
par le roi Christian V (*Kong Christian den Femtis Danske Lov*). Il
fut appliqué à l'Islande et aux îles Féroé le 1ᵉʳ janvier 1684.

Mais ce Code a subi des modifications considérables, et sur certaines matières, des ordonnances postérieures ont apporté des
réformes si profondes, qu'on doit considérer ces parties du Code
comme entièrement abrogées.

A plusieurs reprises, des tentatives nouvelles de codification ont
été faites; elles n'ont pu aboutir, et il faut encore étudier la législation danoise dans le Code de Christian V et dans les nombreuses
ordonnances et lois qui l'ont modifié, ce qui rend l'étude de cette
législation extrêmement difficile.

Tout ce qui est relatif à la procédure civile et à l'organisation
judiciaire est également réglé par le Code de Christian V.

Parmi les lois récemment promulguées, nous devons mentionner :

Les lois des 29 décembre 1857, 23 février 1866 et 21 février 1868
sur les droits d'auteur.

La loi du 25 juin 1870 sur la publication des lois.

La loi du 29 mars 1873 sur la saisie-exécution des immeubles et la clause de voie parée.

La loi du 30 novembre 1874 sur le partage des successions.

La loi du 7 mai 1880 sur la capacité des femmes mariées (1).

La loi du 28 mai 1880 sur le régime des eaux (2).

Islande.— Lorsque l'Islande fut réunie à la couronne de Norwège (1262-1264), un des premiers soins fut d'y introduire la législation norwégienne. En 1270, le roi de Norwège envoya en Islande un Code qui fut adopté par l'*Allting*, de 1271 à 1773. Mais ce Code, emprunté aux anciennes lois norwégiennes, s'éloignait trop des anciennes coutumes islandaises. Aussi, dix ans après, en 1280, le roi de Norwège Erik, envoya en Islande un nouveau Code préparé en partie d'après l'ancien droit islandais, et en partie d'après le Code général norwégien de 1273. Ce livre fut accepté non sans difficulté par le peuple et le clergé. Il est connu sous le nom de *Jónsbok* et |forme encore aujourd'hui, avec le Code Christian, introduit en 1687, la base du droit Islandais (3).

Le 5 janvier 1874, une Constitution a été donnée à l'Islande avec le droit de régler elle-même, par des lois spéciales, tout ce qui concerne le droit privé, le droit pénal et la procédure (4).

BIBLIOGRAPHIE

Lovtidende for Kongeriget Danmark. — Copenhague.

Kong Christian den Femtis Danske Lov. In-24 ; Copenhague, 1856.

A. W. Scheel. Privatrettens. *Familieretten, Personretten.* 4 vol. in-8° ; Copenhague, 1865-77.

Gram. *Den Danske Formueret ;* 3 vol. in-8° ; Copenhague, 1865.

Ipsen. *Den Danske og Norske proces.* In-8°.

Beauchet. *Etude sur les principes d'organisation judiciaire et de*

(1) *Annuaire,* 1881, p. 533.

(2) *Annuaire,* p. 534.

(3) Dareste, *Les anciennes lois de l'Islande* (*Journal des Savants,* août 1881). La dernière édition du Jónsbok a été publiée en 1858, à Akuregri, en Islande.

(4) V. Dareste, *Les anciennes lois de l'Islande,* p. 2 ; — *Annuaire,* 1875, p. 580 et 1881, p. 545. — *Les Constitutions modernes,* par MM. R. et P. Dareste. t. II, p. 78.

Une loi du 14 août 1877 a abrogé la disposition du Code norvégien d'après laquelle la réception du baptême était une condition essentielle de l'exercice du droit de succession. Une loi importante du 12 avril 1878 règlemente les partages de communauté et de succession.

*compétence, en Danemark et en Norwège (Bulletin de la Société
de législation comparée, 1884, p. 128.*
Il Dareste. *Les anciennes lois du Danemark.* In-4°, 1881.
Bulletin des lois de l'Islande.
Antoine de Saint-Joseph. *Concordance,* t. II, p. 134.

ÉGYPTE

L'institution des juridictions consulaires, introduite en Egypte
par le système des Capitulations, ne produisit point le résultat
désiré, c'est-à-dire l'établissement d'une administration régulière
et efficace de la justice. Il n'existait pas en Égypte, en 1875, moins
de dix-sept juridictions consulaires, sans compter les juridictions
indigènes des tribunaux turcs, avec un nombre égal de législations
différentes, et les conflits judiciaires de compétence créaient un
état de confusion et de désordre si difficile à décrire qu'on abou-
tissait à une véritable *anarchie,* selon le mot de M de Cavour, au
Congrès de Paris. Aussi toutes les nations s'accordèrent-elles aisément sur la nécessité d'une réforme judiciaire, c'est-à-dire de la
création de tribunaux spéciaux chargés de rendre la justice aux
Européens dans leurs rapports soit entre eux, soit avec les indigènes, d'après des principes et des lois acceptés par les diverses
puissances.

Un projet d'organisation judiciaire (1), arrêté après de laborieuses
et intéressantes négociations diplomatiques, fut accepté définitivement par toutes les puissances en 1875 et mis en application par
le gouvernement égyptien à partir du 1ᵉʳ janvier 1876. Il créait
trois tribunaux mixtes de première instance à Alexandrie, au Caire
et à Ismaïlia, composés chacun de sept juges, quatre étrangers et
trois indigènes, et une Cour d'appel à Alexandrie, composée de
onze magistrats, quatre indigènes et sept étrangers. Ces tribunaux
et Cour connaissent seuls de toutes contestations en matière civile
et commerciale entre indigènes et étrangers et entre étrangers de
nationalités différentes en dehors du statut personnel. Ils connaissent aussi de toutes les actions réelles immobilières entre toutes
personnes même appartenant à la même nationalité.

(1) Consultez l'étude de M. L. Renault dans le *Bulletin de législation
comparée.* 1875, p 255, et celle de M. Jozon, *Bulletin,* 1877, p. 468. —
V. aussi *Journal du droit international privé,* 1874, p. 53, et *Recueil de
l'Académie de législation,* de Toulouse, 1879-80, p. 177.

Une des bases essentielles de cette organisation était la publication des Codes d'après lesquels seraient appelés à juger les nouveaux tribunaux. Six Codes, après avoir été soumis à l'examen des diverses puissances, ont été promulgués par le gouvernement égyptien, par décret d'Ismaïl en date du 16 chaban 1292 (16 septembre 1875). Parmi ces Codes figurent naturellement un Code civil et un Code de procédure civile.

Le Code civil ne contient pas toutes les matières que l'on range habituellement dans un recueil de ce genre ; fait en vue de déterminer la compétence des tribunaux mixtes et pour leur fixer des règles précises, il n'a pu naturellement traiter que des questions de statut réel. L'article 4 du titre préliminaire est ainsi conçu :

« Les questions relatives à l'état et à la capacité des personnes et au statut matrimonial, aux droits de succession naturelle et testamentaire, aux tutelles et curatelles, restent de la compétence des juges du statut personnel. »

Donc, sur ces divers points, il y a lieu de considérer la nationalité des personnes. Sont-ils étrangers, leur loi nationale détermine leur capacité ; sont-ils indigènes, c'est la loi égyptienne qu'il y a lieu de consulter. Cette loi est la loi musulmane du rite *Hanéfile*, dont les sources sont, d'après Muradjéa d'Ohsson (1) : « le *Koran*, la *Sunnah*, complément du Koran, sacré comme lui, qui contient les traditions venant du prophète et les règlements et décisions des premiers *klalifes*, ses successeurs; le *Cacunameh* ou recueil des opinions des légistes et *Ulémas* sur les questions douteuses du droit; le *Aadel* ou recueil des décisions de la jurisprudence; enfin les *Coutumes* (2). »

Le Code civil ottoman de 1869 n'est pas en vigueur en Égypte.

BIBLIOGRAPHIE

Bulletin officiel des lois et décrets promulgués par le gouvernement égyptien. Années 1879 à 1883.

Les codes égyptiens, précédés du règlement d'organisation judiciaire pour les procès mixtes en Egypte (rédigés dans chacune des langues judi-

(1) *Tableau général de l'empire ottoman;* 8 vol. in-8°. Paris, 1788-1824. Consultez aussi : *Droit musulman*, dans les études sur les législations modernes de J. Pharaon et Th. Dulau ; in-8° ; Paris, 1839.

(2) On peut consulter sur le droit musulman en vigueur en Égypte, l'ouvrage publié, en français, à Alexandrie, en 1879, sous le titre : *Du statut personnel et des successions*, d'après le rite hanéfite ; VII. 259 p. in-18. Cette publication paraît être officielle.

ciaires en usage en Egypte). — Édition française. Alexandrie, in-12, 1875.
Règlement général judiciaire. 68 p. in-12; Alexandrie, 1877.
Tarif des frais de justice en matière civile et commerciale. Alexandrie, in-12, 1877.
Instructions pour les greffiers et huissiers. In-12 ; Alexandrie, 1876.
Loi sur la propriété territoriale. In-12 ; Alexandrie, 1880.
La Réforme judiciaire en Égypte et les Capitulations. In-8° ; Alexandrie, 1874.

ÉQUATEUR (République de l')

Nous n'avons pu nous procurer que le titre d'un ouvrage sur le droit de cet État :

Cevallos (Pedro-Firmin). *Instituciones del derecho practico cura-toriano,* 1867.

ESPAGNE

La législation civile, en Espagne, n'est pas encore codifiée, et pour l'étudier, il faut, sur bien des matières, en aller puiser les éléments à un grand nombre de sources dont la plupart sont fort anciennes.

Dès la fin du VII° siècle, en effet, fut rédigé, sous les princes wisigoths, le premier recueil de lois connu sous le nom de *Fuero Juzgo* ou livre des juges. Mais ce Code ne répondit pas longtemps aux besoins de ces populations guerrières dont le principal souci était alors de repousser la domination exécrée des Maures. Ces interminables guerres contre les Arabes nous expliquent l'existence de la multitude de coutumes locales qu'on rencontre en Espagne. Au fur et à mesure qu'une partie du territoire était reconquise, les vainqueurs l'organisaient et se donnaient un *fuero,* un corps de coutumes, une juridiction, une administration particulières (1) De là vinrent tous ces *fueros* provinciaux qui sont encore en vigueur aujourd'hui; car bien que les anciennes monarchies des Asturies, de Léon, de Navarre, de Biscaye, de Castille, d'Aragon, de Valence et le comté de Catalogne, éléments de la monarchie actuelle, aient

(1) Glasson, *le Mariage civil,* p. **xxvi.** — Lehr, *Éléments de droit civil espagnol,* p. **2.**

depuis longtemps perdu leur existence politique, elles n'en continuent pas moins à se gouverner d'après des lois civiles qui leur sont propres.

Après la victoire de Tolosa qui porta un coup mortel à l'empire des califes, les princes de Castille s'attachèrent à l'œuvre de constitution et d'unification intérieures   Alphonse le Sage fit rédiger les deux célèbres compilations qui forment encore aujourd'hui la base du droit en Espagne, le *Fuero real* (1255) et les *Siete Partidas* (1256). Alphonse XI donna une nouvelle autorité à ces travaux en publiant l'*Ordenamiento* des Cortès d'*Alcala* (1348), qui est le premier Code général et obligatoire publié depuis l'invasion arabe.

L'*Ordenamiento* d'Alcala, en subordonnant les statuts locaux aux lois royales, ouvrait l'ère d'une législation générale pour tout le royaume.

A partir de cette époque apparaissent : 1° les *Ordonnances royales de Castille*, réunies en 1488 sur l'ordre de Ferdinand le Catholique; 2° les 83 *Lois de Toro*, promulguées en 1505; 3° la *Nueva Recopilacion*, promulguée en 1567 par Philippe II; 4° la *Novisima Recopilacion de las leyes de España*, publiée par Charles IV le 15 juillet 1805.

Ces diverses sources sont loin d'avoir aujourd'hui la même autorité. Celle du *Fuero real*, du *Fuero Juzgo* est particulièrement circonscrite; la *Recopilacion* elle-même est, sauf en quelques rares matières, presque entièrement sans valeur. La *Novisima Recopilacion* a subi bien des remaniements et des modifications (1). Des 24 chapitres du livre X consacré au droit civil, ceux relatifs au mariage, au régime hypothécaire, aux majorats, aux comptes et partages, aux biens vacants, aux actes authentiques, ont été abrogés; plusieurs autres ont été profondément modifiés; de sorte que la principale source du droit espagnol, parmi les éléments anciens, réside encore dans les *Siete Partidas* (2), dont la III° est encore en vigueur pour les matières relatives à la propriété, à la possession, aux servitudes, à la prescription; la IV° pour les droits de famille (sauf les modifications sur le mariage); la VI° pour le droit de succession ; mais dont la V°, consacrée aux obligations, n'a pour ainsi dire subi aucun changement.

Comme sources modernes, outre les lois que nous allons citer

_____

(1) Un supplément a été publié en 1829. Toutes ces compilations sont un mélange de principes civils et religieux qui justifient bien ce qu'on a dit de la législation espagnole, qu'elle est avant tout théocratique.

(2) L'édition la plus correcte est celle du texte de Gregorio Lopez, imprimé en 1555.

plus loin, il faut mentionner les décrets de Ferdinand VII, depuis sa restauration, en 1814, jusqu'en 1833, et qui remplissent à eux seuls plus de vingt-quatre volumes in-4°; — les décrets des Cortès du royaume, depuis 1810; — enfin les décisions du tribunal supérieur de justice, souvent appelé à fixer les principes qui se détachent assez difficilement du milieu confus des anciens textes obscurs et souvent contradictoires.

Mais ces sources multiples ne constituent, à proprement parler, que ce qu'on appelle en Espagne le droit commun (*Derecho comun*) c'est-à-dire celui dont les principes généraux font loi aujourd'hui dans l'Espagne entière. Il existe encore, dans certaines provinces de la péninsule, principalement en Aragon, en Catalogne, en Navarre, en Biscaye, un droit coutumier ou local (*Derecho foral*), qui régit un assez grand nombre de dispositions du droit civil pur, spécialement tout ce qui touche à la tutelle, la curatelle, l'interdiction, et certains points du droit de famille, du régime des successions, des délais de precription, etc... En ces matières, et bien que ces usages tendent de plus en plus à s'effacer, la connaissance du droit commun est donc toujours insuffisante, et c'est dans les *fueros* particuliers qu'il faut encore rechercher les règles précises du droit à appliquer (1).

Parmi les lois modernes, relatives au droit civil, nous devons signaler plus spécialement :

La loi du 22 janvier 1822 sur les enfants trouvés.

La loi du 16 mai 1835 sur les biens vacants et sans maîtres.

La loi du 17 juillet 1836 sur l'expropriation pour cause d'utilité publique.

La loi du 19 août 1841 sur les substitutions fidéi-commissaires.

---

(1) On trouvera dans la *Bibliografía española del derecho*, de M. Torres Campos (1883) toutes les indications bibliographiques relatives au droit *foral* (p 45 et suiv.); nous recommanderons, toutefois, en dehors de l'ouvrage général de M. Alcade Prieto, cité plus bas, les traités suivants :

Derecho civil aragones, par André Blas. In-8°; Madrid, 1873.
Manual del derecho civil vigente in Cataluna, par Élias et Ferrater. 2ᵉ éd., par Alejandro de Bacardi, in-8°, Barcelone, 1869.
Instituciones del derecho civil catalan vigente, par Broca y Amell. In-8°; Barcelone, 1880.
Fuero general de Navarra, compilacion de Pablo Illarregui et Lapuerta. Pampelune, 1869.
Compendio de los fueros, usos, costumbres y leyes de Vizcaya. Madrid, 1839.
La codificacion civil, con uz resúmen de las Legislaciones forales, par Ernesto Castelar. Madrid, 1872.

Le décret du 17 novembre 1852 sur la condition des étrangers.

La loi sur la procédure civile de 1856, abrogée depuis par le Code du 3 février 1881.

La loi du 14 mars 1856 sur la liberté du taux de l'intérêt.

La loi du 8 février 1861 sur le régime hypothécaire, remaniée les 21 décembre 1869, 21 juillet 1876 et 17 juillet 1877, et complétée par le règlement du 29 octobre 1870.

La loi du 28 mai 1862 sur le notariat, complétée par le décret du 2 novembre 1874 et celui du 11 mars 1880 sur les tarifs.

La loi du 3 août 1866 sur le régime des eaux.

La loi provisoire (1) du 17 juin 1870 sur les registres de l'état civil.

La loi provisoire du 18 juin 1870 sur le mariage civil (2).

La loi du 18 juin 1870 sur l'interdiction.

Les décrets des 22 janvier et 9 février 1875 modifiant les lois des 17 et 18 juin 1870, relatifs aux registres de l'état civil et au mariage civil (3).

La loi du 18 janvier 1877 qui modifie la procédure en matière de congé.

La loi du 22 avril 1878 réformant la législation sur la cassation civile.

La loi du 12 janvier 1879 sur la propriété littéraire (4).

La loi du 13 juin 1879 sur le régime des eaux (5)

La loi du 16 mai 1879 étendant à Cuba la législation hypothécaire espagnole.

La loi du 7 mai 1880 sur les eaux de mer (6).

Mais l'Espagne, malgré ses coutumes diverses et la répugnance de ses provinces à accepter une législation uniforme, a subi, comme tous les autres États de l'Europe, l'influence du mouvement de codification. Dès 1829, ce mouvement se traduisait par la promulgation d'un Code de commerce, revisé en 1868. En 1856, on rédigeait un Code de procédure civile revisé en 1881 ; en 1872, un Code de procédure criminelle, plusieurs fois remanié.

Si les lois civiles n'ont pas encore été codifiées, l'essai n'en a pas

---

(1) On appelle, en Espagne, loi provisoire (*Ley Provisional*) une loi mise en vigueur par le gouvernement avant d'avoir été définitivement votée par le Congrès. (*Annuaire*, 1874, p. 327.)

(2) *Annuaire*, 1872, p. 320.

(3) *Annuaire*, 1876, p. 608.

(4 *Annuaire*, 1880, p. 432.

(5) *Annuaire*, p. 450.

(6) *Annuaire*, 1881, p. 339.

moins été tenté. En 1851, un premier projet fut rédigé; il était divisé en 3 livres, 41 titres et contenait 1,992 articles. Les graves événements qui ont agité l'Espagne à plusieurs époques n'ont pas permis de donner suite à ce projet. Mais les études ont été reprises et le ministre de la justice, près duquel fonctionne d'une façon plus ou moins intermittente une commission de codification, a déposé le 24 avril 1882, aux Cortès, les deux premiers livres d'un nouveau projet de Code civil qui comprennent, sous 605 articles, les matières relatives aux personnes et aux biens.

Un Code de procédure civile avait été promulgué le 1er janvier 1856 (1), mais une loi du 21 juin 1880 a autorisé le gouvernement à procéder à une refonte de ce Code. Le nouveau Code a été promulguée par décret du 3 février 1881 et déclaré en vigueur à partir du 1er avril suivant.

Le décret organique qui règle l'organisation judiciaire, en Espagne, a été promulgué le 15 septembre 1870 et modifié par une loi complémentaire du 14 octobre 1882 (2).

Enfin, le notariat y a été organisé par une loi du 28 mai 1862, un règlement du 9 novembre 1874 et un décret du 11 mars 1880.

COLONIES ESPAGNOLES

La législation des colonies espagnoles est celle de la péninsule, modifiée toutefois par un grand nombre de dispositions spéciales à chaque colonie. Pour le droit civil, les anciens « *Codigos* » y sont toujours en vigueur. Les lois nouvelles n'y sont applicables qu'en vertu d'un texte exprès et après avoir été examinées par une commission spéciale. Ainsi en a-t-il été récemment pour la loi hypothécaire qui a été déclarée exécutoire dans l'île de Cuba et la province de Porto-Rico et dont l'application a été fixée par des règlements spéciaux.

BIBLIOGRAPHIE

Los Codigos españoles concordados y anotados. 2ᵉ édition 12 vol in-4°; Madrid, 1872.

Ce recueil contient toutes les sources du droit espagnol : *Liber judicum, el Fuero Juzgo; el Fuero Viejo de Castiela; el Fuero real; ordenamiento de Ascala.* — (II à V). *Las Siete Partidas*, etc.

(1) V. Comm. de M. de Montluc au *Bulletin de la Société de législation comparée*, 1877, p. 204.
(2) V. *Les Constitutions Européennes*, de Demombynes, t. I, p. 466.

Colleccion legislativa de España (édition officielle). 1856 à 1883. Madrid.

Annuaires de législation étrangère, 1873 à 1883.

Origines et progrès de la législation de l'Espagne (Revue étrang. et franc. de législation, 1838, p. 502).

Du Boys. *Les Fueros d'Espagne (Revue historique*, t. XII, p. 188).

Glasson. *Le mariage civil et le divorce*, p. 21 (2ᵉ édition).

Antequera. *Historia de la legislacion española*. In-8⁰; Madrid, 1874.

Escriche. *Diccionario razonado de legislacion y jurisprudencia*. 4 vol. in-4°; Madrid, 1876.

Varela. *Nuovo Manuel du derecho civil español*. In-8⁰; Madrid, 1881.

Lehr. *Éléments de droit civil espagnol*. In-8⁰ ; Paris, 1880.

Alcade Prieto. *Curso de derecho civil Español, comun y foral*. In-8°; Valladolid, 1880.

Navarro Amandi. *Codigo civil de España*. 2 vol. in-8ᵉ; Madrid, 1880.

Gomez de la Serna et Montalban. *Elementos del derecho civil y penal de España*, 11ᵉ édition. 3 vol. in-8⁰ ; Madrid, 1874

Molina Blanco. *El derecho civil español en forma de Codigo*. 2 vol. in-8⁰ ; Madrid, 1877.

Sabino Herrero *El Codigo civil español... recopilacion*. In-8⁰ ; Valladolid, 1873.

Elias. *Derecho civil general y foral de España*, 3 vol. in-8ᵉ ; Barcelone, 1879.

Ley de enjuiciamento civil, éd. off. in-8ᵉ; Madrid, 1881.

Ley de enjuiciamento civil, concordada y anotada par la redaccion de la *Rivista general*. 3 vol. in-8⁰; Madrid, 1881.

Theurault. *Étude sur l'organisation judiciaire en Espagne*, in-8ᵉ; Paris, 1878.

Législation coloniale.

Recopilacion de leyes de los Reinos de las Indias... 4 vol. in-folio; Madrid, 1841.

Elias. *Disposiciones de derecho civil* vigente in Cuba, Puerto-Rico Filipinas. Barcelone, 1880.

Bas y Cortes. *Derecho ultramarino vigente*, 3 vol. Havane, 1867.

Rodriguez San Pedro. *Legislacion ultramarina* concordada y anotada. Madrid, 1865-69.

Consultez aussi : Torres Campos : *Bibliografia Española contemporanea del derecho...* In-8⁰; Madrid, 1883.

ÉTATS-UNIS DE L'AMÉRIQUE DU NORD

Lorsque les colonies anglaises, qui ont fondé l'Union américaine, eurent conquis en 1787 leur indépendance, elles organisèrent un gouvernement fédéral composé, d'après la Constitution : du pouvoir législatif délégué à deux Chambres qui forment le *Congrès*, du pouvoir

exécutif délégué à un président et du pouvoir judiciaire délégué à une
Cour suprême et à diverses Cours de circuit et de district. Chaque
État abandonna au gouvernement fédéral certains pouvoirs déterminés et se réserva tout le reste. Dans les limites des pouvoirs qui
lui ont été concédés, le gouvernement fédéral est souverain et tous
les États particuliers lui doivent obéissance (1); mais en dehors de
ces limites, chaque État de l'Union se gouverne et légifère à sa guise,
de sorte que la législation varie d'État à État et se diversifie presque
à l'infini; à ce point que sur les trente-neuf États qui composent
actuellement l'Union, il n'y en a pas deux qui aient exactement la
même législation. Toutefois, dans la presque totalité, la législation
civile a une base commune, la loi coutumière anglaise, (*Common
law*, telle qu'elle était en vigueur à l'époque de l'indépendance (2).

(1) Aux États-Unis, de même qu'il existe deux pouvoirs, il y a deux justices : celle de chaque État, qui est organisée suivant les modèles variés
d'institutions dérivant de même source, appartenant à la même famille,
mais ayant subi, suivant le temps et les lieux, des modifications plus ou
moins profondes ; — celle de l'Union américaine, tirant son origine de la
Constitution, développée par le congres et en possession d'une compét nce
définie que font respecter de nombreux tribunaux reliés par une hiérarchie
dépendant de la Cour suprême...

« Organisées sur un type commun, les Cours de justice ont conservé les
caractères distinctifs des institutions anglaises, le jury civil et criminel et
un petit nombre de juges multipliant leur action par des tournées périodi-
ques... des commissions de paix, comprenant des *justices of the peace*, notables élus dans chaque commune, une Cour de comté ne jugeant que les
petits procès, et ne prononçant que de faibles peines, une Cour supérieure
ou des plaids communs selon les États, dont chaque membre tient des as-
sises, afin de rendre la justice criminelle, de statuer sur les appels des
cours de comté, de juger en premier ressort toute affaire civile, sauf à faire
reviser le procès par tous les juges réunis; enfin, au sommet, une Cour
suprême de chaque État tenant la main à l'observation des lois et de la
Constitution locales, telle est la hiérarchie judiciaire qui se retrouve, avec
peu de différence, dans tous les États de l'Union. — G. Picot, *La réforme
judiciaire* (in-8°; Paris, 1881) p. 152 et suiv.

Enfin, il existe une justice fédérale partagée en trois juridictions, les
cours de *district* dans chaque État, les cours de *circuit* présidées par les
juges supérieurs en tournée et, au dessus de tout, la Cour suprême des
États-Unis qui siége à Washington et qui a sous sa garde la Constitution
fédérale. Tout ce qui intéresse la conservation de la Confédération, tout ce
qui est d'intéret vraiment national est de son ressort. — Sur les détails de
l'organisation judiciaire aux États-Unis et le mode de nomination des magistrats, cons. Picot, *op cit.*; Gourd, *L'organisation jud.* aux États-
Unis (*Bulletin de la Soc. de Légis. comp*, 1882. p. 166); Helbronner, *Le pouvoir judiciaire* aux États-Unis, in-8; Paris, 1872.

(2) *Bulletin de la Société de législation comparée*, 1872, p. 202.

Mais cette loi commune a été profondément modifiée dans chaque État, car il n'existe pas de peuple au monde où les traditions du passé soient, nous ne dirons pas moins respectées, mais plus facilement délaissées, et où l'on ait plus à cœur de plier toutes les institutions aux besoins et aux tendances de la société moderne.

Le lecteur n'attend pas de nous que nous entrions dans le détail des principes de droit qui ont disparu ou se sont modifiés. Un volume n'y suffirait pas, et ce serait, d'ailleurs, sortir du cadre que nous nous sommes tracé.

Quant à la forme que revêt la législation civile dans les divers États de l'Union, on peut dire qu'à l'exception de trois États, la Louisiane, la Géorgie et l'État de New-York, il n'existe à proprement parler dans les autres que des recueils de lois civiles, mais point de Code, dans le sens que les jurisconsultes attachent à ce mot. Les collections de textes même qui portent ce nom dans certains États ne sont, le plus souvent, que des consolidations (1) des diverses lois promulguées depuis la création de l'État et classées, en forme de digeste, par ordre alphabétique.

Nous allons indiquer sommairement les sources législatives dan chaque État :

I. Alabama. — *The Code of Alabama.* in-4°; 1876.
   Simple consolidation de toutes les lois de l'Etat, publiée par Wood et Roquemore.
II. Arkansas. — *Digest of the Statutes of Arkansas*, publié par Gantt, in-4° ; 1874.
III. Californie. — *The Codes and statutes of the state of California.* Ed. Hittell, 3 vol. in-8°. Ce recueil contient le Code civil du 24 mars 1872 (Ier volume), avec les diverses modifications qui y ont été apportées (3e volume), et le Code de procédure civile du 12 mars 1872.
IV. Colorado. — *General laws of the state of Colorado.* Edition officielle, in-4° ; 1877.
V. Connecticut. — *The general statutes of the state of Connecticut.* Édition officielle, in-4°; 1875.
VI. Delaware. — *Revised Statutes of the state of Delaware.* Recueil officiel, in-4°; 1874.
VII. Floride. — *A Digest of the laws of the state of Florida.* Ed. Macclelan, in-4°; 1881.

(1) Le mot « Consolidation » désigne aux États-Unis, comme en Angleterre, le procédé qui consiste à réunir en une seule loi toutes les dispositions relatives qui se rapportent à la même matière. On applique le terme par extension au Recueil qui contient l'ensemble de ces diverses lois.

VIII. Géorgie. — *The Code of the state of Georgia.* Ed. Lester, Rowel et Hill, in-4° ; 1882.

Ce recueil contient un Code civil et un Code de procédure civile annotés. Le Code civil est divisé de la façon suivante : Personnes : rapports de famille ; rapports résultant de contrats ; des biens ; transfert de la propriété ; contrats ; équité.

IX. Illinois. — *The revised statutes of the state of Illinois.* Ed. Cothran, in-4° ; 1881.

X. Indiana. — *The revised statutes of Indiana.* Ed. Frazer, Stotsenburg et Turpie, in-4° ; 1881.

La procédure civile a été codifiée par un *act* qui est entré en vigueur le 19 septembre 1881.

XI. Iowa. — *New revised and annotated Code of Iowa.* Ed. Miller in-4°; 1882.

La procédure a aussi été codifiée dans cet Etat.

XII. Kansas. — *The general statutes of Kansas.* Ed. Dassler, 1877. 2 vol. in-4°. — *Compiled laws of Kansas,* 1881.

Ce recueil contient un Code de procédure en vigueur depuis le 31 octobre 1868.

XIII. Kentucky. — *The general statutes of Kentucky.* Ed. Bullitt et Feland, 1881

XIV. Louisiane. — Lorsque la Louisiane fut cédée, en 1803, à la République américaine, il fut stipulé dans le traité de cession, qu'elle pourrait conserver sa langue et ses lois ; ses lois, alors, étaient un mélange de droit français et de droit espagnol, reste des deux dominations sous lesquelles elle avait vécu. Une fois maîtresse d'elle-même, la population voulut avoir un Code. Deux jurisconsultes, James Brown et Moreau Lislet furent chargés de ce travail, sous la direction d'une commission législative. Le projet terminé fut soumis à la législature et adopté, en 1808, sous le titre de « Digeste des lois civiles actuellement en vigueur dans le territoire d'Orléans » ; mais cette œuvre fut bientôt jugée insuffisante et, dès 1823, trois jurisconsultes, Moreau Lislet, Livingston et Derbigny furent chargés de la reviser. Leur travail, approuvé par la législature en 1825 sous le nom de « Code civil de Louisiane » est encore en vigueur, sauf les modifications qu'il a subies depuis (1). Il se rapproche sur beaucoup de points du Code civil français, mais il est beaucoup plus volumineux, car il se compose de 3,522 articles, divisés en trois livres : des personnes, des biens et des différentes manières dont on acquiert la propriété des biens (2).

(1) *The revised civil Code of the state of Louisiania,* éd. Voorhies, 1875 ; *The revised statutes laws of the state of Louisiana,* Ed. *Voorhies,* in-8° ; 1876.

(2) Sur les rapports et les différences de ce Code avec le code français, voir l'étude de M. Magne dans le *Bulletin de législation comparée,* 1872, p. 201, V. aussi Blondeau, *Sur le nouveau Code civil de la Louisiane (Thémis,* t. VIII, p. 62-82, et 187-208.

XV. Maine. — *The revised statutes of the state of Maine.* In-4°, 1883. Recueil officiel.

XVI. Maryland. — *Revised Code of the public general laws of the state of Maryland.* Ed. Mayer, Fischer et Cross, 2 vol. in-8°; 1879.

XVII Massachusets. — *The Public statutes of Massachusets*, 1882. Une loi sur le divorce a été votée le 6 mai 1881.

XVIII Michigan — *The general statutes of the state of Michigan.* Ed. Howell, 2 vol. in-4° ; 1882.

XIX. Minnesota. — *The general statutes of the state of Minnesota.* Ed Young, in-4°; 1881.

XX. Mississipi. — *The revised Code of the statute laws of the state of Mississipi.* Ed. Campbell, in-4°; 1880.

XXI. Missouri. — *The revised statutes of the state of Missouri.* Ed. Hockaday, 2 vol in-4°; 1879.

XXII. Nebraska. — *The compiled statutes of the state of Nebraska.* Ed. Brown, 1881.

XXIII. Nevada. — *The compiled laws of the State of Nevada.* Ed. Bonnifield et Healy, 2 vol in-4°; 1873.

XXIV. New-Hampshire. — *The general laws of the State of New-Hampshire*, in-4° ; 1878-1881.

XXV. New-Jersey. — *Revision of the statutes of New-Jersey.* 1877.

XXVI. New-Mexico. — *The general laws of New-Mexico.* Ed. Prince, in-4° ; 1880.

XXVII. New-York. — *The Revised statutes of the state of New-York.* Ed. Throop. 4 vol. in-4°; 1882.

Les lois de l'État de New-York sont celles qui se recommandent le plus particulièrement à l'attention, non pas seulement parce que, de tous les États de l'Union c'est celui qui a le plus de relations avec l'Europe, mais surtout parce que la législation est, pour ainsi dire, la la législation mère de l'Amérique du Nord et qu'elle est d'ordinaire suivie et acceptée par les autres États.

La législation tend à se codifier dans l'État de New-York. Un Code de procédure civile a été promulgué en 1876 et est en vigueur depuis le 1er mai 1877 (1). Un Code pénal et un Code de procédure pénale sont en vigueur depuis le 1er décembre 1882. Un projet de Code civil a aussi été rédigé et présenté au Congrès de 1875 ; mais il rencontre spécialement dans le barreau une vive opposition.

XXVIII. North-Carolina. — *The Code of North-Carolina.* Ed. Dortch Manning et Henderson. 2 vol. in-4°; 1883.

Ce recueil contient le Code de procédure civile, voté en 1868.

______

(1) Une édition annotée et complétée par les amendements votés de 1877 à 1880 a été publiée par Montgoméry H. Throop sous le titre : *The Code of civil procedure of the state of New-York*, in-4; 1880. Une analyse de ce Code qui a servi de modèle dans vingt-trois États ou territoires, a été donnée dans l'*Annuaire* de 1878, p. 802 et suiv.

XXIX. Ohio.— Dans l'État d'Ohio, la procédure civile et le droit criminel ont été codifiés. Le droit civil ne l'est pas.

Comme sources principales du droit dans cet État, nous mentionnons :

The revised statutes of the state of Ohio. Ed. Daughertz, Brasee et Okey. 2 vol. in-4° ; 1880.

The civil Code of Ohio. Ed. Okey, 1878.

Ce Code civil n'est que le Code de procédure civile.

XXX. Orégon.— *The organic and other general laws of Oregon.* 1874.

XXXI. Pensylvanie.— *Digest of the laws of Pensylvania* Ed. Brightly, 2 vol. in-4° ; 1873.

Continué par un « Annual Digest ».

XXXII. Rhode-Island. — *The general statutes of the state of Rhode-Island*, 1872.

XXXIII. South-Carolina. — *The revised statutes of the state of South-Carolina*, in-4° ; 1873.

XXXIV. Tennesee. — *A compilation of the statute laws of the state of Tennesee.* Éd. Thompson, 2 vol in-4° ; 1873.

XXXV. Texas. — *The revised statutes of Texas.* in-4" ; 1879.

XXXVI. Vermont. — *The general statutes of the state of Vermont.* 2e édition, 1877.

XXXVII. Virginia. — *The Code of Virginia.* Ed. officielle publiée par Hundford, in-4° ; 1873.

XXVIII. West Virginia. — *The revised statutes of west Virginia.* Ed. Kelly, 2 vol. in-8°, 1878.

XXXIX. Wisconsin.— *Revised statutes of the state of Winconsin*, 1878. *Supplement to the revised statutes.* Ed. Lamborn et Berryman, 1883.

Les lois civiles sont calquées en grande partie sur celles de l'État de New-York (1).

En outre des États, il existe des territoires organisés (2) qui ont aussi leur législation particulière; ce sont ceux de :

I. Arrizona. — *The compiled laws of the territory of Arrizona.* Ed. Hoyt, 1877.

II. Dakota. — *The revised Code of the territory of Dakota.* Ed. Iland, 1877.

Code civil (16 février 1877). Code de procédure civile (7 janvier 1863). *Probate Code* (27 janvier 1877).

(1) Consulter : *Revue de droit international.* 1870, p. 173.

(2) Les territoires de la Confédération, à la différence des États, sont administrés directement par le Congrès jusqu'au moment ou le chiffre de leur population permet de les élever au rang d'États. Le dernier territoire élevé au rang d'État est celui de Colorado.

III. Idaho. — *General laws of the territory of Idaho,* 1881.
    Code de procédure civile.
IV. Montana. — *The revised statutes of Montana,* 1881.
V. Utah. — *The Compiled laws of the territory of Utah.* Ed. officielle, 1873.
VI. Washington. — Dans ce territoire, la procédure civile et la procédure criminelle sont codifiées.
    Code of Washington. Ed. officielle, in-4°, 1881.
VII. Wyoming. — *The compiled laws of Wyoming.* Ed. Witbehead. 1876.

BIBLIOGRAPHIE GÉNÉRALE

The public statutes at large of the United states of America, 20 vol. in-4°; Boston.
United states digest. Ed. Abbott, 26 vol in-8°. Boston, 1874-1882.
A Law Dictionary, par J. Bouvier. 14ᵉ éd. 2 vol. in-4°; Philadelphie, 1876, Washington.
Commentaries on American law, par James Kent. 12ᵉ édition, 4 vol. in-8° ; Boston, 1873.
Elements of the laws, par Smith. In-12; Philadelphie, 1878.
Annuaires de législation |étrangère. Années 1874 à 1883.

FRANCE

Avant la promulgation du Code civil de 1804, la France était divisée en pays de *droit écrit* et en pays de *droit coutumier.* Les provinces du nord de la Loire, le Poitou, l'Aunis, l'Angoumois, la Touraine, le Bourbonnais, l'Auvergne, étaient régis par la coutume. Le droit romain formait la base du droit civil dans les pays du droit écrit, presque tous situés au sud de la Loire; il était même reçu comme droit *subsidiaire,* dans les provinces coutumières, partout où la coutume était muette.

Ce sont ces deux éléments fusionnés qui ont constitué notre Code civil français. Les *coutumes,* spécialement la *coutume de Paris,* ont été mises à profit dans les dispositions concernant les servitudes, l'autorisation maritale, les successions, la communauté entre époux, etc.

Le *droit romain* a principalement servi de guide dans les matières relatives à la propriété, à l'usufruit, aux obligations et au régime dotal.

A ces deux sources principales, il y a lieu d'ajouter les *ordon-*

nances royales, qui ont formé de nombreux matériaux surtout en ce qui concerne les actes de l'état civil, les donations, les testaments et les substitutions ; — le *droit intermédiaire*, c'est-à-dire les lois décrétées de 1789 à 1804. On leur a fait des emprunts dans les titres relatifs au mariage, à la puissance paternelle, aux privilèges et hypothèques ; — enfin le *droit canonique* et la jurisprudence des parlements (1).

Le Code civil fut discuté et voté par fractions et les trente-six titres dont il se compose furent ensuite réunis, puis promulgués le 30 ventôse an XII (21 mars 1804) (2). C'est incontestablement une des œuvres législatives les plus remarquables qui aient été produites. « Il faudrait avoir l'esprit bien prévenu, disent MM. Aubry et Rau (3), soit pour contester au *Code civil* l'excellence de sa rédaction, soit pour lui dénier le mérite d'avoir soigneusement observé la ligne de démarcation qui sépare une œuvre législative d'un ouvrage scientifique sur la législation ; et, malgré quelques taches qui déparent l'ensemble, d'ailleurs si remarquable, de ce Code, il restera toujours un sujet d'étonnement pour qui tiendra compte du court espace de temps dans lequel il a été fait (4). »

Ce Code contient 2281 articles ; il est divisé en trois livres, précédés d'un titre préliminaire sur la loi en général, sa promulgation et sa publication. Le livre premier traite *des personnes* ; — le second livre, *des biens et des différentes modifications de la propriété* ; — le troisième, *des différentes manières dont on acquiert la propriété*.

Par suite de l'avènement de l'Empire, après la République, il fallait mettre le Code civil en harmonie avec le nouvel ordre de choses et, dans ce but, une nouvelle édition en fut décrétée le 3 septembre 1807. Elle contenait, d'ailleurs, fort peu d'additions et,

---

(1) Sur les sources du droit français, consulter l'excellent *Précis de l'histoire du droit français*, dont M. Viollet vient de publier le 1ᵉʳ fascicule ; in-8°. Paris, 1884. — Laferrière, *Essai sur l'Histoire du droit français*, 2ᵉ édit. 2 vol. in-8 ; Paris, 1859. — V. aussi Duverger, *Introduction au cours de Code civil* (*Revue pratique*, 1877, p. 276).

(2) V. *Précis historique sur les Codes français*, de Séruzier, in-8°. Paris, 1844.

(3) *Cours de droit civil français*, t. I, p. 25.

(4) C'est l'Assemblée constituante qui, en 1791, ordonna la confection d'un Code de lois civiles communes à tout le royaume. Mais les nombreux projets rédigés et discutés, depuis celui de Cambacérès (1793) jusqu'à ceux présentés par le gouvernement en l'an IX, furent successivement retirés. Ceux qui ont fourni plus tard le texte du Code et qui avaient été élaborés par Tronchet, Portalis, Bigot-Préameneu et Maleville, furent préparés en l'an IX. discutés et votés de la fin de l'an X au 20 pluviôse an XII.

à part celle relative aux majorats, les changements introduits portèrent bien plus sur les mots que sur le fond du droit.

Une autre édition officielle, rédigée aussi dans le but de substituer aux formules du régime impérial, celles du Gouvernement royal, fut promulguée en vertu d'une ordonnance du 17 juillet 1816, mais elle reproduisait exactement le texte de 1807.

Le Code civil a été également maintenu par la Charte de 1830 (art. 70), par la Constitution de 1848 (art. 112) et par celle de 1852 (art. 56); il constitue donc encore aujourd'hui le droit général de la République française en matière civile. Toutefois, il a été rendu depuis le 3 septembre 1807, d'assez nombreuses lois qui ont modifié ou complété, sur divers points, les dispositions du Code. Nous allons en donner un aperçu sommaire, en suivant l'ordre chronologique.

La loi du 3 septembre 1807, sur le taux de l'intérêt.

La loi des 3 et 4 septembre 1807, relative aux inscriptions hypothécaires.

La loi du 8 mai 1816, sur l'abolition du divorce.

La loi du 14 juillet 1819, relative à l'abolition du droit d'aubaine.

La loi du 17 mai 1826, sur les substitutions.

La loi du 20 mai 1838, sur les vices rédhibitoires.

La loi du 22 mars 1849, qui modifie l'article 9 du Code civil.

La loi du 3 décembre 1849, sur la naturalisation.

La loi du 10 juillet 1850, sur la publicité des contrats de mariage.

La loi du 6 décembre 1850, sur le désaveu de paternité.

La loi du 7 février 1851, relative aux individus nés en France d'étrangers qui y sont nés.

La loi du 31 mai 1854, abolissant la mort civile.

La loi du 23 mars 1855, sur la transcription hypothécaire.

La loi du 29 juin 1867, sur la naturalisation.

La loi du 22 juillet 1867 et 19 décembre 1871, relative à la contrainte par corps.

La loi du 2 août 1868, qui prononce l'abrogation de l'article 1781 du Code civil.

La loi du 5 novembre 1870, relative à la promulgation des lois et décrets.

La loi du 10 décembre 1874, qui rend les navires susceptibles d'être hypothéqués.

La loi du 5 janvier 1875, qui assure la conservation des registres hypothécaires.

La loi du 20 décembre 1879, sur le délai légal des prescriptions et péremptions en matière civile.

La loi du 27 février 1880, sur l'aliénation 'des valeurs mobilières appartenant aux mineurs ou interdits.

La loi du 2 juin 1881, portant modification de l'article 693 C. proc. civ. (Saisie immobilière).

La loi du 5 août 1881, sur la prescription des frais des actes notariés.

La loi du 28 août 1881, sur le Code rural.

La loi du 14 février 1882, sur les droits des enfants, nés en France, d'un père étranger naturalisé après leur naissance.

La loi du 5 janvier 1883, modifiant l'article 1734 C. c. relatif aux risques locatifs.

Procédure civile. — La procédure civile avait été réglée par l'ordonnance de 1667, rendue sous le règne de Louis XIV (1).

Des lois postérieures et la jurisprudence avaient toutefois apporté tant de modifications aux règles introduites par cette ordonnance, la pratique y avait fait découvrir tant de défauts et de lacunes, que bien avant la Révolution, la nécessité d'un nouveau Code s'était fait généralement sentir. Ce besoin devint plus pressant lorsque, en 1790, les tribunaux furent soumis à une nouvelle organisation. En l'an V, on chercha à y satisfaire. Un projet de loi fut présenté au conseil des Cinq-Cents par la commission de classification des lois. Il ne put aboutir. Une commission composée de Treilhard, conseiller d'État, Try, Séguier, président de la cour de Paris, Berthereau, président du tribunal de la Seine, et Pigeau, ancien avocat au Châtelet, fut chargée, sous le gouvernement consulaire, de préparer un autre projet de Code. Ce nouveau projet de cette commission, soumis d'abord à l'appréciation de la Cour de cassation et des Cours d'appel, discuté ensuite de la même manière que le Code civil, fut en 1806 présenté au Corps législatif qui le convertit en loi dans la même année. Toutefois, le Code de procédure civile ne devint obligatoire qu'à dater du 1er janvier 1807.

Ce Code contient, en 1,042 articles, les règles de la procédure devant la justice de paix, devant les tribunaux civils de première instance, les tribunaux de commerce et les cours.

Il a été modifié par plusieurs lois postérieures, dont quelques-unes fort importantes :

Les lois des 11 avril et 25 mai 1838, sur la justice de paix et les tribunaux civils.

La loi du 2 juin 1841, sur les ventes judiciaires d'immeubles.

(1) Sur les *Sources de la procédure civile française.* Cons. Glasson, in-8°; Paris, 1882.

La loi du 24 mai 1842, relative à la saisie des rentes constituées sur particuliers.

La loi du 17 février 1852 (art. 23).

La loi du 21 mars 1855 (art. 6).

La loi du 26 mars 1855, modifiant l'art. 781.

La loi du 2 mai 1855, sur les justices de paix.

La loi du 21 mai 1858, sur la saisie immobilière.

La loi du 3 mai 1862, sur les délais en matière civile et commerciale.

La loi du 2 juin 1881, sur les effets de la saisie immobilière.

La loi du 8 mars 1882, modifiant l'art. 69 du Code de proc. civ. (1).

Organisation judiciaire. — L'organisation judiciaire, en France, avait pour base principale jusqu'à l'année dernière, la loi du 20 avril 1810, complétée par un grand nombre d'ordonnances et de décrets postérieurs (2). Une loi nouvelle du 30 août 1883 a apporté diverses modifications à l'ancienne organisation.

Notariat. — Le notariat a pour base la loi du 25 ventôse an XI et l'ordonnance du 4 janvier 1843 (3).

BIBLIOGRAPHIE

Collection complète des lois, décrets, règlements, etc... Par Duvergier. 1788-1883. 83 vol. in-8°; Paris.

Annuaire de législation française, 1881-1883; Paris.

Essai sur l'histoire du droit français, par Laferrière. 2 vol. in-8°; Paris, 1859.

Histoire du droit français, par Guélat. In-8°; Paris, 1884.

Précis de l'histoire du droit français, par Paul Viollet (en publication). in-8°; Paris, 1884.

Éléments du droit français, par E. Glasson. 2 vol. in-8°; Paris, 1875.

Les Codes français et lois usuelles. Éd. Rivière. In-4°; Paris, 1876.

Précis de droit civil, par Baudry-Lacantinerie 3 vol. in-8°; Paris, 1884.

Explication théorique et pratique du Code Napoléon, par Marcadé et Paul Pont. 7° éd. 12 vol. in-8°; Paris.

Cours de droit civil français, par Aubry et Rau, 4° édition. 8 vol. in-8°; Paris, 1869-79.

Cours de Code Napoléon, par Demolombe. 28 vol. in-8°; Paris.

(1) Voy. pour plus de détails dans le Code annoté de proc. civ. de Dalloz, t. II, p. 1323, la table chronologique des lois, ordonnances et décrets complémentaires du Code de proc. civ.

(2) Cons. Rolland de Villargues, *Code d'organ. judic.* In-8°; Paris, 1873.

(3) A. Amiaud, *Commentaire de la loi du 25 ventôse an XI.* 3 vol. in-8°; Paris, 1884.

Cours analytique de Code civil, par Demante, continué par Colmet de Santerre. 9 vol. in-8°; Paris.

Le droit civil expliqué suivant l'ordre des art. du Code, par Troplong. 27 vol. in-8°; Paris.

Cours de procédure, organisation judiciaire, compétence et procédure, par E. Garsonnet; in-8°; Paris, 1882-84.

COLONIES FRANÇAISES

Algérie

Trois législations différentes régissent actuellement l'Algérie :

La législation *française*, importée en 1830 en vertu du droit de conquête.

Les législations *musulmane* et *israélite*, que la France s'était obligée, par la capitulation d'Alger, à respecter, par cela même qu'elle laissait aux indigènes la liberté de leurs religions.

a) L'état légal des israélites a été longtemps assez difficile à déterminer, et la jurisprudence était loin d'être fixée à leur égard. L'arrêté du 22 octobre 1830 leur avait laissé d'abord leurs lois et leurs juges particuliers, mais les tribunaux rabbiniques furent ensuite supprimés par les ordonnances du 10 août 1834 et 28 février 1841 ; de sorte que la justice française est aujourd'hui seule compétente pour juger les israélites. Toutefois, lorsqu'il s'agissait, avant 1870, de contestations relatives à l'état civil, au mariage et aux répudiations, il y avait lieu de prendre l'avis du rabbin (Ordonnance du 26 septembre 1842, art. 49), et de décider, d'après la loi Mosaïque, sur toutes les matières relatives à l'état et à la capacité des israélites. En ce qui touchait aux conventions faites entre eux, les indigènes israélites étaient présumés avoir contracté selon leurs lois, à moins qu'il n'y eût une convention contraire (1).

En 1865, intervint le sénatus-consulte du 14 janvier, qui accordait aux israélites la faculté de devenir citoyens français, mais à la condition de se soumettre, en ce cas, à la loi civile française et d'abdiquer formellement tous les droits et usages résultant de leur statut personnel et incompatibles avec elle. Toutefois c'était là une simple faveur qu'il était loisible aux israélites indigènes d'accepter

______

(1) Dareste, *De la propriété en Algérie*, p. 11 et 12; Ménerville, *Dict. de la législation algérienne*, V° Israélites, t. I et II.

ou de répudier à leur gré. Un décret du 24 octobre 1870 vint changer cette faculté en obligation (1). Il conféra la nationalité française à tous les israélites nés en Algérie avant la conquête ou nés, depuis, de parents qui y résidaient à cette époque.

Par suite, les israélites ne peuvent revendiquer aujourd'hui aucun des droits qu'ils tenaient de leur statut personnel, si ces droits ne subsistent pas sous le régime de la loi civile française (2). Pour tout ce qui est relatif aux droits immobiliers, la seule loi applicable est la loi française ; ce principe, déjà inscrit dans la loi du 16 juin 1851 (art. 16), a été définitivement consacré par le décret du 24 octobre 1870 et la loi du 16 juillet 1873, constitutive de la propriété individuelle en Algérie (3).

b) Pour ce qui est des *musulmans,* la loi musulmane, qui n'est autre que le Koran, règle leur statut personnel, c'est-à-dire leur état et leur capacité, ainsi que toutes les conventions, toutes les contestations civiles et commerciales, entre musulmans indigènes et entre ceux-ci et les musulmans étrangers. (Décr. 13 déc. 1866, art. 1er). Le législateur français a pensé, avec raison, qu'il était nécessaire, pendant une certaine période d'assimilation, de conserver aux indigènes leurs lois particulières. Elles étaient trop différentes des nôtres et touchaient trop directement à la foi religieuse pour pouvoir être brusquement modifiées sans danger (sénatus-cons. du 14 juillet 1867). Mais le musulman peut contracter d'après la loi française et il devient alors justiciable des tribunaux français. Dans les conventions et contestations entre Européens et indigènes, les tribunaux doivent appliquer la loi

(1) C. Alger, 1er mars 1875.

(2 Ménerville, t. III, p. 187.

(3) On sait, en effet, que, — sauf chez les Kabyles, et autour des villes ou la propriété immobilière était généralement individuelle, à peu près comme en France — partout ailleurs, chez les Arabes de la plaine et dans le Tell notamment, la propriété est collective et appartient, soit en toute propriété, soit en jouissance, à la tribu ou *ferka* (fraction de tribu). Si, dans la tribu, les terres ont été partagées, l'indivision existe souvent entre les chefs de famille. Dans le Sahara, où le sol est, en général, impropre à la culture, les terres ne sont même plus partagées. C'est contre ce système de propriété, absolument opposé à tout progrès, que le gouvernement n'a cessé de réagir en s'efforçant d'établir la propriété individuelle.

Par suite du décret de 1870 et de la loi du 16 juillet 1873, il semble que les israélites algériens soient actuellement et en tous points soumis à la loi française ; cela n'est rigoureusement vrai que pour les israélites « des départements de l'Algérie, » selon les termes mêmes du décret de 1870. Mais doit-on faire bénéficer des dispositions du décret les israélites du Mzab ? La question nous paraît douteuse, en tout cas fort délicate à résoudre.

française ou musulmane (1), suivant la nature de l'objet du litige, la teneur de la convention et, à défaut de convention, selon les circonstances ou l'intention présumée des parties (2).

Quant à leur statut réel, les musulmans sont régis par le droit français. En effet, aux termes d'une loi du 26 juillet 1873, qui a abrogé celle du 16 juin 1851, l'établissement de la propriété immobilière en Algérie, sa conservation et sa transmission, quels que soient les propriétaires, musulmans, israélites ou Européens, sont régis par le Code civil et les lois postérieures (3).

Enfin, la loi de 1873, dont l'application était devenue fort difficile par suite de l'absence chez les musulmans de tout état civil, a été complétée par une loi du 14 juillet 1879 sur la transcription des titres et surtout par la loi du 23 mars 1882, qui constitue un état civil régulier pour tous les indigènes musulmans, oblige chaque indigène à choisir un nom patronymique et rend désormais obligatoires les déclarations de naissance, de décès, de mariage et de divorce (4).

Kabylie. — Chez tous les peuples musulmans, le Koran, révélé par Dieu à son prophète, est la règle universelle et unique : religion, morale, droit, tout en émane ou s'y conforme ; la *Sunnah* n'en est que le développement complémentaire et les doctrines des quatre *Imams* en sont des commentaires qui, bien que divergents dans l'interprétation, s'accordent dans un respect profond pour le texte du livre sacré.

Nous devons signaler, cependant, une exception remarquable en ce qui concerne certaines populations de l'Algérie qui habitent les montagnes du littoral de la Méditerranée et auxquelles on donne le nom de Kabyles. Ces populations, en effet, bien qu'elles professent la religion musulmane et appartiennent au rite *malékite*, ont

(1) Les musulmans de l'Algérie appartiennent à la secte *sunnie* et suivent le rite *malékite* (V. *infrà*, Turquie). La source principale de ce droit se trouve dans le *Précis de jurisprudence* de Sidi-Khalil, ouvrage considérable qui fait autorité depuis plusieurs siècles dans tous les pays de rite *malékite*. La traduction en a été faite par MM. Sautayra et Cherbonneau. V. *Bibliographie*.

(2) Dareste, *De la propriété en Algérie*, p 10 et 11.

(3) V. Robe, *La propriété immobilière en Algérie; commentaire de la loi du 26 juillet 1873*. Toutefois cette loi n'est applicable qu'à la région du Tell algérien (art. 31) et non à la région saharienne (Alger, 2 janvier 1884, *Journal des arrêts de la Cour*, p. 58-59).

(4) V. aussi le décret portant règlement d'administration publique du 13 mars 1883 et l'arrêté du gouverneur général (6 mars 1883) portant réorganisation du service de la propriété indigène.

conservé sur bien des points du droit, d'antiques coutumes, très souvent contraires à la loi musulmane et qui semblent indiquer une diversité de race aujourd'hui d'ailleurs incontestée.

Bien que la coutume générale soit, avec le Coran, la loi commune de la Kabylie, tout village, en vertu de son autonomie, peut la modifier dans ses détails et l'accommoder aux conditions particulières qui résultent de sa situation, de son industrie ou de ses mœurs.

Il faut donc reconnaître, comme fondement du droit kabyle trois sources distinctes :

1° Le Koran, qui règle souverainement tout ce qui touche à la foi et à l'hygiène religieuse, mais ne régit le droit civil que dans le cas où la coutume n'intervient pas ;

2° L'*aâda*, ou coutume générale, se transmettant de génération en génération, par la tradition orale généralement. Elle s'applique à tout ce qui touche le statut personnel, la transmission de la propriété et les conditions des contrats ;

3° L'*ârf*, modification de la coutume qui, née des droits propres du village, n'a d'action que dans l'étendue du territoire de ce village, et qui correspond à peu près à l'expression « usage local. »

L'*aâda* et l'*ârf* constituent, dans leur ensemble, le *Kanoun* de chaque tribu ou village; tantôt il est écrit, tantôt il est simplement confié au souvenir des *ak'al* et des vieillards.

Les Kanoun sont des documents précieux à connaître, mais on comprend, par suite des modifications qu'ils sont appelés à subir, les différences que peuvent présenter, à peu d'années d'intervalles, les versions d'un même *Kanoun*, versions qui sont, d'ailleurs, plus ou moins complètes, suivant la fidélité de mémoire plus ou moins grande des Kabyles consultés (1).

c) Les autres habitants de l'Algérie, Français ou Européens, sont soumis, par le fait de la conquête, au régime législatif des autres colonies; les lois d'intérêt général de la métropole, antérieures à la conquête, leur sont donc devenues applicables sans promulgation (2).

Depuis la conquête, c'est-à-dire depuis l'ordonnance du 22 juil-

---

(1) Hanoteau et Letourneux : *La Kabylie et les coutumes kabyles.* 3 vol. in-8°; Paris, 1873. Dans le second volume de cet ouvrage, les auteurs ont classé, dans l'ordre du Code civil, un grand nombre de *Kanoun*, empruntés principalement aux Kabyles du Jurjura où les populations ont conservé plus complètement leur indépendance nationale.

(2) Cass. 25 janvier 1883. V. toutefois, Jacquey, *De l'application des lois françaises en Algérie*, p. 4, 10, 19.

let 1834, l'Algérie est soumise à une législation spéciale qui a sa base dans les lois spéciales, les ordonnances ou décrets rendus par le souverain et, en certains cas, dans les arrêtés du gouverneur général. Par suite, aucune loi française, postérieure au 22 juillet 1834 n'est exécutoire en Algérie, si elle n'y a été déclarée applicable par la loi même ou par une ordonnance, un décret ou un arrêté (1).

Toutefois, les lois spécialement faites pour l'Algérie et les lois qui ne renferment que de simples modifications à la législation française antérieure, déjà appliquée à l'Algérie, y sont exécutoires sans promulgation spéciale (Cass., 15 juillet 1868, 5 janvier 1871, et Cass. 4 août 1881.)

La promulgation des lois et décrets résulte de leur insertion, suivant les formes et délais déterminés par le décret du 27 octobre 1858, dans le *Bulletin officiel* des *Actes* du Gouvernement, publié à Alger (Arrêté du 14 janvier 1861).

Les tribunaux français connaissent, entre toutes personnes, de toutes les affaires civiles ou commerciales, à l'exception de celles dans lesquelles les musulmans sont seuls parties, et qui sont portées devant les juges musulmans ou *cadis* (2) (Ord. du 26 septembre 1842, et décret du 13 décembre 1866), à moins que les indigènes n'aient entendu contracter sous l'empire de la loi française ou voulu attribuer compétence à la justice française (Décret du 13 décembre 1866).

Le Code de procédure civile français, promulgué par ordonnance du 16 avril 1843, ainsi que la loi du 21 mai 1858, qui en a modifié certaines dispositions, sont applicables en Algérie, sauf certaines dérogations relatives à la citation des parties, au domicile, aux délais d'ajournement (Ord. du 16 avril 1843, art. 2, 4, 6 et 9), au mode de procédure qui est toujours sommaire (art. 11), etc. V. aussi sur la signification des actes d'huissier la loi du 8 mars 1882, qui rétablit en Algérie le droit commun de la métropole.

L'organisation judiciaire en Algérie a été réglée par ordonnance du 28 septembre 1842, dont la plupart des articles sont encore en vigueur. Cette ordonnance a organisé la justice française, mais sans supprimer complètement la justice musulmane qui coexiste à

(1) Jacquey, *op. cit.*, p. 22 et suiv.

(2) Chaque tribunal musulman se compose d'un cadi, soit du rite malékite (suivi par les Arabes), soit du rite Hanéfite (suivi par les Turcs), assisté d'*adels*, qui remplissent les fonctions d'assesseurs de *thalebs*, qui peuvent au besoin suppléer les *adels*, de *aouns* ou huissiers, et de *oukils* ou défenseurs.

côté de la première et s'applique aux contestations entre musulmans indigènes ou entre ceux-ci et les musulmans étrangers.

La justice française a été organisée par un certain nombre de décrets, spécialement par ceux des 19 avril 1854, 5 décembre 1861, 13 décembre 1866, 24 octobre 1870, 10 août 1875, 27 mai 1882 et 7 janvier 1883 et par la loi du 30 août 1883 qui a classé la magistrature française de l'Algérie au même rang que la magistrature de la métropole et lui a garanti les mêmes avantages.

La justice musulmane a été organisée par les décrets des 31 décembre 1859, 13 décembre 1866, 5 février 1868 et plusieurs arrêtés du gouverneur général dont les plus importantes portent les dates des 16 octobre 1860, 3 novembre 1864, 2 avril 1865, 14 juin 1867, 20 janvier 1880, 15 mai 1881 ; — par le décret du 8 janvier 1870 dans la région saharienne, — et par ceux des 29 août et 10 octobre 1874, 13 décembre 1879 et 8 avril 1882 pour la Kabylie.

L'arrêté du 26 novembre 1841 avait institué près des tribunaux des officiers ministériels chargés des actes de procédure que la loi confie en France aux avoués, et qui avaient aussi le droit de plaider; un arrêté du 16 avril 1848 avait ordonné la formation de tableaux d'avocats; un décret du 27 décembre 1881 a séparé la postulation de la plaidoirie et, comme en France, confié la première aux avoués et laissé la seconde aux avocats. — Les huissiers ont été créés par arrêtés des 26 mars 1842, 31 mai 1866 et 16 juillet 1869, modifiés par un arrêté du 24 février 1879 et un décret du 13 décembre suivant.

Des interprètes traducteurs assermentés ont été institués pour assister, devant les officiers publics, les parties qui ne parlent pas la même langue (Ordon. du 29 mai 1846 et décret du 13 déc. 1879).

Enfin le notariat a été organisé en Algérie par arrêté ministériel du 30 décembre 1842. Ajoutons qu'un décret du 9 octobre 1882 rend obligatoire pour les notaires, greffiers et avoués, à partir du 1ᵉʳ octobre 1884, la connaissance du droit musulman et des coutumes indigènes.

BIBLIOGRAPHIE

De l'application des lois françaises en Algérie par Jules Jacquey; 71 p. in-8°; Alger, 1883.

Dictionnaire de la législation algérienne, par P. de Ménerville, 2 vol. in-4°; 1877-1878.

Législation de l'Algérie, par E. Sautayra. 2 vol. in-4; 1878-1884.

Législation de l'Algérie, par Victor Jeanvrot. In-8°; Paris, 1877.

Précis de la jurisprudence musulmane, suivant le rite Malékite, par Sidi-Khalil, 3ᵉ édition. In-8°; Paris 1872.

Code musulman, par Khalil. Trad. de M. Seignette, rite malékite ; statut réel. In-8º ; Paris, 1878.

V. aussi l'étude de M R. Dareste sur le droit musulman, à propos de cette traduction (*Journal des savants*, mai 1882).

Précis de jurisprudence musulmane, par Khalil-ibn-is'-âk', traduit par Perron. 6 vol. in-4º. Paris, 1854

Du Statut personnel et des successions, par Sautayra et Cherbonneau, 2 vol. in 8º ; Paris, 1873-1874.

Code Rabbinique : Eben Haezer, traduit par extraits, avec les explications des docteurs juifs, la jurisprudence de la Cour d'Alger et des notes comparatives de droit français et musulman, par Sautayra et Charleville. 2 vol. in-8º ; Paris et Alger, 1869.

Tunisie.

Un traité, signé le 12 mai 1881, entre le bey de Tunis et la France, et ratifié par le Parlement le 27 mai 1881, a concédé à la République française sur la Tunisie un droit de protectorat. Ce traité donnant le droit au Gouvernement de procéder à la réorganisation administrative, judiciaire et financière de la Régence, une loi portant organisation de la juridiction française en Tunisie a été promulguée le 27 mars 1883. Cette loi, destinée à remplacer par la juridiction française la juridiction des consuls pour les Français et protégés français, et d'étendre cette juridiction aux étrangers, au fur et à mesure de l'abandon des capitulations, institue un tribunal à Tunis et quatre justices de paix.

Bien entendu, à côté de ces tribunaux français appliquant la législation française, continuent à siéger les tribunaux indigènes pour les musulmans de la Tunisie, qui, comme ceux de l'Algérie, du Soudan, du Maroc, suivent le rite *malékite*.

L'article 16 de la loi du 27 mars 1883 dispose que les fonctions de notaire continueront à être exercées dans la Régence par les agents consulaires français, jusqu'à ce que le notariat ait été organisé par un règlement d'administration publique.

Au point de vue législatif, les colonies françaises, autres que l'Algérie, se divisent en deux catégories : celles qui sont régies, sous le rapport de leur législation organique, par la loi et les décrets rendus en Conseil d'État (1), ce sont la Martinique, la

---

(1) Des lois doivent intervenir pour régler ce qui concerne, notamment, l'état civil des personnes, la distinction des biens et les différentes modifica-

Guadeloupe et la Réunion ; — celles qui sont soumises au régime du décret simple, ce sont toutes les autres colonies. (Sénatus Cons. du 4 juillet 1866.)

La Réunion (*Ile de*).

Le Code civil a été promulgué à la Réunion, avec modifications, par un arrêté du capitaine général Decaen, le 25 vendémiaire an XIV ; mais ces modifications qui résultaient pour la plupart de l'état social de cette époque et n'étaient motivées que par l'esclavage, ont disparu avec lui en 1848.

Les lois postérieures qui ont modifié le Code français ont presque toutes été promulguées dans la colonie.

Le Code de procédure civile a été promulgué par ordonnance du 27 décembre 1827. La justice a été organisée à la Réunion par décrets des 16 août 1854 et 6 janvier 1857, et le notariat y a été introduit par décret du 26 juin 1879 (1).

Sénégal.

Le Code civil a été appliqué au Sénégal par un arrêté du gouverneur du 5 novembre 1830.

Un arrêté antérieur du 23 juin 1823 avait édicté dans la colonie un Code spécial de procédure civile dont les dispositions sont actuellement soumises à un travail de revision.

La justice française a été organisée au Sénégal par décrets du 9 août 1854 et 1er avril 1863, et la justice musulmane par décret du 20 mai 1857 (2).

---

tions de la propriété, les contrats et obligations conventionnelles en général, les manières dont s'acquiert la propriété par succession, donation entre vifs, testament, contrat de mariage, vente, échange et prescription.

Sont réservées aux décrets rendus en Conseil d'État, entre autres questions, celles relatives au surplus de la législation civile, au notariat, aux tarifs, etc.

(1) V. *Législation de l'île de la Réunion*, ou répertoire raisonné des lois, ordonnances, décrets, etc., en vigueur dans cette colonie, par Delabarre de Nanteuil, 2e édition. 6 vol. in-4° ; Paris, 1861-1863.

— *Ile de la Réunion ; organisation judiciaire ; Codes, textes complémentaires et modificatifs.* In-4° ; Paris, 1862.

(2) Le tribunal musulman, composé d'un cadi, d'un assesseur et d'un greffier, connaît exclusivement des affaires entre indigènes musulmans et relatives aux questions qui intéressent l'état civil, le mariage, les successions, donations et testaments. Les causes sont instruites et jugées d'après le droit et les formes de procéder en usage chez les musulmans (art. 2).

Nossi-bé, Mayotte.

La législation est la même qu'à la Réunion.

Côte-d'Or et Gabon.

Aux termes des décrets du 11 septembre 1869 et du 1ᵉʳ juin 1878, qui organisent la justice dans ces établissements, la législation civile est celle en vigueur au Sénégal, et tous les habitants sont justiciables du tribunal institué par ces décrets.

Antilles (Guadeloupe et Martinique).

Dès le début de l'occupation de la colonie, la législation française y fut promulguée :

Le Code civil, à la Guadeloupe, par arrêté du 7 brumaire an XIV; à la Martinique, par arrêté du 16 brumaire an XIV.

Le Code de procédure civile a été promulgué aux Antilles par ordonnance du 29 octobre 1828 (1).

La justice française a été organisée aux Antilles par décrets des 16 août 1854 et 31 août 1878.

Le notariat y a été introduit par décrets des 14 juin 1864 et 16 juillet 1878.

Les lois postérieures qui ont modifié la législation de la métropole ont été, pour la plupart, rendues applicables à la colonie (2).

— L'île de *Saint-Barthélemy* cédée par la Suède à la France, en vertu d'un traité du 10 août 1877, a été soumise, par l'article 3 de la loi du 2 mars 1878, au point de vue politique, administratif et judiciaire, aux lois, règlements et arrêtés en vigueur à la Guadeloupe (3).

Guyane.

Le Code civil a été promulgué le 1ᵉʳ vendémiaire an XIV, sous

(1) La procédure civile, telle qu'elle est appliquée aux Antilles, se trouve réunie dans un ouvrage publié par M. A. Garnier, sous le titre : *Code de procédure civile; Martinique, Guadeloupe et dépendances;* in-4°. Paris, 1883.

(2) V. *Antilles : Organisation judiciaire, Codes, textes complémentaires et modificatifs*, publication officielle; in-4°. Paris, 1862.

(3) Toutefois, un décret du 18 avril 1884, abrogeant celui du 31 août 1878, vient de créer une justice de paix à compétence étendue, à la place du tribunal de première instance.

certaines modifications motivées, pour la plupart, par l'esclavage et qui ont disparu avec lui.

Le Code de procédure civile a été promulgué le 18 août 1821, avec quelques modifications.

Presque toutes les lois qui, depuis, ont modifié la législation civile en France, ont été rendues applicables à la colonie, notamment la loi sur la transcription hypothécaire (Décret du 2 mars 1864).

La justice a été organisée à la Guyane par décrets des 16 août 1834, 21 janvier 1876, 21 juin 1880, 3 octobre 1880 et 15 février 1882; et le notariat introduit par l'ordonnance du 24 février 1820 et le décret du 28 août 1862.

Saint-Pierre et Miquelon.

Le Code civil et le Code de procédure civile ont été promulgués, sans modifications, par ordonnance du 26 juillet 1833.

La justice y a été organisée par une ordonnance du 26 juillet 1833 et les décrets des 4 avril 1868, 28 septembre 1872, 28 septembre et 9 octobre 1874.

Le notariat y a été introduit par décret du 30 juillet 1879.

Nouvelle-Calédonie.

Le Code civil a été promulgué dans la colonie par décret du 28 novembre 1866. Le même décret a fixé pour la procédure civile des règles spéciales s'inspirant beaucoup des principes généraux du Code français, mais simplifiant les formalités.

La justice a été organisée dans la Nouvelle-Calédonie par décrets des 28 novembre 1866, 27 mars 1879 et 28 février 1882.

Établissements d'Océanie.

La justice a été organisée dans les établissements de l'Océanie par décrets des 18 août 1868 et 1ᵉʳ juillet 1880.

Un décret du 10 novembre 1882 autorise la naturalisation des étrangers établis dans la colonie.

Le Code civil a été rendu exécutoire dans ces établissements par décret du 18 août 1868, et la procédure civile réglée par le même décret. La promulgation en a été faite par arrêté du commissaire de la République en date du 27 mars 1874.

Taïti.

Le protectorat français sur les îles de Taïti et les archipels qui en dépendent date de 1842; mais c'est seulement en 1860 qu'un

décret du 14 janvier a rendu applicable dans ces îles l'ordonnance
organique du 27 août 1828, et ce n'est que depuis le décret du
18 août 1868, portant organisation de la justice dans les établissements français de l'Océanie et les îles de la Société, que la loi
française est appliquée à Taïti, en matière civile et commerciale,
sauf pour lescontestations, entre Taïtiens, relatives à la propriété
des terres, lesquelles sont soumises à la juridiction des juges
indigènes.

Le 29 juin 1880, sous le commissariat de M. Chessé, le roi
Pomaré V et les grands chefs du royaume de Taïti ont signé
une déclaration de réunion à la France des îles de la Société et de
leurs dépendances. Aux termes de la loi du 30 décembre 1880, qui
ratifie cette annexion, la nationalité française est acquise de plein
droit à tous les anciens sujets du roi de Taïti; la naturalisation peut
être accordée aux étrangers nés dans les anciennes possessions du
protectorat, ainsi qu'aux étrangers, domiciliés depuis une année,
qui en feront la demande. Les lois et usages des Taïtiens sont
maintenus.

Toutes les affaires relatives aux terres continuent à être jugées
par les tribunaux indigènes. Les tribunaux français connaissent de
toutes les autres affaires civiles et commerciales, aux termes de
l'ordonnance de la reine Pomaré du 14 décembre 1865 et du décret
du 18 août 1868, complété par le décret du 6 octobre 1882.

Dans l'archipel des Gambier (îles Mangaréva) aussi réuni à la
France, un Code mangarévien a été promulgué le 23 février 1881.
Ce Code, divisé en trois livres, traite dans le livre Ier, de la constitution; dans le livre II, des lois *civiles;* dans le livre III, des lois
pénales. Établi et rédigé d'un commun accord entre les représentants du pays et le commandant commissaire de la République
française, il abroge, pour l'archipel des Gambier, toutes les prescriptions antérieures et forme actuellement la loi du pays.

Inde (Établissements français de l').

Aux termes d'un arrêté du 6 janvier 1819, promulgué par le
comte Dupuy, administrateur général des établissements français
de l'Inde, les Codes français sont applicables, à l'exception du
Code d'instruction criminelle, aux colonies françaises en Asie.
Toutefois, l'article 3 de cet arrêté restreint considérablement la
mise en vigueur et l'application des lois françaises, car il dispose
que « les Indiens, soit chrétiens, soit maures ou gentils, seront
jugés, comme par le passé, suivant les lois, usages et coutumes de

leur caste ». Les Hindous jouissent, il est vrai, de la faculté de répudier leur statut personnel pour se soumettre à l'application des lois françaises (1); mais on connaît l'attachement proverbial de l'Indien aux antiques institutions de son pays, sa docilité à se courber devant le *mamoul* ou usage. Aussi nos tribunaux de Chandernagor et de Pondichéry (2) ont-ils fréquemment à résoudre des questions intéressant les indigènes et relatives soit aux personnes, soit aux successions ou à la communauté des biens d'après les lois locales.

Le droit de propriété individuelle a été l'objet de dispositions ayant pour but de la consolider et de la faire sortir des liens qui la retenaient sous la dépendance de l'État. V. notamment le décret du 1ᵉʳ février 1854.

On trouvera des renseignements précieux sur la législation des musulmans de l'Inde dans une étude publiée par M. Crémazy, dans la *Nouvelle Revue historique de droit français et étranger*, 1878, p. 491 à 506.

Le droit hindou a été résumé par un indianiste et juriconsulte éminent, sir Thomas Strange, dans un ouvrage intitulé : *Eléments of Hindu Law*, Londres, 1825, traduit en français par Orianne. Une 2ᵉ édition, publiée en 1830, porte le simple titre de *Hindu Law*.

V. aussi l'ouvrage classique de John Maine, ancien avocat général à la Cour de Madras, *A Treatise on Hindu law and usage*, 3ᵉ édition, Londres 1883 (3) et *infrà*, colonies anglaises, p. 516.

Cochinchine.

Le Code civil et le Code de procédure civile français ont été, comme les autres Codes, rendus exécutoires dans la Cochinchine

(1) Décret du 21 septembre 1881 (*J. off.* du 30 septembre).

(2) La justice française a été organisée dans les établissements français de l'Inde par l'ordonnance du 7 février 1842 et les décrets des 31 mai 1873. 1ᵉʳ mars 1879 et 4 février 1881.

(3) On peut encore consulter :

Établissements français de l'Inde, recueil de législation, par Laude. In-4°; Paris, 1869.

Études sur le droit civil des Hindous, par E. Gibelin. 2 vol. in-8°; Pondichéry, 1846-47.

Traité des successions et de l'adoption, d'après le droit hindou, par O. Orianne. In-8°; Paris. 1844.

Voir à la fin de ce volume l'énumération des législateurs hindous.

Jurisprudence et doctrine de la Cour d'appel de Pondichéry ; droit hin-

française par un décret du 25 juillet 1864, et promulgué par arrêté
du gouverneur en date du 21 décembre suivant. Toutefois, le
droit français ne régit que les Français, les Européens et les indigènes naturalisés. L'usage du droit chinois a été conservé aux
habitants de la province conquise. Il eût, en effet, été difficile
d'appliquer notre législation à un peuple qui admet la polygamie et
des mères de diverses conditions, à une société qui reconnaît la
liberté absolue de tester, favorise les majorats, — dont le droit,
enfin, offre mille points de divergences avec notre civilisation.

Aux termes d'un arrêté ministériel en date du 23 août 1871,
promulgué le 16 septembre suivant, les Asiatiques qui, aux termes
du décret du 25 juillet 1864, sont soumis à la loi annamite sont :
les Chinois, les Cambodgiens, les Minhhuongs, les Siamois, les
Moïs, les Chams, les Stiengs, les Sang-Mêlés, les Malais de Chaudoc ;
tous les autres individus, à quelque race qu'ils appartiennent, sont
soumis à la loi française.

Les Annamites n'ont pas de Code civil ; chez eux, le droit civil
se base sur la coutume orale, dont les principes écrits sont con-
fondus dans le Code pénal ou dans les livres canoniques ; le droit
civil n'occupe, en effet, qu'une place très secondaire dans les
préoccupations du législateur annamite, et lorsqu'il en est question
accidentellement dans la loi, c'est presque toujours au point de
vue très général des peines à édicter contre les infractions au principe d'ordre dans la famille et dans la société. Ainsi le Code est
muet sur tout ce qui concerne les relations individuelles, état des
personnes, successions, testaments, donations, contrats, transactions, ventes et autres actes de cette nature. S'il parle du mariage,
ce n'est pas pour régler les régimes des biens entre époux, mais
au point de vue de l'ordre public, de la famille et de la morale,
pour défendre la prostitution, l'adultère ; pour punir la femme de
second rang qui usurpe la place de la femme légitime, etc.

Si la loi parle des biens, c'est simplement pour protéger la pro-

<hr>

dou, droit musulman, par A. Eyssette. 2 vol. in-8 ; Pondichéry, 1877.
Principles of Hindu and Mohammadam law, parH. Wilson. In-12. Londres,
1860.
Kohler. *Indisches Ehe-und Familienrecht* ,Zeitschrift für Vergleichende
Rechtswissenschaft, 1882, t III, p. 342) et Crémazy, *Bulletin de la Société
de législ. comp.* 1880, p. 330 (Contrainte par corps).
Étude publiée dans la revue maritime et coloniale, 1877, numéro de dé-
cembre.
Les anciens Codes Brahmaniques, par M. R. Dareste *Journal des sa-
vants*), janvier-février, 1884.

priété et édicter des peines contre l'usurpation, la vente du bien d'autrui, non pour régler les conditions des divers contrats qui les régissent.

La justice est organisée et administrée en Cochinchine, d'après les décrets des 25 juillet 1864, 14 janvier 1865, 10 novembre 1866, 7 mars 1868, 10 février 1873, 2 juin 1876, 7 novembre 1879, 25 mai et 17 août 1881, par des tribunaux français et par des tribunaux indigènes.

Les tribunaux français connaissent de toutes les affaires civiles et commerciales entre Européens, — entre Européens et indigènes ou Asiatiques, et entre indigènes et Asiatiques, quand ceux-ci y consentent, ou lorsqu'il s'agit d'un acte dans lequel les parties ont déclaré contracter sous l'empire de la loi française.

Les tribunaux indigènes jugent toutes les conventions et toutes les contestations civiles et commerciales entre indigènes et Asiatiques; ils jugent d'après la procédure et la loi annamite.

En vue d'attacher les indigènes à nos institutions, et de répandre de plus en plus nos lois dans le pays, un décret du 25 mai 1881, admet à la jouissance des droits de citoyen français tout Annamite âgé de plus de vingt ans, né en Cochinchine, et tout indigène venant de pays placés sous notre protectorat et habitant la Cochinchine depuis plus d'un an, à la seule condition, en dehors des conditions de moralité, qu'ils connaîtront la langue française.

Enfin, pour continuer l'œuvre d'assimilation que la France poursuit dans ses possessions coloniales, et aussi pour faciliter aux juges la connaissance des institutions civiles annamites dont nos tribunaux doivent faire l'application aux indigènes ayant conservé leur statut personnel, sur la proposition des ministres de la marine et de la justice, deux décrets, en date du 3 octobre 1883, ont réglementé le mode de promulgation des lois en Cochinchine, organisé un système régulier d'état civil pour les Annamites, et promulgué un précis de la législation civile annamite relatif à l'absence, au mariage, au divorce, à la paternité et à la filiation, à l'adoption, à la puissance paternelle, à la tutelle, à l'émancipation et à la majorité (1).

Dans le royaume d'Annam et au Cambodge, en vertu des traités

(1) Ce précis, qui a été publié par le ministère de la marine (Paul Dupont, in-8°, 1883), a été rédigé d'après les bases d'un *Projet de Code civil* à l'usage des Annamites, dont l'exposé des motifs (livre 1er) a été publié en 1880, par M. Lasserre, conseiller à la Cour de Saïgon. (Saïgon, imprimerie nationale, in-8°, 1880.) — V. aussi *Code annamite : lois et règlements du royaume*

conclus les 11 août 1863 et 15 mars 1874, entre la France et les souverains d'Annam et du Cambodge, la justice est rendue au Cambodge et sur le territoire ouvert aux Européens dans le pays d'Annam, aux nationaux sujets ou protégés français, et à tous sujets ou protégés d'une puissance étrangère, par des tribunaux français établis au siège des résidents de France (Déc. des 24 février et 17 août 1881).

BIBLIOGRAPHIE GÉNÉRALE POUR LES COLONIES

Bulletin officiel des lois, décrets... de la République française.
Recueil des lois, décrets et arrêtés concernant les colonies. Publication du ministère de la marine et des colonies.
Annuaires de législation française, publiés par la Société de législation comparée. Années 1881-1882 et 1883.
Bulletin officiel de la marine et des colonies. 6 vol. in-4°. Paris, 1879-80.
Des rapports de droit international avec la France extra-continentale, par Ch. Brocher (*Journal de droit intern. privé,* 1881, p. 373.
Dalloz. *Répertoire alphabétique de législation et de jurisprudence.* — V. Organisation des colonies.

GRANDE-BRETAGNE

Le droit civil dérive, en Angleterre, de deux sources principales : le droit coutumier (*common law*), appelé encore loi non écrite, *lex non scripta,* et la loi statutaire ou loi écrite.

I. — La *common law* comprend un ensemble de coutumes et de principes qui ont pris force légale à la suite d'un usage immémorial, avec le consentement exprès ou tacite du pouvoir législatif. Ces coutumes sont générales ou spéciales. Les coutumes générales

d'Annam, traduit du texte chinois original, par G. Aubaret; 2 vol. in-4°, 1875.

Citons enfin pour compléter l'énumération des textes législatifs applicables à la colonie :

Le décret du 26 novembre 1867, sur l'assistance judiciaire;

Celui du 11 février 1867, sur les successions vacantes;

Ceux du 16 mai 1867, 22 septembre 1869 et 17 août 1881, sur les fonctions des notaires;

Et le décret du 27 janvier 1883, pour faciliter le mariage des Français en Cochinchine.

s'appliquent à tous et dans toutes les juridictions; ce sont elles qui régissent en grande partie les successions aux biens réels, la propriété foncière, les formes et les effets des contrats, les testaments, les actions en justice. — Les coutumes spéciales s'appliquent seulement dans certaines contrées ou à certaines personnes. Elles forment le plus souvent des privilèges si anciens qu'il est impossible d'en retrouver l'origine et la cause. Comme exemple de coutumes locales, on peut citer : la coutume de *Gavelkind*, observée seulement dans le Kent et qui appelle tous les fils à la succession par parties égales; — la coutume de *Boroug English*, en vertu de laquelle, dans certaines localités, le plus jeune fils hérite, seul, à l'exclusion de ses aînés; les coutumes de certains manoirs (*manors*), sur le régime de la propriété foncière, etc. (1); à Londres, il existe un grand nombre de coutumes, principalement relatives au commerce.

La *common law* est une des parties les plus considérables du droit anglais. Quant aux origines de ce droit, elles sont nécessairement fort obscures, du moins en ce qui concerne le moment exact où telle ou telle coutume s'est modifiée ou précisée. On ne saurait donc affirmer avec Blakstone, Bentham et Reeves, que l'ensemble des coutumes remonte à une loi saxonne rédigée par Alfred le Grand, loi qui ne serait pas parvenue jusqu'à nous, et qui aurait été plus tard confirmée par Édouard le Confesseur. En réalité, la loi commune est le résultat de la fusion qui s'est opérée insensiblement entre le droit normand, le droit danois et le droit saxon, peut-être même quelques coutumes plus anciennes (2).

Comment ces coutumes sont-elles connues et quelle autorité leur donne donc leur valeur légale? La jurisprudence, dont les décisions constituent, comme le disent Blakstone et Austin, la source et la preuve de la loi commune. La connaissance de cette loi est

(1) Glasson, *Histoire du droit et des institutions de l'Angleterre*, préface, p. XIII; *Le Mariage civil et le Divorce*, p. 56; Buchère, *De la justice civile en Angleterre*, p. 8 et 9.

(2) Glasson, *Histoire du droit et des institutions de l'Angleterre*, préface, p. XIV, et *Le Mariage civil et le Divorce*, p. 57.

« La loi *commune*, qui mériterait plutôt, dit Meyer, le nom de coutume, n'est point écrite; elle se compose de plusieurs sources qui, par le temps, se sont confondues et, quoique appartenant à des époques souvent très reculées et entièrement distinctes, ne forment plus qu'un seul tout compact dans ses parties. Des traditions, des usages, des idées qui peuvent devoir leur origine aux Bretons, aux Saxons, aux Danois, aux Normands, aux Angevins, aux Anglais, dans les périodes si variées de leur histoire, se sont réunies dans une seule masse et ont produit un ensemble de coutumes, qui

confiée à l'expérience des magistrats anglais, à leurs études, à
leur longue habitude, fondée elle-même sur la pratique de leurs pré-
décesseurs (1); les décisions judiciaires et toute la procédure usitée
sont enregistrées et conservées depuis plusieurs siècles dans les
archives des Cours et recueillies dans des recueils privés publiés par des jurisconsultes; on y a recours, lorsqu'une question
délicate s'élève et que les solutions antérieures peuvent aider à la
résoudre. On ne s'écarte d'une décision antérieure qu'autant
qu'elle est ouvertement injuste ou reconnue étrangère à la contestation engagée. Ces décisions sont consignées dans ce qu'on appelle
les *reports*, et leur collection a pris en Angleterre une telle importance qu'elle dépasse en étendue celles de tous les autres pays de
l'Europe réunis. Toutes les juridictions importantes ont leur collec-

peuvent suffire à décider de la plupart des espèces qui se présentent et qui
doivent leur existence à des combinaisons nées sous les mêmes influences. La
loi commune est un être de raison; ce n'est pas une législation écrite ou qui
soit susceptible d'être rédigée par écrit; elle n'existe nulle part et existe
partout; elle réside dans tous les esprits et se manifeste dans tous les usages
qui portent une empreinte nationale conforme à la loi commune. Par une
conséquence de cette idée, les juges, dépositaires en quelque façon de la
conscience publique, proclament cette loi commune, l'appliquent par leurs
décisions, dans lesquelles seules il faut en puiser la connaissance. Le juge
est réputé infaillible; ce qu'il prononce est incontestablement conforme à la
disposition de cette loi commune, et quoique le jugement ne constitue pas
la loi, quoiqu'on n'ait jamais attribué de pouvoir législatif aux magistrats,
le jugement suffit à prouver l'existence de la disposition qu'il applique; il
établit un précédent obligatoire pour les magistrats futurs... C'est cette in-
faillibilité présumée du juge à l'égard de la coutume non écrite, c'est cette
autorité des précédents, qui a seule pu amener la possibilité de fixer la loi
commune en un corps de doctrine. Chaque arrêt qui pose un principe devient une règle pour l'avenir et, pour pouvoir décider sur une espèce quelconque, il faut recourir aux précédents, examiner surtout s'ils sont parfaitement analogues, ou s'il n'existe pas quelque différence, laquelle, bien que
souvent légère, peut fournir au juge un motif de s'éloigner du précédent, ou
même un prétexte pour l'écarter entièrement, soit pour appliquer un principe
établi par quelque autre précédent, soit pour introduire un principe nouveau, lequel, à son tour, puisse devenir un principe par la suite... » (*De la
codification en Angleterre*, p. 212-213.)

(1) « ... La jurisprudence (*case Law*) est l'œuvre de générations successives
de juges merveilleusement aptes à l'accomplissement de leur tâche. La magistrature anglaise a toujours été l'une des meilleures législatures en sous-
ordre qu'il y eût au monde... Elle a déposé dans la jurisprudence moderne
une immense provision de principes sûrs et de solide bon sens appliqué aux
espèces avec une habileté pratique consommée.... » Stephen, *Criminal Law
of England*, p. 337-339. Cité par Georges Louis dans le *Bulletin de la Soc.
de Législ. comp.* 1878, p. 551.

tion de *reports*, et chacune d'elles remplit parfois plusieurs volumes dans l'année (1).

De nos jours, le droit coutumier forme encore la base de la législation anglaise; il doit recevoir son application toutes les fois qu'il n'y a pas été dérogé par les *statuts* (2), seconde source du droit que nous indiquerons bientôt.

Mais la loi commune peut aussi être modérée par l'*équité*. L'équité, d'après Blakstone, est « la correction de ce en quoi la loi est défectueuse, à raison de son universalité. » En effet, puisque les lois ne peuvent prévoir ou exprimer tous les cas, il est nécessaire, quand leurs dispositions générales viennent à s'appliquer à des cas particuliers, qu'il existe quelque part un pouvoir investi du droit de définir les circonstances qui auraient été exprimées par le législateur lui-même, s'il les avait prévues. Ce sont là les cas que, suivant Grotius, *lex non exactè definit, sed arbitrio boni viri permittit*. C'est une partie du système de la jurisprudence anglaise qui, bien que non comprise dans aucun Code ou Recueil de lois, est fondée sur la raison pure et appliquée en vertu de certains principes définis. Elle légitime tout ce qui vient en aide aux imperfections, à l'insuffisance ou à la rigueur excessive de la *common law*, sans cependant contrevenir à sa base fondamentale.

L'application de ces principes était, avant 1873, confiée aux Cours de *chancery* où siégeaient des juges spéciaux exercés à leur pratique et assistés par des avocats qui en faisaient leur profession exclusive, par opposition aux Cours de *common law*, chargées d'appliquer le droit d'après les vieilles coutumes et la rigueur des précédents (3); mais ces procédures diverses, pour une même affaire, étaient longues et coûteuses; les procès s'éternisaient et les

(1) Consulter *Chronological List of English Law Reports*, dans le *Complete Catalogue of law Books* de Sweet. (In-8°; Londres, 1882), p. 280.

Une collection officielle des *Reports* des différentes cours existe et est publiée depuis 1865, sous le titre de « *The Law Reports* », *under the Superintendence and control of the incorporated Council of law reporting for England and Wales*. Une table de cette collection en 2 vol. in-8° a été publiée et comprend les années 1865 à 1880

(2) Dans la *Common Law*, on comprend aussi diverses règles de droit civil (droit romain) et de droit canon, appliquées devant certaines cours : cours ecclésiastiques, cours de l'amirauté, cours militaires, cours des universités d'Oxford et de Cambridge. Buchère, p. 10

(3) La tendance des cours de droit commun, dit M. Ribot (*Notice sur l'act de 1873*, *Annuaire*, 1874, p. 15), a été de tout temps, de s'attacher rigoureusement aux vieilles formules et aux précédents, même lorsqu'ils répugnaient le plus aux nouvelles idées de justice et ne pouvaient se plier aux transfor-

frais dépassaient le plus souvent la valeur du litige. Un acte du 5 août 1873 a mis fin à cette distinction de juridiction en instituant une *Haute-Cour de justice*, dont chaque chambre a le droit de juger à son choix et d'après les circonstances, selon le droit commun (*common law*) ou en équité (*in equity*); mais toutes les fois qu'il y a conflit ou désaccord entre l'équité et le droit coutumier, les juges doivent suivre les règles de l'équité. Il y a même des circonstances et des matières où l'équité doit prévaloir exclusivement, telles sont les affaires relatives aux testaments et aux partages de successions, à la dissolution et la liquidation des sociétés, à la purge des hypothèques, à l'exécution des fidéicommis, des contrats ayant pour objet des immeubles, à la garde et l'éducation des enfants, à la gestion de leurs biens, à l'administration des biens de la femme mariée (1), des aliénés, etc.

II. — La seconde source de la législation anglaise est le droit *statutaire* (*statute law*) ou droit écrit; on comprend sous ce nom, les statuts, actes, ordonnances ou édits émanés de la puissance royale, avec l'assentiment du Parlement. Le plus ancien des statuts est la *grande charte*, publiée en 1215 par le roi Jean et confirmée en Parlement dans la neuvième année du règne de Henri III.

Les statuts forment un corps immense de législation; on en compte plus de trente mille. Ils sont ou *généraux* et s'appliquent à tous; les Cours de justice sont tenues d'en faire d'office l'application; — ou *locaux* (2) et *personnels* (3), et ne peuvent, en ce cas, être appliqués que pour les personnes ou réunions d'intérêts qu'ils concernent.

La loi commune et les statuts ne s'appliquaient, à l'origine, qu'à l'Angleterre proprement dite. Un statut d'Henri VIII les rendit

mations de la société. Cette fidélité presque superstitieuse à la lettre des anciennes décisions et aux formes surannées de procédure eut, dès le XIII° siècle, des inconvénients si marqués, que le chancelier, au nom du roi, n'hésita pas à intervenir pour arrêter l'exécution des sentences qui blessaient trop ouvertement l'équité ou pour rendre la justice dans le cas où le droit commun n'offrait aucun remède. Peu à peu naquit et se développa une véritable juridiction qui eut ses règles, ses précédents et sa jurisprudence propres .. Au commencement du XVII° siècle, la séparation du *droit commun* et de l'*équité* était définitivement établie et consacrée et le droit anglais divisé en deux droits distincts, fondés sur des principes différents et appliqués par deux juridictions indépendantes.

(1) V. Barclay, *Émancipation contractuelle de la femme mariée*, p. 8 et 9.

(2) Tels sont les statuts relatifs aux habitants d'une province ou à une société particulière.

(3) Tels sont les actes de naturalisation, de divorce, etc...

applicables au pays de Galles. Ils le sont à l'Irlande depuis qu'elle est incorporée à l'Angleterre. Mais l'Écosse a conservé ses coutumes et ses lois nationales, basées sur le droit romain (1). Il en est ainsi des îles normandes et de l'île du Man qui ont toujours gardé leurs lois propres, c'est-à-dire les coutumes de Normandie; mais il y a lieu de faire observer ici que toutes les parties du royaume demeurent néanmoins soumises à l'autorité législative du Parlement, qui a le pouvoir de rendre une loi applicable à l'Écosse, aussi bien qu'à l'Angleterre ou aux colonies britanniques.

On le comprend donc aisément, par suite de l'incertitude du droit coutumier, dont il faut aller puiser les règles dans les énormes compilations d'arrêts des Cours de justice, par suite aussi du nombre considérable de statuts publiés, la législation anglaise, « la plus confuse de l'Europe » (2), est une de celles où le jurisconsulte a le plus de peine à se reconnaître. Cela tient, sans aucun doute, à ce que l'Angleterre ne possède *malheureusement*, comme le disait le *lord chief justice* en 1864, ni code de lois, ni consolidation des statuts. On a bien essayé de remédier à ce mal. Dès 1577, Nicolas Bacon traçait un plan pour reviser et simplifier les statuts. A plusieurs reprises, dans le courant du siècle dernier, le Parlement fut saisi de divers projets de revision; toutes ces tentatives restèrent sans résultats. En 1853, le gouvernement chargea une commission de « préparer les bases d'un digeste des lois an- « glaises, de rechercher quel pourrait être le plan de ce digeste, et « comment on y résumerait la loi commune, les statuts et les treize « cents volumes de décisions judiciaires; mais ce projet rencontra « de si vives résistances qu'on dût l'abandonner (3). » En 1867, l'idée fut reprise; une nouvelle commission fut nommée et tous les juristes compétents furent invités à concourir à la préparation du Digeste en rédigeant des projets particuliers. Elle n'a pu aboutir à aucune solution (4).

Malgré cette répugnance des Anglais pour la codification générale de leurs lois, il y a lieu de remarquer que les idées de codification partielle ou de simplification font cependant de très grands progrès chez nos voisins et, depuis quelques années, le Parlement

(1) V. Quelques remarques sur le droit écossais (*Revue de droit international*, 1869, p. 220.

(2) Glasson, *Histoire du droit et des institutions de l'Angleterre*, p. XXI.

(3) Glasson, p. 69.

(4) V. Sur les tentatives de codification des lois en Angleterre, Thornley (*Law Magazine*, 1879, p. 42); Barclay, *Les effets de commerce dans le droit anglais, introduction*, p. 2 et 5.

prolite des occasions qui lui sont offertes d'amender certains points de la législation pour reviser les lois antérieures et promulguer un texte unique, qui résume tous les actes déjà votés et n'est autre chose qu'une codification des statuts antérieurs (1).

Parmi les lois importantes votées, en matière civile dans ces dernières années, nous signalerons :

La loi du 12 mai 1870 sur la condition légale des étrangers et des sujets britanniques (2).

Loi du 1er août 1870, sur la propriété foncière en Irlande.

Lois des 9 août 1870, et 30 juillet 1874, sur la propriété des biens des femmes mariées (3).

Loi du 9 août 1870, sur le serment en justice.

Lois des 5 août 1873, 11 août 1873 et 27 août 1881, qui instituent et organisent une cour suprême de justice (4).

Lois du 7 août 1874, sur l'inscription des naissances et décès (5), sur les engagements des mineurs, les aliénations immobilières.

Loi du 13 août 1875, relative au transfert des terres en Angleterre (6).

Loi du 13 août 1875, modifiant la législation relative aux locations agricoles (7).

Loi du 27 juin 1876, relative aux partages judiciaires (8).

Loi du 28 juin 1877, sur les biens substitués.

Loi du 27 mai 1878, modificative des lois sur les causes matrimoniales (9).

Loi du 13 août 1878, relative à la contrainte par corps.

Loi du 11 août 1879, pour amender la législation relative à la juridiction sommaire (10).

Loi du 18 juillet 1881, modifiant la législation relative aux biens des femmes mariées en Écosse (11).

Loi du 22 août 1881, relative au transfert de la propriété immobilière (12).

Loi du 22 août 1881, sur les effets de l'absence en Écosse (13).

Loi du 22 août 1881, sur la propriété de la terre en Irlande (14).

Loi du 10 août 1882, sur l'administration et l'amélioration des propriétés grevées de substitution (15).

(1) V. *Suprà*, p. 9.
(2) *Annuaire de la législation étrangère*, 1872, p. 6.
(3) *Annuaire*, p. 55 et 1875, p. 32. — (4) *Annuaire*, p. 9, et 1876, p. 120. — (5) *Annuaire*, 1875, p. 50. — (6) *Annuaire*, 1876, p. 178. — (7) *Annuaire*, p. 196. — (8) *Annuaire*, 1879, p. 45. — (9) *Annuaire*, 1880, p. 31. — (10) *Annuaire*, p. 35. — (11) *Annuaire*, 1882, p. 39. — (12) *Annuaire*, p. 39. — (13) *Annuaire*, p. 75. — (14) *Annuaire*, p. 81. — (15) *Annuaire*, 1883, p. 63

Les lois du 18 août 1882, sur les fermages en retard (Irlande) ; sur la substitution (Écosse) ; sur les droits des femmes mariées en Angleterre (1); sur les significations (Écosse) (2).

BIBLIOGRAPHIE

Glasson. *Histoire du droit et des institutions politiques, civiles et judiciaires de l'Angleterre* 6. vol. in-8°; Paris, 1882-1883.

Reeves. *History of the english law.* 3 vol. in-8° ; Londres, 1869.

Wilson. *History of modern english law.* 1 vol. in-8° ; Londres, 1876.

Wharton. *Law-Lexicon.* In-4° ; 1876

Sweet. *Law-Dictionnary.* In-4° ; Londres, 1882.

Blackstone. *Commentaires sur les lois anglaises,* trad. Champré. 6 vol. in-8° ; Paris, 1822.

Stephen. *New commentaries on the law of England,* 8ᵉ édition. 4 vol. in-8° ; Londres, 1883.

Broom. *Commentaries on the common law,* 6ᵉ édition. in-8° ; Londres, 1880.

Chitty. *A Treatise on the law of contract.* In-8° ; Londres, 1881.

Lewin. *A Practical treatise on the law of trusts.* 7ᵉ édition. In-8° ; Londres, 1879.

Jarman *A Treatise on Will.* 2 vol. in-8° ; Londres, 1881.

Williams *A Treatise of the law of executors and administrators,* 8ᵉ éd. 2 vol. in-4° ; Londres, 1879

Lebret. *Étude sur la propriété foncière en Angleterre.* In-8° ; Paris, 1882.

Pollock. *The Land laws.* In-8° ; Londres, 1883.

Lehr. *Éléments de droit civil anglais.* In-8° ; Paris, 1884.

Westoby. *Résumé de la législation anglaise,* 2ᵉ édition. 1 vol in-8° ; Bruxelles, 1854.

Buchère. *De la justice civile en Angleterre.* In-8° ; Paris, 1863.

The statutes. Revised edition. 1325 à 1868. 15 vol. in-4° ; Londres, 1870-78.

The Public general statutes, recueil annuel, 1869 à 1883. Londres.

Annuaires de législation étrangère. Années 1872 à 1883.

Fisher. *A Digest of the reported cases and decisions of all the courts :*
1° 1756 à 1870. 5 vol. in-8° ; Londres.
2° 1870 à 1883.. *Recueil annuel.* Londres.

Bell *Principles of the law of Scotland,* 7ᵉ édition. 1 vol. in-8° ; Édimbourg, 1876.

Charles Clark. *A Summary of colonial law...* Londres, in-8° ; 1834.

(1) V sur cette loi la brochure publiée par M. Barclay : *De l'émancipation contractuelle de la femme mariée en Angleterre;* in-8°, chez Pédone. Paris, 1884.

(2) *Annuaire,* 1883, p. 83.

Tarring. *The law relating to the colonies.* In-8°; Londres, 1882
Erskine Holland. *Essays upon the form of the law.* Londres, 1870
    Recueil d'études où l'auteur discute la question de la codification en
Angleterre et propose les moyens d'y arriver.

COLONIES ANGLAISES

Les colonies anglaises ne sont pas, en général, soumises à la
même législation que la métropole; les lois surtout sont loin d'y
être uniformes. Dans les colonies *conquises* ou *acquises* (*conquered
and ceded colonies*), la législation nationale a été respectée; mais
il peut y être promulgué des lois nouvelles, soit par le Parlement
local, s'il en existe, soit par la Reine en son *privy council.* Toutefois, toute loi coloniale qui serait en contradiction avec la loi ou
les statuts de la métropole, serait considérée comme non avenue
et sans effet.

Dans les colonies d'*établissement* (*occupied colonies*), la loi commune d'Angleterre est exclusivement en vigueur, mais la loi statutaire ne s'applique qu'en ce qui concerne les actes que le Parlement a déclarés expressément applicables à la colonie.

Ajoutons que pour les colonies qui sont des *colonies de la couronne,* c'est-à-dire auxquelles le Gouvernement n'a pas octroyé de
Charte constitutionnelle (1), la couronne a un contrôle absolu sur
la législation. Pour les autres, elle n'a qu'un droit de *veto* (2).

(1) Une loi 26 et 27 Victoria (Ch. 84) consacre les constitutions des législatures coloniales.

(2) Nous empruntons à l'excellent ouvrage de MM. Dareste : *Les Constitutions modernes* (2 vol. in-8°; Paris, 1884), t. II, p. 634, la note suivante, qui
donnera une idée complète de l'organisation législative des colonies
anglaises.

On peut grouper les colonies en trois catégories, suivant la nature de leur
gouvernement :

1ʳᵉ Catégorie : *Colonies où le gouvernement de la métropole a conservé
le contrôle complet de la législation et de l'administration.* — Cette catégorie se subdivise en deux classes :

1ʳᵉ Classe : *Le gouvernement de la métropole légifère directement.* —
Ces colonies sont au nombre de quatre : Gibraltar, Heligoland, Inde (régime
spécial), Sainte-Hélène.

2ᵉ Classe : *Le gouvernement de la métropole légifère avec l'aide d'un
conseil* (council) *nommé par la couronne.* — Ces colonies sont nombreuses:
Ceylan, Côte-d'Or, Établissements des détroits (dans l'Indo-Chine, Établissements de l'Afrique occidentale, Iles Falkand, Iles Fidji, Honduras, Hongkong,
quatre Iles ou archipels (Iles de la Vierge, Montserrat, Nevis, Saint-Chris-
tophe) dépendant de la colonie fédérale des Iles-sous-le-Vent, quatre Iles

Nous allons passer en revue les principales colonies et indiquer brièvement leur législation.

Europe.

1° *Chypre* (1878). — Aux termes de l'article 37 d'une ordonnonce promulguée par sir Garner Wolseley, haut-commissaire de Sa Majesté dans l'île, le 21 décembre 1878, la législation actuellement en vigueur dans le Royaume-Uni de la Grande-Bretagne, ainsi que tout acte nouveau voté par le Parlement, auront force de loi dans l'île de Chypre. Cette ordonnance même contient un grand nombre de dispositions législatives; mais comme elle ne renferme rien sur l'état des personnes, des biens, des obligations en général, des contrats, des hypothèques, il y a lieu de s'en référer au droit anglais (1); toutefois ces lois ne sont applicables que dans les questions concernant des Anglais ou des étrangers entre eux, et dans les affaires mixtes où des sujets turcs (Cypriotes ou autres) seraient demandeurs, le Code civil turc restant applicable aux Ottomans entre eux et dans les causes mixtes où ils seraient défendeurs.

(la Grenade, Tobago, Sainte-Lucie, Saint-Vincent), appartenant au groupe des Iles-du-Vent; Jamaïque, Labuan, Maurice et Trinité.

2° Catégorie : *Colonies ayant des institutions représentatives, mais sans gouvernement responsable, le gouvernement de la métropole ayant le droit de veto législatif et le contrôle de toute l'administration.* — Cette seconde catégorie se subdivise en deux classes :

1ᵉ Classe : *Parlement de deux Chambres (un Conseil législatif composé de membres nommés par la couronne, une assemblée composée de députés élus).* — Ces colonies sont au nombre de trois : Bahamas, Bermudes, et une des Iles-du-Vent (la Barbade).

2° Classe : *Une assemblée élue pour partie.* — Ces colonies sont les suivantes : Australie occidentale, Guyane, la colonie fédérale des Iles-sous-le-Vent et deux de ces îles (Antigua, Dominique), Malte et Natal.

3° Catégorie : *Colonies ayant des institutions représentatives et un gouvernement responsable, le gouvernement de la métropole ayant le droit de veto législatif et le contrôle du gouverneur seul.* — Ces colonies, qui ont toutes un parlement de deux Chambres, sont au nombre de neuf et se subdivisent en deux classes :

1ᵉ Classe : *Chambre haute nommée par la couronne.* — Canada, Nouvelles-Galles du Sud, Nouvelle-Zélande, Queensland, Terre-Neuve.

2° Classe : *Chambre haute élective.* — Australie méridionale, Cap, Tasmanie, Victoria.

(1) V. la législation anglaise dans l'Ile de Chypre (*Revue de droit international*, 1880, p. 389., et *Law Magazine,* n° de mai 1880.

7

En ce qui concerne la propriété foncière, la loi ottomane est seule toujours en vigueur.

La procédure et l'organisation judiciaire sont réglées par une ordonnance du 17 janvier 1879.

2° *Gibraltar* (colonie de la Couronne). — Les lois anglaises y sont en vigueur.

3° *Ile de Man, Jersey, Guernesey, Aurigny.* — Toutes ces îles, comme le témoigne leur dénomination d'îles anglo-normandes, sont régies par le coutumier de Normandie (1).

4° *Malte* (1800) (colonie de la Couronne). — L'île de Malte était soumise à des lois civiles d'origine romaine, qui avaient été codifiées dans un recueil rédigé en 1784 par l'ordre du grand maître de l'ordre, et qui portait le nom de « Code de Rohan » ; mais ce Code a été modifié et remplacé en partie par plusieurs ordonnances dont les deux plus importantes sont :

a) *Ordinanza del* 1868 (promulguée le 11 février 1870) *intitolata per emendare e consolidare le leggi concernenti i diritti relativi alle cose e i varii modi di acquisitarli e di transmetterli* (2);

b) *Ordinanza del* 1873 (promulguée le 22 janvier 1874) *intitolata per emendare e consolidare alcune leggi relative alle persone* (3).

Ces deux ordonnances sont un Code de droit civil relatif aux personnes et aux choses.

Un Code de procédure civile a aussi été promulgué.

Afrique.

5° *Ascension* (1815). (Colonie de la Couronne).

6° *Cap de Bonne-Espérance* (1806). — La législation de cette colonie, comme celle des autres colonies du sud de l'Afrique, était la législation hollandaise du siècle dernier ; les principes du droit Romain y sont en vigueur, plus ou moins modifiés par les ordonnances promulguées postérieurement (4).

7° *Sierra-Leone* (1788). — La législation anglaise y est en vigueur, plus ou moins modifiée par les ordonnances locales (5).

(1) *Coustumier de Normandie*, par Th. Le Marchant. 2 vol. in-8° ; Guernesey, 1826.

(2) In-8°. Malte, 1879

(3) In-8°. Malte, 1879.

(4) Cons. *Statute law of the cape Good Hope*, 1714 à 1883. Depuis 1879, cette publication paraît annuellement sous le titre de *Acts of the Parliament of the colony of the cape of Good Hope.*

(5) *Ordinances of the colonie of Sierra Leone*, 1861 à 1881, par Montagu. 5 vol. in-f° ; Londres, 1868-1882.

8° *Maurice* (1810). — Est toujours régie par le Code civil français qui y était en vigueur au moment de la conquête et y avait été promulgué par le capitaine général Decaen, le 1er brumaire an XIV. Toutefois quelques modifications y ont été apportées par des lois postérieures, notamment : par la loi sur la cession de biens (Ord. de 1856 et 1864). Loi sur la transcription (Ord. 36 de 1863). Loi sur la suppression de l'hypothèque judiciaire (Ord. de 1866 confirmée en 1867). Loi sur les successions irrégulières (Ord. 18 de 1867). Loi sur les ventes de biens immeubles (Ord. du 27 octobre 1868). Lois sur les absents, sur l'état civil, sur la naturalisation (Ord. 17, 26 et 30 de 1871). Loi sur le divorce (Ord. 14 de 1872). Loi relative à l'hypothèque légale des mineurs et de la femme mariée (Ord. 15 de 1878 et 6 de 1880).

Le Code de procédure civile français avait aussi été promulgué à l'Ile de France le 20 juillet 1807. Plusieurs réformes y ont été apportées, notamment par la loi sur la vente des propriétés immobilières (Ord. 19 de 1868) (1).

9° *Natal* (1843). — La législation en vigueur repose sur les principes du droit Romain, modifiés par les ordonnances postérieures (2).

Amérique.

10° *Canada* (1623-1760). — Il n'y a pas très longtemps (1er juillet 1867) que la Grande-Bretagne a réussi à grouper en une seule confédération ses colonies canadiennes de l'Amérique anglaise. Cette confédération porte le nom officiel de *Dominion* et comprend les provinces de l'Ontario, de Québec, de la Nouvelle-Écosse, du Nouveau Brunswick, de Manitoba, de la Colombie Anglaise, de l'île du Prince Édouard et des territoires du Nord-Ouest. Le pouvoir législatif du Dominion réside dans le gouverneur général et dans un Parlement composé d'une Chambre haute et d'une Chambre des communes.

Plusieurs provinces, celle de Québec notamment, ont aussi une assemblée législative.

Si le Canada est une colonie anglaise, c'est surtout dans le

(1) V. sur la législation de Maurice, *Annuaire de la Société de législation comparée*, 1880, p. 959; 1881, p. 906, et sur la réforme hypothécaire, *Bulletin de la Société de législation comparée*, 1880, p. 310. — *A Collection of the Laws of Mauritius* 1722-1865. — *A Collection of ordinances*, 1866 à 1883. 20 vol. in-8°; Mauritius.

(2) *Natal ordinances, laws and proclamations*, par Cadiz et Lyon. 1843 à 1878, 2 vol. in-8°; 1880. — *Laws...* (Recueil annuel) 1879 à 1883; in-f°; Pietermaritzburg.

haut Canada, presque exclusivement peuplé d'Anglo-Saxons et où règnent la langue et la législation anglaises ; en fait, tout le bas Canada est resté attaché à son origine française, par la langue, les mœurs et la législation. Toutefois, en ce qui concerne la législation, depuis l'occupation des Anglais, le Canada a, sur beaucoup de points, fusionné le droit qu'il avait reçu de son ancienne métropole avec le droit anglais. Le mélange de ces deux législations, d'origine différente, commence dès le milieu du XVIII° siècle et se continue jusqu'à la rédaction du Code civil actuel du bas Canada, publié en 1865 et exécutoire depuis le 1" août 1865.

Ce Code, curieux mélange de l'ancienne coutume de Paris, du Code de 1804 et des lois anglaises (1), comprend à la fois les matières du droit civil (liv. I, II et III) et du droit commercial. (liv. IV).

Parmi les lois nouvelles ou modificatives du Code civil, nous mentionnerons :

La loi du 26 octobre 1875 sur la propriété littéraire et artistique (2).

La loi de 1880, relative aux créanciers hypothécaires.

La loi de 1881 sur la naturalisation et les étrangers (3). 1882, p. 807).

Un Code de procédure civile a aussi été mis en vigueur le 28 juin 1867. Il a ceci de particulier, que le jury y est institué pour les actions de nature commerciale et pour connaître des dommages résultant de torts personnels et de délits ou quasi-délits, contre la propriété mobilière. Les rédacteurs ont pris pour modèle le Code de 1806, le Code de la Louisiane et du canton de Genève.

Une loi de 1880 autorise la refonte des statuts généraux de la province de Québec.

Un Code du notariat en 364 articles y a aussi été promulgué le 30 mars 1883 (4).

11° *Jamaïque* (1629-1655). — Les lois civiles de cette colonie ne sont pas codifiées ; il y a lieu de recourir aux publications suivantes :

---

(1) Consulter de Valroger : *Le nouveau Code civil du Bas-Canada* (*Revue pratique*, t. XXV, p. 505, et *Revue critique de législation*, t. XXXI, p. 367 ; *Le Code civil du Bas-Canada ;* in-32, Montréal, 1866 ; — *Le droit civil canadien, suivant l'ordre établi par les Codes*, par Doutre et Lareau ; in-8° Montréal, 1872. — *Commentaire sur le Code civil du Bas-Canada*, par Loranger. In-12 ; Montréal, 1873. — Barboux, Communication sur le Code de procédure civile du Canada, *Bulletin*, 1872, p. 253.

(2) *Annuaire*, 1877, p. 753.

(3) *Annuaire*, 1882, p. 807.

(4) *Statuts de la province de Québec*, 1883, p. 98.

The Statutes and laws of Jamaïca, édition revisée des lois d'intérêt général, et *The Laws of Jamaïca*, publication officielle annuelle. Jamaïca, in-4°.

En 1879, ont été promulguées des lois importantes sur la propriété des biens des femmes mariées; sur le mariage et le divorce (26 février-23 mars), sur l'organisation judiciaire (24 mai). Un Code de procédure civile a été promulgué le 24 novembre de la même année. En 1880, une nouvelle loi sur le mariage.

12° *Sainte-Lucie* (1814). — Un Code civil, préparé par G. W. des Vœux, administrateur et James Armstrong, *chief justice* de Sainte-Lucie, a été promulgué le 8 octobre 1877. Il contient 2486 articles et est divisé en quatre parties traitant : 1° des personnes; 2° de la propriété et de ses modifications; 3° de l'acquisition et de l'exercice des droits de propriété; 4° du droit commercial (1).

Un Code de procédure civile, calqué sur le Code de procédure français a été promulgué en 1881 (2).

13° *Trinité* (1797). — L'ancienne législation espagnole y est toujours en vigueur (3).

Asie.

14° *Inde* (1625). — La reine d'Angleterre a pris, en 1877, le titre d'impératrice des Indes. Le pouvoir exécutif est confié à un vice-roi nommé par Sa Majesté, et qui, agissant en conseil, a le pouvoir de légiférer à l'égard de toutes personnes vivant sur le territoire indien.

C'est le droit Hindou qui est en vigueur dans l'Inde anglaise. Cette législation remonte à la plus haute antiquité, mais elle a été successivement modifiée par les auteurs mêmes des compilations qui en ont été publiées, par la coutume et par les lois européennes que les Anglais ont introduites dans le pays. Spécialement pour tout ce qui concerne la procédure, l'organisation judiciaire et le droit pénal, les Anglais ont remplacé la législation Hindoue.

Une commission royale fut nommée, vers 1863, avec mission de préparer un corps de droit civil pour l'Inde; cette commission fit un rapport publié en 1864 (4), mais le projet est resté sans résultats définitifs.

Trois grandes lois civiles, véritables codifications partielles, ont

(1) *The civil Code of Saint-Lucia;* in-8°. London, 1879.

(2) *Annuaire de législation étrangère*, 1882, p. 835.

(3) Consultez : *Laws of Trinidad*, recueil des lois promulguées de 1831 à 1848, in-8°; Londres, 1852.

(4) *Report of the M's commissioners appointed to prepare a body of substantive law for India;* 117 p. in-fol. Londres, 1864.

cependant été promulguées, sur les successions (1865-1870), sur les contrats (1872) et sur la preuve (1872).

Le Digeste de *Mitakshara* forme encore aujourd'hui la base du droit appliqué par les tribunaux dans l'ouest et le sud de l'Inde. A côté de ce livre, on suit encore, dans le sud, le *Smriti Chandrika*, écrit dans le Deccan, vers le milieu du XIII° siècle par Devanda Bhatta; le *Daza Vibhaga*, composé vers la seconde moitié du XIV° siècle par Madhaviya; le *Sarasvati Vilasa*, écrit par un roi d'Orissa au commencement du XVI° siècle; enfin, le *Vyavahara Nirnaya*, écrit à la fin du XVI° siècle ou au commencement du XVII°.

Dans l'ouest, dans les provinces de Bénarès et de Mahratta, les livres acceptés comme complément de la *Mitakshara* sont le *Vyavahara Mayukha*, ouvrage du XVIII° siècle et le *Viramitrodaya* de la même époque.

Dans la province de Mithila, on suit des compilations qui datent du XV° siècle. Dans le Bengale, la plus haute autorité est celle du *Dharma-Ratna* de Jimoota-Vahana, qui écrivait entre le XII° et le XV° siècle.

Il faut citer encore les traités particuliers, sur l'adoption, connus sous le nom de *Dattaka Chandrika* et de *Dattaka Mimamsa*, qui n'ont pas plus de deux ou trois siècles et, enfin, le grand digeste appelé *Vivada Bhangarnava*, composé à l'instigation du gouvernement anglais, vers la fin du siècle dernier, par *Jagannatha Terkapunchanana* et traduit en anglais par le savant Colebrooke (1).

Ajoutons que l'autorité des *Sûtras,* celle de Manou, de Yajnâvalkyia, de Nârada sont encore invoquées devant les cours de justice anglaises.

BIBLIOGRAPHIE

A Treatise on Hindu Law and usage, par John D. Maine. 3° édition, in-8°; Londres et Madras, 1883.

Das Indische Erbrecht, par Mayr. In-8°; Vienne, 1873.

Indisches Ehe-und familienrecht (Zeitschrift für Vergleich. Rechtswiss. t. III, 1882), par Köhler.

A Manual of Hindu law par Standish-Grove Grady. In-8°; Londres, 1871.

An Epitome of some Hindu Law cases, par William Coghlan. In-8°; Londres, 1876.

The Institutes of nârada, par Julien Jolly. In-12; Londres, 1876.

______

(1) 4° édition, 2 vol. in-8°; Madras, 1874. Ces renseignements sont extraits de l'étude sur *Les anciens Codes Brahmaniques,* par M. R. Dareste, conseiller à la Cour de cassation, membre de l'Institut (extrait du *Journal des savants*, p. 23; broch. in-8°, 1884; — V. aussi Grady, p. 9 à 13.

Les lois de Manou, trad. par Loiseleur-Deslongchamps. In-8°; Paris, 1833.

Principles of Hindu and Mohammadam law, par H. Wilson. In-12; Londres, 1860.

A Digest of Mohammadam law, par Neil Baillie. 2 vol. in-8°; Londres, 1865-69.

The Indian Codes, Ed. Grady, in-8°. Londres et Madras, 1871.

Code of civil procedure (du 30 mars 1877.) Calcutta, 1877.

The Code of criminal procedure (1872), 4ᵉ édition, annotée par Princeps, in-8°. Calcutta, 1873.

The Indian contract act of 1872, par Cunningham et Shepherd, 3ᵉ édition. In-8°; Calcutta, 1878.

The Indian Evidence act, of 1872, par Stephen. In-8°; Calcutta.

The Indian succession act, 1865, par Stokes. In-8°; Calcutta.

Océanie.

15° *Australie* (1829-1836). — La législation anglaise y est en vigueur, plus ou moins modifiée par les actes du conseil législatif de la colonie (1).

16° *Victoria* (1787). — Même observation que pour l'Australie (2).

GRÈCE

Bien que plusieurs constitutions (3) aient prescrit la confection d'un Code civil, le droit civil, en Grèce, est encore en voie de formation. Composé des éléments les plus divers, du droit Romain, du droit Byzantin et de plusieurs lois nouvelles sur des matières spéciales, il n'est pas même uniforme dans tout le territoire ; car les îles Ioniennes, lors de l'annexion, ont gardé leur Code civil de 1841, presque entièrement copié sur le Code français (4).

En 1833, un des trois membres de la Régence, le docteur Maurer, jurisconsulte distingué, entreprit de doter la Grèce d'un système complet de législation. Dans l'espace d'un an et demi, il prépara et

(1) Consulter : *Acts of the Parliament of south Australia.* Adélaïde, in-4°. *Acts of the Parliament of W. Australia.* Pesth, in-4°.

(2) On peut consulter : *The Public general Statutes of the colony of Victoria.* Melbourne, 4 vol. 1875, — et *Acts of the Parliament of Victoria.* Melbourne.

(3) Constitution d'Épidaure (1822, art. 97); d'Astros (1823); de Trézène (1827). Cette dernière prescrit de prendre pour modèle le Code français.

(4) Note de M. Calligas (*Bulletin de la Société de législation comparée,* 1876, p. 539).

publia un Code pénal, un Code d'instruction criminelle et un Code de procédure civile. Il avait déjà réuni les matériaux nécessaires à la confection d'un Code civil et recueilli les diverses coutumes en usage dans le pays, lorsqu'il fut obligé de quitter la Grèce.

Après lui, le travail de codification fut ajourné et des lois particulières ont seulement été promulguées :

Sur les hypothèques, 11 août 1836 ;

Sur la majorité, 15 octobre 1836;

Sur les registres de l'état civil, 20 octobre 1836;

Sur le droit de gage, 1" décembre 1836;

Sur la distinction des biens, 21 juin 1837 (1).

En 1845, la commission de codification reprit ses travaux et publia, en 1856, la 1" partie du Code, comprenant les titres préliminaires, ceux de la jouissance et de la privation des droits civils, des actes de l'état civil et du domicile.

En même temps, parut la loi sur la transcription du 29 octobre 1856. En 1861, parut le titre de la minorité, de la tutelle et de l'émancipation.

Tout le reste de la législation Romaine, Byzantine, en matière de droit civil, est resté en vigueur.

En 1870, un projet complet de Code a été achevé et publié pour être soumis au vote du Parlement; ce qui ne put avoir lieu. Il a été de nouveau revisé en 1874. Ces divers projets, s'inspirant des usages locaux, ont pris pour modèles le Code français et le Code italien de 1865 (2).

BIBLIOGRAPHIE

Paparrigopoulos. *Le droit civil en vigueur en Grèce.* 5 Vol in-8°; Athènes, 1875 (en grec).

Code civil de la Grèce. Titres promulgués (en français), 63 p. in-8°; Athènes, 1857.

Οι Ελληνικοι Κωδικες. Edition Rhally. 4 vol. in-12 ; Athènes, 1874-1876.

Παραρτημα των ελληνικων Κωδικων (Éd. Rhally). Athènes, 1882.

Iconomidis. Εγχειριδίον της πολιτικης οικονομιας. In-8°; 3° édition. 1870.

Ρολιτικος Κωδης των ιονιων νησων. 614 p. in-12 ; Atnènes, 1867.

Damaschino. *De la loi sur la transcription en Grèce (Revue hist. du droit franç. et ét.,* t. III, p. 283. — Cet article contient la trad. de la loi).

Antoine de Saint-Joseph. *Concordance,* t. 2, p. 303.

(1) En 1882, deux lois ont été votées sur la promulgation des lois et le taux d'intérêt de l'argent.

(2) Sur l'organisation judiciaire en Grèce, cons. *Les Constitutions Européennes* de Demombynes, t. I, p. 824.

Iles Ioniennes

Les *îles Ioniennes* ont été régies jusqu'au milieu du XIXe siècle par une foule de lois et de coutumes locales et par les statuts qu'elles avaient conservés depuis le XIVe siècle, époque à laquelle les Vénitiens s'étaient définitivement emparés de ces îles (1). Cette législation compliquée a été remplacée par un Code civil promulgué le 10 mars 1841 et rendu exécutoire dès le 1er mai suivant.

Le Code civil des îles Ioniennes est emprunté en très grande partie au Code civil français, dont il diffère sur quelques points seulement. A part ces quelques différences, il n'est, en général, qu'une reproduction souvent textuelle du Code français.

GUATÉMALA

Le Code civil de la République du Guatémala a été promulgué et est en vigueur depuis 1877. Il abroge tous les Codes espagnols qui, en matière civile, constituaient antérieurement la législatio du pays et toutes les lois, décrets, ordonnances promulgués depuis le 15 septembre 1821.

Le nouveau Code,qui renferme 2,444 articles, contient un titre préliminaire sur l'application des lois en général et il est divisé en trois livres : le premier qui traite des personnes; le second, des biens et des divers moyens de les acquérir; le troisième, des obligations et contrats ; il a été modifié par une loi du 20 février 1882.

Une loi du même jour réforme le Code de procédure civile et organise le notariat.

BIBLIOGRAPHIE

Codigo civil de la Republica de Guatemala. 1 vol. in-4. Madrid, 1880.
Recopilacion de las leyes... desde el 3 de junio 1871. 3 vol. in-8°; Guatémala, 1881.

HAITI (République d')

Le Code civil de la République d'Haïti, pays qui a autrefois appartenu à la France et à l'Espagne, contient 2,047 articles. Promulgué le 27 mai 1825, il est devenu exécutoire à partir du 1er mai 1826.

(1) L'annexion des îles à la Grèce date de 1864.

La République de Saint-Domingue qui faisait autrefois partie de la République d'Haïti et qui en est séparée depuis 1844, est au contraire soumise à la législation espagnole.

BIBLIOGRAPHIE

Codigo civil de la Repub. de Haïti. Éd. off., in-8°.

Linstant-Pradine, *Les Codes Haïtiens annotés,* t. I, Code civil ; t. II Code de procédure civile et commerciale. In-8° ; 1865.

Antoine de Saint-Joseph. *Concordance,* t. II, p. 320.

Recueil des lois et actes du gouvernement d'Haïti, in-8°.

Revue de droit international. 1874, p, 43.

HONDURAS

La République du Honduras a un Code civil promulgué en 1880.

HONGRIE

Après la guerre de l'indépendance, le gouvernement de Vienne voulut imposer au pays le Code civil autrichien, mais ce Code fut bientôt remplacé par l'ancien droit civil national (1).

En restaurant la Constitution hongroise, l'Empereur François-Joseph disposa, en effet, par ordonnance du 20 octobre 1860 : qu'il serait procédé au rétablissement immédiat de la Cour supérieure de justice pour la Hongrie, et le chancelier aulique hongrois, baron Vay, reçut l'ordre de faire examiner par cette Cour, qui devait s'adjoindre les notabilités juridiques du pays et se constituer ensuite en conférence spéciale, la question de l'organisation de l'administration judiciaire en Hongrie, dans le sens des anciennes institutions du pays. Les délibérations de la conférence s'ouvrirent le 22 janvier 1861, sous la présidence du *Judex Curiæ,* comte Georges Apponyi, et se clôturèrent le 4 mai suivant. Pendant ce temps, des sous-commissions élaborèrent de volumineux travaux en

---

(1) La source principale de ce droit national est le recueil appelé *Corpus juris Hungarici,* compilation où furent originairement recueillis, vers le milieu du XVI° siècle, les décrets royaux des temps les plus reculés et les anciennes décisions de la Diète, puis dans laquelle on comprit postérieurement divers recueils du droit coutumier hongrois, tels que le *Tripartitum* et le *Quadripartitum,* et aussi les diverses décisions de la Diète, au fur et à mesure de leur promulgation. V. Putz, *System des Ungarischen Privatrechtes;* in-8° Vienne, 1870 ; — Bidermann, *Revue du droit international,* 1827, p. 221.

vue de remettre les principes juridiques en vigueur d'accord avec l'état de la législation d'avant 1848. La Chambre des députés hongroise, qui peu après tint sa première séance, approuva, le 22 juin 1861, les conclusions de la conférence et cet exemple fut suivi, le 1er juillet 1861, par les magnats. L'Empereur les ratifia ensuite comme roi de Hongrie. Le paragraphe premier de la première section de ces conclusions était ainsi conçu : Les lois hongroises concernant le droit civil matériel sont rétablies, avec les additions rendues nécessaires par les exigences du crédit public, de la continuité du droit et des circonstances de l'époque. C'est à ce règlement qui a maintenu un certain nombre de dispositions du Code civil autrichien et en a abrogé d'autres, qu'il faut se reporter pour l'application du droit actuellement en vigueur. Mais cette fusion de législations diverses, qu'il y a lieu de combiner entre elles et qui sont souvent contradictoires, a produit une confusion telle que le droit national hongrois est en quelque sorte devenu inapplicable ; et les tribunaux hongrois se sont trouvés en présence d'une table rase et réduits, pour ainsi dire, à juger d'après l'usage, l'équité et le bon sens.

Aussi n'existe-t-il pas, dans la législation hongroise (1), de lacune plus vivement ressentie que celle d'un Code civil. A part quelques lois spéciales, le droit civil est toujours réglé par le droit coutumier, qui est très exactement et au pied de la lettre un droit non écrit. La loi XV de 1848 a supprimé d'un trait de plume l'*aviticité* (ösiseg), c'est-à-dire tout le système féodal, mais sans rien mettre à la place. Cette loi a bien déclaré que le ministère serait chargé de préparer un Code civil fondé sur l'abolition complète de l'aviticité et que le projet en serait présenté à la prochaine Diète. Mais cette disposition n'a pas encore jusqu'ici reçu d'exécution.

Lors du rétablissement de la constitution hongroise, en 1867, le ministère songea tout d'abord à la confection d'un *Code civil*, dont la préparation fut confiée, en 1869, à M. Paul Hoffmann, professeur à l'Université de Budapest. La partie générale du projet fut publiée en 1871 et donna lieu à des critiques qui firent abandonner ce travail.

Cet insuccès convainquit le gouvernement que la codification du droit civil exigerait beaucoup de temps et de nombreux travaux préparatoires. Dans une commission, convoquée en 1873 par le ministre de la justice et composée des premiers jurisconsultes de

(1) Nous empruntons une partie de ces renseignements à la notice sur les travaux législatifs de la Diète hongroise en 1882, rédigée pour l'*Annuaire de législation étrangère*, par MM. Nagy, 1883, p. 481.

la Hongrie, il fut question d'adopter le Code autrichien, à titre provisoire. Mais la grande majorité se prononça pour une codification indépendante. Pour mener à bien l'œuvre de codification, le Code à rédiger fut divisé en cinq parties : 1° partie générale ; 2° droit des choses ; 3° droit des obligations ; 4° droit de famille ; 5° droit successoral. La première et la quatrième partie furent confiées à M. Alevis Györy, avocat ; la seconde à M. André Halmossy, conseiller à la Cour suprême ; la troisième à M. Etienne Apáthy, professeur, et la cinquième à M. Etienne Teleszky, avocat.

La partie générale, rédigée par M. Györy, et comprenant cent quatre-vingt-dix articles, a été publiée en 1880. Les autres parties, à l'exception du droit de famille, sont terminées depuis 1882.

Les projets donnèrent lieu aussitôt à de très vives controverses dans la presse et au sein des sociétés savantes. Le ministre de la justice convoqua alors, en septembre 1882, sous sa présidence, une commission de dix-sept membres, composée de magistrats, de professeurs, d'avocats et de fonctionnaires du ministère. Les procès-verbaux des séances et le texte adopté par la commission paraîtront incessamment.

L'intérêt qui n'a cessé de s'attacher à l'élaboration du Code civil et la haute compétence des commissions qui ont été chargées de l'élaborer, lui donnent dès à présent la plus grande importance et en font l'œuvre la plus considérable de la législation moderne hongroise.

En attendant la promulgation du Code civil, le gouvernement cherche à remédier à cette lacune par des lois spéciales. Nous citerons parmi les plus intéressantes :

Les lois de 1868 sur l'expropriation, l'abolition de l'usure, sur la procédure à suivre pour la dissolution d'un mariage mixte.

La loi IV de 1869 sur l'*organisation judiciaire.*

La loi sur la majorité des femmes (XXIII° de 1874).

La loi sur l'exercice de la profession d'avocat (XXXIV° de 1874).

La loi sur l'institution du *notariat* (XXXV° de l'année 1874) (1).

La loi sur les relations entre les maîtres et les domestiques (XVIII° de 1876) (2).

La loi sur les testaments et donations à cause de mort (XVI° de 1876) (3).

La loi sur le taux de l'intérêt (VIII° de 1877)·

La loi sur le régime de la tutelle et de la curatelle (XX° de 1877).

---

(1) *Annuaire de législ. étrang.*, 1875, p. 306. — (2) *Annuaire de législ. étrang.*, 1877, p. 370. — (3) *Annuaire*, 1877, p. 379.

La loi sur les litiges de peu d'importance (XXII' de 1877).

La loi sur l'acquisition et la perte de la nationalité hongroise (L' de 1879).

La loi fixant la taxe des notaires publics (LI' de 1880).

La loi relative aux livres fonciers (1) (LVI' de 1880).

La loi sur les actes de prêt sur gage (XIV de 1881).

La loi sur l'expropriation (XLI' de 1881) (2).

Les lois relatives à la réforme de la *procédure civile* (LIX' et LX' de 1881) (3).

La loi sur la promulgation des lois (LXVI' de 1881) (4).

BIBLIOGRAPHIE

Tripartitum opus, decretorum, Constitutionum et articulorum regum inclyti regni Hungariæ in tres tomos divisum. 2 vol. in-4º ; 1628.

Landes Gesetzsammlung. Recueil annuel. 1865 à 1883. In-8º ; Pesth.

Das Neue und alte Privatrecht, par M. F. von Rechtborn. In-8º ; Hermannstadt, 1858.

System des Ungarischen Privatrechtes, par Carl Putz. In-8º ; Vienne, 1870.

A Magyar maganjog reudszere, par Gustav Wenzel. 2e édition. 2 vol. in-8º ; Pesth, 1872-1874.

Das ungarische Civil-und Strafrecht nach den Beschlüssen der Judexcurialkonferenz. In-8º ; 2e édition ; Vienne, 1862.

Annuaires de législation étrangère. Années 1874 à 1883. Paris.

ITALIE

La péninsule Italique était régie, avant 1865, par six législations différentes : la Sardaigne avait le Code Albertin, du 20 juin 1837 ; le Code promulgué le 1er juillet 1820 par la duchesse Marie-Louise, était en vigueur dans les principautés de Parme, Plaisance et Guastalla : le duché de Modène était soumis au Code édicté sous le duc François IV, revisé en 1852 et en 1855 ; le Code Français, revisé en 1819, régissait les Deux-Siciles ; la Toscane et les États Pontificaux n'avaient point de législation codifiée ; enfin, le royaume Lombardo-Vénitien était régi par le droit Autrichien.

---

(1) *Annuaire,* 1881, p. 298. — (2) *Annuaire,* 1882, p. 343.

(3) *Annuaire,* 1882, p. 363. Ces lois modifient la loi LIV de 1868 qui constituait le Code de procédure civile hongrois.

(4) Sur l'organisation judiciaire en Hongrie, cons. Demombynes, *Les Constitutions Européennes,* t. II, p. 284.

Cette multiplicité de législations ne pouvait être tolérée bien longtemps. Convaincu de la nécessité de compléter l'unification politique par l'unification législative, le gouvernement italien présentait au Parlement, le 24 novembre 1864, un projet de loi qui l'autorisait à promulguer divers Codes et lui donnait les pouvoirs les plus étendus pour arriver promptement à une complète unité de législation. Ce projet fut adopté et converti en loi le 2 avril 1865.

Mais le gouvernement n'avait pas attendu ces prescriptions pour se mettre à l'œuvre. Dès le 24 décembre 1859, un décret nommait une commission pour rédiger un projet de Code civil; présenté à la Chambre des députés et au Sénat dans le cours de l'année 1860, ce projet ne put aboutir.

Un nouveau projet, préparé par le garde des sceaux Miglietti, fut successivement étudié par les ministres Conforsi et Pisanelli et soumis, par ce dernier, à une enquête solennelle à laquelle furent appelés tous les représentants les plus autorisés de la science du droit en Italie. Enfin, il fut déposé, les 15 juillet et 28 novembre 1863, au Sénat qui nomma une commission de onze membres pour l'examiner. Cette commission, après de longs et importants travaux, apporta un nouveau projet entièrement refondu.

Le ministre de la justice ayant été remplacé dans l'intervalle, le travail de codification fut un moment suspendu; il fut repris avec une nouvelle ardeur par le garde des sceaux Vacca, qui chargea une nouvelle commission de lui présenter un autre projet et de reviser celui qui avait été préparé par la commission sénatoriale.

C'est ce dernier projet qui fut présenté aux deux Chambres, voté par elles et promulgué à Florence, le 25 juin 1865, pour entrer en vigueur le 1ᵉʳ janvier 1866.

Le nouveau Code civil est entièrement calqué sur le Code civil Français, ou plutôt, comme on l'a dit (1), c'est le Code civil Français amélioré et adapté aux besoins de l'Italie (2). Il contient 2,147 articles. Les divisions et subdivisions sont, en effet, les mêmes que dans le Code de 1804; seulement, dans chaque livre, il a été apporté divers changements dans l'ordre des titres et chapitres qui s'expliquent par des raisons d'ordre rationnel et de méthode. Quelques additions doivent aussi être signalées : les titres relatifs à l'état de communauté, à la possession, à l'emphytéose, à la transcription.

Nous n'entrerons pas dans le détail des différences et améliora-

____

(1) Huc, *Le Code civil italien et le Code Napoléon*, p. 2.

(2) V. aussi Glasson, *Le mariage civil et le divorce*, p. 18-19.

tions qu'on peut signaler entre ce Code et le Code Français. Ce travail a été fait d'une façon remarquable dans une brillante généralisation due à la plume du regretté professeur de la faculté de Paris, Paul Gide (1), et dans l'étude si intéressante et si complète de M. Huc. Nous y renvoyons le lecteur et ne voulons citer que la conclusion de ce dernier auteur : « Sous le rapport scientifique, le nouveau Code italien présente une importance incontestable. Il a résumé, en effet, pour chaque matière juridique et le plus souvent d'une manière heureuse, les principaux et les meilleurs résultats de l'action combinée de la doctrine et de la jurisprudence. Les matières de l'autorisation maritale, des servitudes, des successions, du régime hypothécaire, peuvent, malgré quelques défectuosités de détail, être proposées comme modèles aux futurs législateurs des autres pays de l'Europe. Enfin, la loi nouvelle ne contient aucune disposition qui blesse l'équité ou qui consacre un privilège. Elle est digne d'un peuple libre (2). »

— Un Code de procédure civile a été promulgué le 25 juin 1865 et est en vigueur, depuis le 1ᵉʳ janvier 1866, dans toutes les provinces du royaume.

Ce Code, qui avait à tenir compte de la variété des coutumes en vigueur dans la péninsule, ne réalise qu'en partie l'idéal d'une procédure simple et expéditive. Le législateur a dû, selon l'expression du rapporteur de la loi, s'arrêter à un sage éclectisme.

« La division des matières est nette, méthodique et prise de la nature des choses », dit M. Allard (3). Le livre I renferme toute la procédure contentieuse proprement dite ; il correspond aux quatre premiers livres de la première partie du Code français. Le livre II s'occupe de l'exécution forcée des jugements et actes authentiques ; enfin, le livre III traite des procédures spéciales et particulièrement de la procédure gracieuse. Il contient 950 article. On peut lui reprocher des répétitions inutiles et sa rédaction trop verbeuse.

— L'organisation judiciaire repose sur la loi du 6 décembre 1865, modifiée par quelques décrets postérieurs. Elle comprend trois de-

---

(1) De la législation civile dans le nouveau royaume d'Italie, par Paul Gide (*Revue historique du droit français et étranger*, juillet et août 1866).

(2) Les lois civiles les plus importantes promulguées en Italie, depuis le Code, sont relatives . aux droits d'auteur (L. du 10 août 1875); au notariat (L. des 17 déc. 1875 et 19 avril 1879, *Annuaire*, 1876, p. 571 et 1880, p. 284) ; au serment (L. du 5 juillet 1876) ; à la contrainte par corps (L. du 6 déc. 1877, *Annuaire*, 1878, p. 418).

(3) *Examen critique du Code de procédure civile d'Italie*, p. 5.

grés de juridiction, comme en France, des tribunaux de |première instance, des Cours d'appel et cinq cours de cassation.

En outre, il existe dans chaque canton des *préteurs*, dont la compétence est plus étendue que celle de nos juges de paix et des *conciliateurs* (1).

— Le notariat est organisé, en Italie, par les lois des 25 juillet 1875 (2) et 6 avril 1879 (3).

BIBLIOGRAHIE

Raccolta ufficiale delle leggi e dei decreti del regno d'Italia. Années 1865 à 1883. Roma.

Raccolta delle legi speciali. Série VII; Turin.

Annuaires de législation étrangère, années 1873 à 1883.

Le Voci del diritto civile italiano spiegate in ordine alfabetico, par Giurati et Pincherle, in-8°; Turin, 1880

I Codici del regno d'Italia. In-8°; Naples, 1866.

Le Code civil italien et le Code Napoléon. Études de législation comparée, avec traduction du Code, par Th. Huc et Joseph Orsier. 2 vol. in-8°; Paris, 1868.

I Motivi del Codice civile del regno d'Italia, dall'avocato Gaetano Foschini. 1 vol. in-8°; 1867.

Istituzioni di diritto civile italiano, par Pacifici-Mazzoni. 2° édition, 6 vol in-8°; Florence, 1871-1874.

Corso teorico-pratico di diritto civile, par Ricci. 10 vol. in-8°; Turin, 1883.

Commentario teorico-pratico comparato al Codice civile italiano, par Ferrarotti. 14 vol. in-8°; Turin, 1875.

Il Codice di procédura civile del regno d'Italia, par Gargiulo. 2° édition. 4 vol. in-8°; Naples.

Commento al Codice di procedura civile italiano, par Ricci, 3° édition, 4 vol. in-°8; Florence.

Examen critique du Code de procédure civile d'Italie (Revue de droit international, p. 198 et suiv. 1870. p. 217 et suiv. — Gand, in-8°; 1870.

(1) Sur l'organisation judiciaire en Italie, on peut consulter : *Les Constitutions Européennes,* de M. Demombynes, t. I, p. 383 à 397. — Bernard : *Étude sur l'organisation judiciaire Italienne (Bull. de la Soc. de législ. comp.,* 1877, p. 258).

(2) *Annuaire,* 1876, p. 571.

(3) *Annuaire,* 1880, p. 384. — Cons. aussi Conti : *Commentario teorico pratico della nuova legge sul notariato.* 2 vol. in-8°; Naples, 1880. — Michelozzi, *Il Notariato secundo la nuova legge italiana.* 4° éd. in-8; Florence, 1880, et *Revue de droit internat.,* 1870. p. 1 a 19 et p. 204 à 217.

JAPON

Le Japon a entrepris, sous la direction de M. Boissonnade, professeur de la faculté de droit de Paris, la réforme de sa législation civile et pénale. Après avoir promulgué un Code pénal et un Code de procédure criminelle(1), le gouvernement a voulu doter le pays d'un Code civil. Une commission composée des premiers présidents des cours et tribunaux siégeant à Tokio, de sénateurs et de secrétaires généraux du *Daïjokwan* et plus tard de membres du Conseil d'État, a été chargée de ce travail dans le courant de l'année 1880. Grâce à l'activité et au zèle éclairé de M. Boissonnade, l'œuvre de préparation a été conduite avec une célérité telle que l'on peut dès à présent prévoir le moment où le peuple japonais possédera un Code civil.

Déjà M. Boissonnade a commencé la publication, avec commentaires, du projet que le ministre de la justice l'avait chargé de rédiger. Les deux volumes publiés comprennent seulement les livres II et III du Code civil, relatifs aux *biens* et aux *modes divers d'acquérir les droits réels ou personnels ;* le livre 1ᵉʳ, qui traitera de l'*état des personnes*, a été provisoirement laissé de côté, en raison des difficultés qu'il présente ; cette partie du droit public et privé étant, au Japon, fondée sur d'anciennes traditions, ne peut être codifiée qu'avec de grands ménagements pour les coutumes.

Les livres IV et V sont aussi en préparation ; ils traiteront des *garanties des créances*, garanties personnelles (cautionnement, solidarité) et garanties réelles (gage, privilège, hypothèque), et des *preuves.*

Le projet ne sera définitif et ne sera promulgué qu'après examen du Conseil Suprême de l'Empire, du Conseil d'État et du Sénat.

Il s'inspire principalement du Code civil français, dont il corrige souvent les lacunes et les imperfections ; la publication du Code civil italien a été également mise à profit (2).

----

(1) V. la nouvelle législation pénale du Japon (*Revue de droit international*, t. XII, p. 224, et t. XIV, p. 490. Ces deux Codes sont en vigueur depuis le 1ᵉʳ janvier 1884.

(2) Cons. le compte rendu de ce projet par M. Duverger (*Bulletin de la Soc. de législation comp.*, 1883, p. 489.

BIBLIOGRAPHIE

Projet de Code civil pour l'empire du Japon, accompagné d'un commentaire, par Gustave Boissonnade. 2ᵉ édition, 2 vol in-8°; Tokio, 1882-1883.
La réforme du droit civil au Japon, par J. Lefort. (*Revue de droit international,* t. XV, p. 348).
Les Codes français au Japon, par F. Larnaude. (*Revue critique de législation,* 1884, p. 93.

LUXEMBOURG (Grand duché du)

Jusqu'à l'époque de la conquête des Pays-Bas par la France, le Luxembourg fut régi par un Corps de Coutumes rédigé en exécution d'un édit de Charles V, du 6 octobre 1531.

Promulgué le 8 avril 1623, sous le nom de « *Coutumes générales des Pays Duché de Luxembourg et Comté de Chiny* », il avait pour complément subsidiaire le droit romain, le droit féodal et le droit canon. Toute cette législation fut remplacée par les lois françaises, et le Code civil de 1804 y fut mis en vigueur. Malgré le protectorat des Pays-Bas, sous lequel le Luxembourg est demeuré depuis 1815, le Code civil et le Code de procédure civile français sont restés intégralement la base du droit civil luxembourgeois, sauf quelques modifications apportées au texte par diverses lois particulières :

Loi du 18 avril 1851 sur les vices rédhibitoires.

Loi du 12 décembre 1859, modifiant l'article 9 du Code civil.

Loi du 29 février 1872 abrogeant les articles 726 et 912 du Code civil.

Loi du 16 février 1877 relative à la suppression de la contrainte par corps.

Loi du 28 janvier 1878 sur les naturalisations.

Loi du 21 décembre 1878 concernant la qualité des témoins dans les actes notariés.

L'organisation judiciaire a pour base les lois du 12 juillet 1848, 15 juillet 1859, 21 janvier 1864 et 23 juin 1880.

Le notariat a été organisé par l'ordonnance du 3 octobre 1841 et la loi du 9 décembre 1862.

BIBLIOGRAPHIE

Annuaires de législation étrangère. Années 1878 à 1883.
Essai d'un système de droit coutumier luxembourgeois, par J.-P. Ferron. 1 vol. in-8°; Luxembourg, 1863.
Pasinomie luxembourgeoise, publiée par M. Ruppert, 1848 à 1883..

MADAGASCAR

D'après un auteur, le peuple malgache, dont le gouvernement se montre particulièrement rebelle à l'influence des Européens, ne possède pas de lois écrites ; il ne connaît que par tradition celles qui le régissent. Cependant, on annonce qu'un texte de lois vient d'y être publié ; ce recueil de lois, intitulé : « *Lois du royaume de Madagascar* », publié par la reine des Hovas, Ranavolo II, aurait été traduit par deux européens, MM. A. Tacchi et Laisné de la Couronne. Il comprend 305 articles et se subdivise en trois parties. L'art. 63 dispose que « les lois et coutumes antérieures continueront à avoir leur valeur et à être en vigueur, alors même qu'elles ne sont pas reproduites » dans le recueil publié (1). M. Crémazy, conseiller à la cour d'appel de la Réunion, a donné d'après ces textes, un aperçu des usages en vigueur dans l'île dans son étude sur l'organisation administrative, judiciaire et coutumière de Madagascar (2) à laquelle le lecteur pourra se reporter.

MEXIQUE

La République fédérative du Mexique se compose de trente-neuf États, un territoire et un district fédéral.

Un Code civil fut d'abord rédigé pour le district fédéral et le territoire de la Basse-Californie, par une commission composée de D. Mariano Yanez, D. José-Maria Lafragua, D. Isidoro Montiel y Duarte et D. Rafaël Dondé.

Présenté au congrès de l'Union, il fut sanctionné le 20 décembre 1870, pour entrer en vigueur le 1ᵉʳ mars 1871.

Il fut ensuite successivement accepté par les états du Mexique, de Vera-Cruz, d'Hidalgo, Oaxaca, Sonora, Xalisco, Durango, Uascala, etc. Aujourd'hui, il régit environ la moitié des États de la Confédération mexicaine.

Les autres États ont conservé l'ancienne législation espagnole des *Partidas* et de la *Novisima Recopilacion*. Mais vraisemblable-

<hr>

(1) *Bull. de la Soc. de législ. comp.*, 1883, p. 84.
(2) *Bulletin de la Société de législation comparée*, 1883, p. 123.

ment le Code de 1871 sera, dans un temps rapproché, le Code de la République fédérative (1).

Il contient 4,126 articles ; il est divisé en quatre livres, précédés d'un titre préliminaire sur les lois en général, leurs effets et leurs applications.

Le premier livre traite des personnes ; le second des biens, de la propriété et de ses modifications ; le troisième livre, des contrats, et le quatrième livre des successions testamentaires et *ab intestat*.

Ce Code s'est inspiré tout à la fois de la législation espagnole et de notre Code français. C'est un des plus complets et des meilleurs qui existent. Bien des lacunes signalées dans notre Code de 1804 ont été comblées, beaucoup d'améliorations réalisées ; c'est ainsi que le conjoint survivant est l'objet de dispositions particulières qui le placent dans la première classe des héritiers ; le régime hypothécaire paraît très judicieusement et très complètement organisé et le titre 8 du livre II contient une législation détaillée de la propriété littéraire, artistique et industrielle.

Nous signalerons aussi quelques différences avec notre droit : l'absence du contrat d'adoption ; la suppression de toute hypothèque générale, judiciaire et tacite, du régime dotal, du testament olographe, etc.

Un Code de procédure civile a été promulgué le 15 août 1872.

BIBLIOGRAPHIE

Colleccion completa de las disposiciones legislativas... depuis l'indépendance de la République. In-4° ; Mexico, 1876-1882.

Codigo civil de Mejico. 1 vol. in-8° ; Madrid, 1879.

Examen critico del nuovo Codigo civil de Mejico, par L. de Montluc. Traduit en français par l'auteur ; Paris, 1872.

Instituciones de derecho civil, segun el Codigo del distrito federal y territorio de la Baja California, par Esteban Calva y Françisco de Segura, 1874-1875 ; 4 vol. in-8°.

De Montluc. *Le Code de procédure civile du Mexique (Revue de droit internat.,* 1875, p. 227.

Codigo de procedimientos civiles para el distritto federal de la Baja California. In-8° ; Mexico, 1880.

Sur l'organisation judiciaire du Mexique. V. *Bulletin de la Société de législ. comparée,* 1876, p. 519.

____

(1) Delaporte, *De la condition du prodigue,* p. 503.

MONACO

De 1792 à 1815, la principauté de Monaco a été régie exclusivement par les lois françaises ; de 1815 à 1860, durant le protectorat de la Sardaigne, par les lois Sardes. Depuis que la principauté a accepté le protectorat français (1860), une commission a été nommée pour examiner les Codes français et les approprier à la situation politique du pays. En 1873 et 1874 ont été promulgués un Code pénal et un Code de procédure pénale ; en 1877, un Code de commerce, récemment refondu et qui se rapproche beaucoup du Code français.

Le Code civil n'est pas encore entièrement revisé ; deux livres (1) seulement ont été promulgués ; le premier, le 21 décembre 1880, pour entrer en vigueur le 1er janvier 1881 ; le second, publié le 15 novembre 1881, est en exécution depuis le 1er janvier 1882.

Ces deux premiers livres contiennent 594 articles. Le rédacteur de ce travail s'est inspiré presque en tous points du Code civil français, dont il a adopté les divisions et reproduit le plus souvent le texte des articles. Quelques différences, cependant, existent sur le domicile matrimonial, le domicile des étrangers, la légitimation des enfants naturels, la tutelle, l'adoption, les servitudes, le régime légal des époux, etc.

Le Code de procédure civile, édicté en 1815, est toujours en vigueur ; mais il a reçu des modifications importantes concernant l'organisation judiciaire, la justice de paix, la compétence judiciaire, la distribution par contribution, la saisie immobilière, l'ordre, etc... Ajoutons que les règles de la procédure sont, en général, fort peu compliquées et si simples que les procès y sont peu coûteux et très rapidement terminés ; à ce point qu'une action en validité de saisie-arrêt peut se terminer, dit M. de Loth, avocat à Monaco (2), en huit jours, pendant qu'en France, elle dure plusieurs mois et absorbe souvent, par les frais, le montant total de la créance.

____

(1) Code civil de Monaco : livre I : des personnes, 1880; livre II : de la propriété, 1881.

(2) De l'effet des jugements à Monaco (*Journal du droit international privé*, 1877, p. 121.

BIBLIOGRAPHIE

Annuaires de législation étrangère. 1878, p. 485 ; 1882, p. 406.
Code civil. Liv. I et II. Édition officielle, 1880-1881, in-8°.
Ordonnance du 10 juin 1859 sur l'ordre judiciaire, in-4°.
    —   *du 28 février 1862 sur la transcription hypothécaire,* in-4°.
    —   *du 12 mars 1862 sur le notariat.* In-4°.
    —   *du 2 juillet 1866, et 20 juin 1877, sur les frais judiciaires,* in-4°.
    —   *du 11 mai 1867 sur la compétence des juges de paix,* in-4°.
    —   *du 5 juillet 1877 sur le taux de l'intérêt.*
Les institutions et les lois de la principauté de Monaco, par Paul Schæffer. In-8°; Monaco, 1875.
Lois diverses de la principauté de Monaco (1825-1879). In-4°.

MONTENEGRO

La législation civile ne paraît pas très avancée. Il existe pourtant deux Codes monténégrins, l'un remontant à Pierre I", de l'année 1796, en trente-trois articles, l'autre, en quatre-vingt quinze articles, promulgué le 23 avril 1855 et qui porte le nom de Code Daniel; mais ces lois présentent, comme toutes celles des peuples encore peu avancés dans la civilisation, un caractère essentiellement pénal. En dehors de ce Code, règnent un grand nombre de coutumes, dont très peu sont écrites.

Le prince Nicolas I" de Monténégro, ayant conçu le projet de reconstituer et de codifier les diverses parties de la législation de son État, demanda, en 1873, au gouvernement russe de désigner M. Bogisic pour faire cet important travail. Celui-ci se rendit dans le Monténégro et se mit aussitôt à l'œuvre. Dès 1874, il adressa au ministre de l'instruction publique de Russie un compte rendu de ses travaux. Nous ignorons si, à cette heure, ces études de codification sont achevées.

BIBLIOGRAPHIE

Gesetzbuch Daniels I", traduction allemande. 1 vol. in-8° ; Vienne, 1859.
Recht und Gericht in Montenegro, von Georg Popovic. In-8°; Agram, 1877.
La codification au Montenegro (compte rendu du rapport de M. Bogisic),

par M. Lyon-Caen. (*Bulletin de la Société de législation comparée,* 1875, p. 225).

Recueil des coutumes actuelles chez les Slaves méridionaux. Agram. 1874.

Ce recueil, publié par les soins de l'académie d'Agram, renferme les coutumes des populations slaves de la Croatie, de la Dalmatie, de la Hongrie, de la Serbie, du Monténégro, de la Bosnie, de [l'Herzégovine et de la Bulgarie.

Le droit coutumier des Slaves méridionaux, d'après les recherches de M. V. Bogisic, par Fedor Demelic. In-8°; Paris, 1876.

NICARAGUA

Le Nicaragua avait un « Codigo general » depuis 1841.

Un Code civil paraît avoir été promulgué récemment (1871), car nous l'avons vu indiquer sous la mention suivante :

Codigo civil de la Republica de Nicaragua. In-8. Managua, 1871.

NORVÈGE

Le Code de Christian V, qui régit le Danemark, est aussi le principal monument du droit Norvégien. Il fut promulgué dans ce pays, le 13 avril 1687, alors que les deux États se trouvaient réunis et il y est toujours en vigueur.

La Constitution de 1814 avait bien prescrit une revision générale des lois en Norvège, mais cette prescription n'a pas été réalisée et la Norvège est encore sans Code civil. Un grand nombre de lois ont seulement modifié, sur beaucoup de points, le Code Christian.

Mentionnons, parmi celles récentes, les lois des 16 juillet 1845 et 22 juillet 1863, relatives au mariage des personnes appartenant aux cultes dissidents; celle du 23 mai 1874 relative aux droits d'usage sur la propriété d'autrui; celle du 3 juin 1874, modifiant la législation sur la contrainte par corps; celle du 1" avril 1876 sur la promulgation des lois; celles des 17 juin 1869 et 18 mai 1876, relatives au droit de passage sur les fonds d'autrui; celle du 8 juin 1876 sur le droit de propriété littéraire (1); la loi du 12 mai 1877, sur la protection de la propriété artistique (2); celle du 16 juin 1881, sur la radiation des charges hypothécaires.

(1) *Annuaire,* 1877, p. 609.
(2) *Annuaire,* 1877, p. 653 et 656.

Sur l'organisation judiciaire de la Norvège on peut consulter l'ouvrage de M. Demombynes sur les *Constitutions Européennes* (1).

BIBLIOGRAPHIE

Norges Love... in-4°. Christiania.

Nordisk Retsencyclopœdi, par T.-H. Aschehoug, Berg et Krieger. Copenhague, 1878-83.

Sommaire des législations des États du Nord, par V.-F. Angelot. In-8°; Paris, 1834.

Leçons sur l'histoire du droit norvégien, par Brandt. In-8° ; 1880.

Les anciennes lois de la Norvège, par R. Dareste. (Extrait du *Journal des savants*, avril-mai 1881).

Annuaires de législation étrangère, 1874-1883.

PAYS-BAS

Le Code Napoléon, introduit dans les Pays-Bas, en 1811, y est resté en vigueur jusqu'au 1er octobre 1838, époque à laquelle un décret royal substitua aux divers Codes français la législation Néerlandaise actuelle composée d'un Code civil, d'un Code de commerce, d'un Code de procédure civile et d'un Code d'instruction criminelle (2).

Le nouveau Code civil n'est, d'ailleurs, que le Code français revu et amélioré.

L'ordre général a été cependant sensiblement modifié. Le titre préliminaire a été supprimé.

L'ensemble du Code se divise en quatre livres. Le premier traite des personnes, nationaux et étrangers, des actes de l'état civil, du domicile, du mariage et des conventions matrimoniales ; de la dissolution du mariage ; de la paternité, de la puissance paternelle, de la tutelle, de l'émancipation, de l'interdiction et de l'absence.

Le deuxième livre est relatif aux biens, à la possession et à la propriété, aux droits et obligations entre propriétaires de fonds voisins ; aux servitudes, à la superficie et à l'emphytéose ; à l'usufruit, usage et habitation; aux successions *ab intestat* et testamentaires, aux privilèges et hypothèques.

---

(1) T. I, p. 185.

(2) Un Code pénal a été promulgué le 3 mars 1881. Il a été traduit et publié, au ministère de la justice, par M. Wintgens, dans la *Collection des Codes étrangers* du Comité de législation étrangère. In-8°; 1883.

Le troisième livre est consacré aux obligations et aux contrats.

Le quatrième et dernier livre, aux preuves et à la prescription.

Diverses lois postérieures ont modifié le droit civil Néerlandais ; nous citerons :

Loi des 4-8 juillet 1874, modifiant les dispositions du Code civil relatives à l'émancipation et au gage.

Loi des 26 avril, 26 juin 1876 et 23 avril 1879, relatives à la procédure civile.

Lois des 26 avril 1866, 6 mai 1878 et 4 juin sur le notariat (1).

Loi du 5 juin 1878, modifiant le régime hypothécaire (2).

Lois des 23 avril et 24 juin 1879, relatives aux actes de l'état civil.

Loi du 28 juin 1881, sur les droits d'auteur (3).

— Le Code de procédure civile de 1838 a été revisé le 26 juillet 1871.

— Plusieurs lois votées de 1874 à 1877 ont modifié l'organisation judiciaire (4).

— Le notariat a été organisé en Hollande par une loi du 9 juillet 1842, successivement modifiée par les lois des 26 avril 1876, 6 mai et 4 juin 1878.

BIBLIOGRAPHIE

Annuaires de législation étrangère, années 1873 à 1883.

Staatsbladen, van het Koningrijk der Nederlanden. 1813-1883. Gouda.

De Nederlandsche Wetboeken, par J.-A. Fruin. in-12. La Haye, 1876.

Observations critiques sur le Code civil néerlandais, comparé avec le Code Napoléon, par J. Verduchêne. 2 vol. in-8 ; Maestricht, 1860-1863.

Het burgerlijke Wetboek Verklaard, par C.-W. Opzoomer. 5 vol in-8º ; Amsterdam, 1874-1879.

Het Nederlandsh burgerlijk regt, par G. Diephuis. 5 vol. in-8º; Groningue, 1870-1883.

Het Nederlandsch wetboek van burgerlijk Regtsvordering, par A. Oudeman. 4ᵉ édition. 3 vol. in-8º. Groningue, 1874-75.

Anthoine de Saint-Joseph, t. II, p. 348.

(1) *Annuaire*, 1879, p. 511.

(2) *Annuaire*, p. 513.

(3) *Annuaire*, 1882, p. 175.

(4) Consulter sur ce point *Les Constitutions Européennes* de M. Demombynes, t. I, p. 319.

COLONIES NÉERLANDAISES

I. *Océanie. — Indes orientales.*

Le gouvernement Hollandais a publié, en 1854, pour l'Inde Hollandaise, un règlement ou Charte coloniale, dont le chapitre v (art. 74 à 105) organise la justice dans ces possessions; antérieurement, en 1847, il avait promulgué des dispositions générales de législation, un Code civil (1), un Code de commerce, un Code de procédure civile, etc. Mais ces divers textes ne sont applicables qu'aux Européens ou aux indigènes qui se seraient soumis de plein gré à la législation hollandaise.

On sait, en effet, que le gouvernement Hollandais a toujours cherché à maintenir, autant que possible, dans ses colonies, les institutions indigènes. Le respect pour les institutions locales s'est naturellement surtout manifesté en matière civile, car, aux termes de l'art. 75 du règlement précité, « le juge indigène doit « appliquer les lois religieuses, institutions et coutumes des indi- « gènes, à moins qu'elles ne soient en opposition avec des principes « d'équité et de justice généralement reconnus. » Le législateur a bien cru devoir régler, même pour les indigènes, quelques matières de droit, qui comme la prescription extinctive, les relations entre maîtres et domestiques (2), sont pour ainsi dire de nécessité absolue et journalière ; mais, sauf ces exceptions relativement rares, le droit national coutumier est resté jusqu'ici dans toute sa vigueur (3). Nous devons faire connaître quel est ce droit national et coutumier.

Les premiers missionnaires arabes qui apportèrent la doctrine du prophète dans l'Archipel indien, vers le milieu du XVe siècle, trouvèrent à Java un empire Hindou parvenu à un haut degré de puissance et de civilisation, et ils ne réussirent point à transformer

---

(1) Sur les différences entre le Code hollandais et le Code publié pour l'Inde hollandaise, V. Winckel, *L'admininistration de la justice aux Indes orientales hollandaises*, p. 91 et suiv.

(2) V. *Bulletin des lois*, 1867, n° 29; 1879, n° 256.

(3) En 1855 (*Bulletin des lois*, n° 79) ont été déclarés applicables à l'étranger oriental les titres du Code civil relatifs à la jouissance et à la perte des droits civils, du domicile, des chambres d'orphelins, de la curatelle, de l'absence, et tout le livre second, sauf le titre XII relatif aux successions *ab intestat*.

En 1864 (*Bulletin des lois*, n° 38), le gouverneur général a promulgué, aux Moluques, des dispositions sur les mariages des chrétiens indigènes, tant entre eux qu'avec des Européens ou leurs descendants.

en tous points la société javanaise qui conserva, presque intacte, son organisation municipale et agraire, son droit public, ses titres de noblesse et jusqu'à ses superstitions. Les pratiques extérieures de la religion, la famille, le droit de succession se sont seuls adaptés presque entièrement aux préceptes de la loi musulmane. C'est ainsi qu'à Java et dans tout l'Archipel indien, bien que l'immense majorité des habitants se compose de sectateurs du prophète, le droit musulman ne saurait être appliqué dans toute sa rigueur; il a été modifié par les coutumes locales et mêmes les institutions primitives ont survécu quelquefois. Quant à la partie occidentale de Java où les Hindous étaient beaucoup moins nombreux qu'au centre, la conversion des habitants y a été plus complète; et, dans les autres îles de l'Archipel, on observe un phénomène analogue ; c'est-à-dire que le mahométisme n'a pénétré chez eux qu'en proportion inverse du degré de civilisation auquel ils étaient parvenus.

Ainsi, chez les Malais, dans l'intérieur de l'île de Sumatra, on voit encore subsister, par rapport au mariage, et au droit de succession, des institutions particulières, analogues à celles que l'on rencontre aujourd'hui chez les nègres de la côte de Guinée, et à celles qui, dans l'antiquité, étaient encore en vigueur chez les Berbères de la côte septentrionale de l'Afrique (1).

Quoi qu'il en soit, dans l'Archipel indien, les Musulmans, à part quelques rares exceptions, appartiennent au rite de *Châfi'i* et les livres de jurisprudence, qu'on y suit partout comme des autorités reconnues, peuvent se diviser en deux catégories :

La première catégorie comprend : 1° le *Mokhtaçar*, ou précis de jurisprudence d'Abou Chodjâ, célèbre juriste de la seconde moitié du V° siècle de l'Hégire (2); 2° les commentaires sur cet ouvrage, intitulés *Taqrib* et *Iqnâ'fi hall alfâth;* 3° les gloses sur le *Tagrib* d'Ibrahim al-Baïdjourî et de Badjarmî.

La seconde catégorie se compose : 1° du *Moharrar* de Râfi i; 2° de l'abrégé ou paraphrase de cet ouvrage, ou *Minhâdj at-talibin*, par Nawawi; 3° et des nombreux commentaires sur le *Minhâdj at-talibin*.

A l'exception du *Mokhtaçar*, aucun des livres qui viennent d'être indiqués n'avait été traduit ni publié; et le Mokhtaçar est tellement

____

(1) Consulter Van den Berg, *De Beginselen van het mohammedaansche recht* (2° édit. La Haye, 1872), p. 290 et suiv., et la préface du même auteur placée en tête de sa traduction du *Minhâdj-At-Talibin* (3 vol. in-8°. Batavia, 1882-1883), p. VI.

(2) Le *Mokhtaçar* a été publié avec traduction et annotations par Heyzer; in-8°. Leyde, 1859.

succinct qu'il n'est que d'une utilité minime pour tous ceux qui n'ont point fait une étude spéciale du droit musulman.

Le *Minhâdj at-talibîn* (ou guide des zélés croyants) est, au contraire un recueil de jurisprudence musulmane très complet et encore plus répandu dans l'Archipel indien que le *Mokhtaçar* et même que le *Moharrar*. La publication vient d'en être faite, avec une traduction et des annotations par M. L. W. C. van den Berg, que ses études précédentes sur le droit musulman rendaient particulièrement compétent pour ce travail. Les deux premiers volumes ont paru (1). Chaque volume contient des éclaircissements et des corrections sur les passages obscurs ou importants. Une table des matières et articles mentionnés dans l'ouvrage, terminera le troisième volume et permettra aux juristes de rechercher si telle matière du droit a été réglée ou non par la loi mahométane ou si les idées des sectateurs de Mahomet, au sujet de quelque principe, s'accordent avec les principes adoptés par les législations modernes. Enfin l'auteur indique partout les articles des Codes français qui se rapportent aux règles exposées dans le texte. « J'ai choisi les Code français, dit l'auteur, parce que la législation Napoléonienne est devenue, du moins en matière civile, la base des Codes de presque toutes les nations dans l'Occident et le midi de l'Europe et que, par conséquent, c'est la législation la plus répandue (2) ».

Le notariat a été organisé dans les Indes hollandaises, aux termes d'un règlement promulgué par le gouverneur général, le 11 janvier 1860.

II. *Amérique.* — *Indes occidentales : Guyanne néerlandaise,*
Curaçao, etc.

— Le droit, dans les colonies d'Amérique, a été codifié, comme celui de la métropole. On trouve dans ces pays les Codes de

(1) Ces deux volumes traitent, entre autres matières, des points de droit suivants . de la vente ou échange; du *salam* ou avance; du nantissement; de la faillite; de l'interdiction des aliénés, mineurs et prodigues; de la transaction et des servitudes légales; de la cession de créances; du cautionnement; du contrat de société; du mandat; de l'aveu; du commodat; de l'usurpation; du retrait; de la société en commandite; du bail à ferme; du contrat de louage; de l'occupation du sol; de l'immobilisation; de la donation; des objets trouvés; des enfants trouvés; des devis et marchés; des successions; des dispositions testamentaires; des dépôts; du partage des contributions et du butin de guerre; du mariage; du don nuptial; du divorce; de la répudiation; du retour à l'union conjugale.

(2) Van den Berg, préface, p. XI.

Curaçao et ceux de *Surinam* ou Guyane hollandaise. Ces Codes remontent à 1868.

C'est le droit civil hollandais approprié aux pays et aux habitants pour lesquels il a été appliqué.

BIBLIOGRAPHIE

De Nederlandisch Indische Wetboeken, par L. Last. In-16; Batavia, 1872.

Wetboeken en Reglementen voor de Kolonie Curaçao. In-16. La Haye, 1868.

Wetboeken en Reglementen voor de Kolonie Suriname. In-16. La Haye, 1868.

Staatsbladen von Nederlandische Indie, par Bondewijnse et von Soest. 1816-1882, 6 vol; in-4°.

Minhâdj At-Talibin. Le guide des zélés croyants, manuel de jurisprudence musulmane, selon le rite de Châfi'í, texte arabe publié par ordre du gouvernement, avec traduction et annotations, par L.-W.-C. van den Berg. 3 vol. in-4°; Batavia, 1882-1883.

Essai sur les principes régissant l'administration de la justice aux Indes orientales hollandaises, surtout dans les îles de Java et de Mandoura, par G.-P.-K. Winckel. In-8°; Amsterdam, 1880.

Code des successions et du mariage en usage à Java, par Aristide Marre. In-8°; Paris, 1874.

Précis de jurisprudence musulmane selon le rite Châfiite, par Keijzer. In-°8; Leyde, 1859.

PÉROU

Le Code civil Péruvien a été promulgué le 28 juillet 1852.

Le Code civil est précédé d'un titre préliminaire sur les lois, leurs effets et leur publication, qui est presque entièrement emprunté au Code civil français.

Il se divise en trois livres : Le premier traite des personnes et se subdivise en plusieurs sections : I. Personnes considérées au point de vue de la nature; II. Personnes au point de vue de l'état civil; III. Du mariage; IV. De la paternité; V. De la tutelle; VI. Des registres de l'état civil.

Le livre deuxième est relatif aux choses, aux divers modes d'acquisition des biens, modes naturels : occupation, accession, invention; — modes civils ; prescription, donation, succession; — aux droits des époux sur leurs biens propres et les biens communs — aux servitudes.

Enfin, le troisième livre se refère aux obligations et contrats, que le législateur distingue en contrats *consensuels* (vente, échange, louage, société, transaction); contrats *aléatoires* (pari, jeu, etc.), contrats réels (prêt, commodat, dépôt, etc.); — *contrats de confiance* (mandat, commission); — *contrats de garantie* (gage, hypothèque, cautionnement); — contrats qui naissent d'un consentement présumé ou *quasi-contrats*. — La dernière section de ce livre est consacrée aux causes d'extinction des obligations.

Un Code de procédure civile a été promulgué à la même époque que le Code civil, le 28 juillet 1852.

Dans ces deux Codes, quelques principes ont été empruntés à la législation française, spécialement en ce qui concerne les obligations; mais ce sont surtout ceux de la législation espagnole qui dominent.

BIBLIOGRAPHIE

Codigo civil del Perù, con citas notas y concordancias, par M. A. Fuentès y A. de La Lama. Lima, 1870

Diccioniario de la legislacion Peruana, par Francisco Garcia Calderon. 2 vol. in-4°; Lima, 1879.

La nouvelle législation civile au Pérou, par Vega (*Revue historique de droit français et étranger*, 1863, p. 366).

De la condition légale des étrangers au Pérou, par Pradier-Fodéré (*Journal du droit internat. privé*, 1878, p. 345 et suiv., 577 et suiv. et 1879, p. 41-250).

Codigo de enjuiciamento en materia civil, con notas y concordancias, par A. Fuentès et A. de La Lama. Lima, 1870.

PERSE

La Perse appartient à la secte dissidente des *Schyites* et au rite des *Imamites*. Dans cette secte, comme dans la secte *Sunnie*, les recueils de jurisprudence font foi, en matière de droit, presqu'autant que le *Koran* lui-même. Le plus important ouvrage à consulter est celui de El-Molekkik, qui sert de règle depuis la fin du VII° siècle de l'Hégire dans tous les pays du rite *Imamite* et spécialement en Perse (1).

BIBLIOGRAPHIE

Droit musulman. Droit musulman concernant les musulmans Schyites, par A. Querry. 2 vol. in-4; Paris, 1872.

(1) Delaporte, *op. cit.*, p. 695.

PORTUGAL

Le plus ancien recueil législatif de ce pays est celui publié sous Alphonse VI, en 1456, et connu sous le nom d'ordonnances *Alphonsines (ordenações Affonsinas)* (1); Emmanuel 1er, par les ordonnances, dites *Emmanuelines*, (*ordenações Manuelinas*) remania, en 1514, ce premier travail de législation. Plus tard, vers 1603, Philippe II fit rédiger et promulguer un nouveau recueil des lois portugaises, qui fut confirmé, sous don Juan IV, en 1643, sous le nom d'ordonnances *Philippines* (*ordenações Filippinas*).

Mais comme, d'une part, les lois nouvelles modifiaient seulement les anciennes, sans les abroger complètement; comme aussi, d'autre part, ces lois, muettes sur beaucoup de points, devaient être complétées par la coutume, le droit romain et le droit canonique, une confusion sans égale régna bientôt dans le droit portugais.

Cet état se prolongea, en s'aggravant de plus en plus, jusqu'au milieu de ce siècle. Mais alors, le besoin d'un remaniement genéral de la législation étant devenu indispensable, le législateur entreprit l'œuvre de transformation; deux lois du 3 septembre 1822 et du 25 août 1835 proposèrent des prix à l'auteur d'un projet de Code civil susceptible d'être adopté; aucun travail utile ne fut présenté. En 1859, seulement, le savant Dr Scabra, alors juge au tribunal d'appel de Porto, rédigea, par ordre du gouvernement (décret du du 8 août 1850) un premier projet. Ce projet portait l'empreinte de la science et de la maturité d'intelligence qui distinguent son auteur. La tâche importante de le reviser, de le discuter et d'y apporter les meilleurs changements, fut ensuite confiée à une commission composée des jurisconsultes les plus éminents du Portugal. Ce travail de revision se prolongea de 1857 au 30 avril 1865, époque où le projet fut converti en loi. Le nouveau Code abrogea toutes les lois anciennes et les remplaça par une législation répondant mieux aux besoins et aux tendances de la société moderne.

Promulgué le 1er juillet 1867, il est entré en vigueur, dans le

(1) C'est un recueil des lois en vigueur, des résolutions des Cortès, des coutumes nationales, des règles extraites des statuts particuliers, ainsi que d'autres sources juridiques, c'est-à-dire du droit romain, du droit visigoth et du droit canonique; Glasson, *Le mariage civil et le divorce*, p. 31.

continent et dans les îles, le 22 mars 1868 et dans les possessions d'outre-mer, le 1" juillet 1870; ce Code est resté fidèle aux traditions portugaises et a conservé au droit civil son caractère essentiellement romain (1).

Il renferme 2,538 articles. Sa division diffère entièrement de celle du Code civil français; elle comprend quatre parties, subdivisées elles-mêmes en livres. La première partie est consacrée à la capacité civile, et traite de l'acquisition et de la perte de la qualité de citoyen, du domicile, de l'administration des biens des incapables, de la puissance paternelle et de la filiation, de la tutelle, de l'incapacité résultant de la démence, de la surdité, de la prodigalité, etc.

La deuxième partie est relative à l'acquisition des droits; le législateur y réglemente l'occupation, le régime des eaux, des mines, la possession, la prescription, la propriété littéraire et artistique, les inventions, les contrats et obligations en général, les privilèges et hypothèques, le mariage, les divers contrats de la vie civile, enfin l'acquisition des droits par testament et par succession *ab intestat.*

Dans la troisième partie sont réunies toutes les dispositions concernant le droit de propriété.

La dernière partie traite des atteintes portées aux droits, ainsi qu'aux différentes manières de les réparer (2).

— Un Code de procédure civile et criminelle a été promulgué le 8 novembre 1876 et est en vigueur depuis le 17 mai 1877 (3).

— L'organisation judiciaire du Portugal est modelée sur l'organisation française (4).

BIBLIOGRAPHIE

Codigo civil portuguez conforme a ediçáo official, 7ᵉ éd. In-32. Lisboa, 1880.

Repertorio alphabetico das materias en geral contidas nos diffe-

(1) Glasson. *op. cit.* p. xxxii. — Delaporte, p. 495. — Midosi, *Bulletin de la Société de législation comparée,* 1875, page 162 et suiv.

(2) Divers décrets et lois ont été promulgués depuis la mise en vigueur du Code civil; nous devons mentionner : le décret réglant la tenue des registres de l'état civil (28 nov. 1878; le règlement relatif au mode de délivrance des dispenses de mariage (26 déc. 1878, *Annuaire,* 1879, p. 423 et 432).

(3) V. l'analyse de ce Code et de ses principales dispositions dans la notice de M. Midosi (*Annuaire de législation étrangère,* 1877, p. 434 à 453).

(4) Cons. Demombynes, *Les Constitutions Européennes,* t. I, p. 533.

rentes livros, capitulos e subseccoes do Codigo civil aortuguez, par
Diego di Maghalhaes Aranjo Costa. In-32. Lisboa, 1868.

Codigo civil portuguez annotado, par José-Diaz Ferreira. 5 vol. in-8° ;
Lisbonne, 1870-1877.

Portugal y sus Codigos, par Rafaël de La Labra. 1 vol. in-32; Madrid,
1877.

Codigo de processo civil. 1 vol. in-8°; Lisbonne, 1876.

Étude sur les origines et les sources de la Législation portugaise
(*Bulletin de la Société de législation comparée*, 1875, p. 162).

Le droit civil portugais, par Jordao (*Revue historique*), t. III, p. 369.

Le mariage civil et le divorce, par Glasson. p. 29.

De la succession ab intestat, d'après le Code portugais de 1868 par C.
Re (*Revue de droit international*, 1873, p. 203).

ROUMANIE

Les deux principautés qui forment la majeure partie de la
Roumanie, la Moldavie et la Valachie, conservèrent chacune,
jusqu'en 1876, leur législation civile, qui n'était autre que le droit
romain du bas-empire, codifiée l'une dans le « *Codica luï Calı-
mahu* », l'autre dans le « *Codica luï Caragea* », et complétée par
les coutumes locales et le droit canonique (1).

Lorsque les deux principautés furent réunies en une seule qui
prit le nom de Roumanie, l'unification législative ne tarda pas à
s'imposer comme une conséquence nécessaire de l'union politique.

Le 4 décembre 1864 fut promulgué le Code civil roumain, qui
s'est inspiré de l'ancien droit romain, mais surtout du droit civil
français et des traditions locales.

Ce code contient 1,914 articles. Il reproduit exactement l'ordre
du Code français et n'en diffère guère, au fond, que sur les dispositions relatives à l'organisation de la famille, aux droits de succession (2), au régime hypothécaire emprunté à la loi belge de 1851,
— au régime des biens entre époux.

Le chapitre premier traite des personnes; le chapitre deux des
biens et des modifications au droit de propriété; le chapitre trois

(1) Glasson. *Le Mariage civil*, p. 36.

(2) Il reconnaît un droit de succession à la veuve pauvre, même en concours avec ses enfants, et refuse une réserve aux ascendants autres que père
et mère.

des divers modes d'acquisition de la propriété (successions, donations, contrats, prescription).

— Un Code de procédure civile, décrété le 9 septembre 1865, a
été promulgué le 11 septembre suivant. Il a été modifié en 1879.

— La loi d'organisation judiciaire en date du 4 juillet 1865 a été
successivement modifiée en 1867, 1868, 1870, 1871 et récemment
par la loi du 6 mai 1879 (1).

BIBLIOGRAPHIE

Codicile romane. 1 vol. in-12; Jassy, 1872.
Collectiune de legiuirile romaniei vechi si nuoi. 2 vol. in-8°; 1873.
Explicatione teoretica si practica a Codicelui civile, de Constantin
    Eraclide. 3 vol. in-8°; 1873.

RUSSIE

L'empire Russe comprend une variété considérable de législations
et de coutumes, et de même qu'on y compte des populations appartenant presque à toutes les races, on y trouve aussi des législations d'origines les plus diverses; suédoise, française, russe, musulmane, etc.

Bien que le Code russe ait été publié comme coordination générale des lois de l'empire russe, à côté de la législation qu'il met en
vigueur, il en existe d'autres formant un ensemble complet; telles
sont celles du duché de Finlande, de la Pologne russe, des provinces Baltiques et de la Transcaucasie (2).

a). Russie.

Le premier Code civil russe qui ait été imprimé et publié est
connu sous le nom d'*Oulogénie* et date de 1649. L'insuffisance de
ses dispositions donna l'idée à Pierre le Grand de faire procéder à
la confection d'un digeste des lois russes. Le projet ne put aboutir. L'œuvre fut reprise par l'empereur Nicolas qui, vers la fin de
1832, fit publier en quinze volumes, les huit Codes qui portent le
nom de *Svodd zakonoff Rossiiskoï imperii* (corps des lois de l'empire
russe), et qui contiennent plus de 35,000 lois, œuvre de dix com-

<hr>

(1) Cons. *Les Constitutions Européennes*, par Demombynes, t., p. 695.
(2) Glasson. *Mariage civil et Divorce*, p. 79. — Delaporte, *op. cit.*, p. 456.

missions successives et travail de plus d'un siècle. Il furent mis en vigueur le 1" janvier 1835.

Le *Svodd* comprend toutes les branches du droit. Le cinquième livre ou onzième volume est relatif aux lois civiles. Il est divisé en sept titres : 1° droit et obligations de famille ; 2° biens en général ; 3° mode d'acquérir la propriété ; 4° engagements conventionnels 5° poursuites par voie administrative ; 6° procédure contentieuse ; 7° exécution.

Mais il ne faut pas oublier que, d'une part, tous les pays annexés ont conservé leur droit civil propre, et d'autre part, que le *Svodd* ne s'applique qu'aux nobles et aux bourgeois, les paysans restant régis par leurs coutumes (1).

En 1866, ont été promulguées une loi sur l'organisation judiciaire

---

(1) V. Glasson. *Le Mariage civil,* p. 81.— Un ordre impérial du 26 mai 1882 vient d'instituer une commission spéciale pour la revision des lois civiles et la rédaction d'un projet de Code civil. Nous citons textuellement l'extrait d'une communication du ministère de la justice, insérée au *Messager officiel* et qui a pour but de faire connaître l'importance et l'opportunité de cette mesure :

« Les lois actuellement en vigueur ont été rassemblées dans un recueil de lois, par ordre de l'empereur Nicolas. Dans ce recueil sont compris tous les actes législatifs promulgués depuis le Code du tzar Alexis Michailovitch (1649), en y comprenant ce Code, sauf les lois abrogées expressément ou tacitement. Ces lois ont été réunies dans le recueil, sans aucune modification de fond ou de forme. Ainsi s'explique que dans le Code des lois civiles (t. X, partie 1), soient entrées des lois promulguées à des époques différentes, dans des conditions politiques et économiques également différentes et basées sur des principes hétérogènes ; de là un manque d'ensemble tous au fond et quant aux termes employés. Bon nombre d'articles ont été rédigés d'après des ukases statuant sur des cas particuliers, sans intention de généralisation. Le Code se trouve ainsi rempli de règles spéciales, difficilement applicables aux rapports juridiques si variés qui se rencontrent dans la société actuelle et, par contre, ne contient que peu de principes généraux pouvant servir de base à la solution des questions concernant les droits et devoirs qui se multiplient et se compliquent de plus en plus, à mesure que les relations deviennent plus fréquentes et que l'industrie, le commerce, l'agriculture se développent. Le gouvernement, depuis longtemps, reconnaissait la gravité de ces lacunes et défauts et avait manifesté l'intention de procéder à une revision des lois civiles. La nécessité de cette revision s'est imposée surtout après les nombreuses réformes de l'empereur Alexandre II, qui ont fait sentir plus vivement encore le défaut d'harmonie des lois civiles avec l'état économique actuel du pays et la situation nouvelle de la propriété foncière. Certaines parties du Code civil ont été revisées à différentes époques ; mais, par suite du lien intime qui unit entre elles toutes les parties du droit civil, il n'était pas possible de procéder par voie de revision partielle ; d'autre part, le département civil de cassation du Sénat auquel il appartient, dans le siet une loi sur la procédure civile qui régissent aujourd'hui, à peu d'exceptions près (1), toutes les contrées de l'empire.

— La loi sur l'organisation judiciaire actuelle en Russie, date de 1864 et a été promulguée en même temps que celle sur la procédure civile.

Il y a deux sortes de juridictions, plus un recours en cassation. La première de ces juridictions, indépendantes l'une de l'autre, est exercée par : 1° le juge de paix, dont la compétence est restreinte aux affaires peu importantes ;

2° L'assemblée des juges de paix, qui est tout à la fois le tribunal d'appel et de cassation ;

lence de la loi, de poser des principes pour la solution des questions de droit, est également d'avis de l'urgence d'une revision intégrale. Les choses étant en cet état, le ministre de la justice a soumis à S. M. l'Empereur un rapport constatant la nécessité de procéder à la confection d'un projet de *Code civil* suivant le mode adopté pour la refonte de la législation pénale. En conséquence, S. M. l'Empereur a ordonné de procéder sur les bases suivantes :

1° Un comité central est institué pour la rédaction du Code civil; il est présidé par le ministre de la justice et composé de jurisconsultes versés dans la pratique et la théorie du droit civil; 2° à ce comité seront remis tous les travaux déjà faits sur les différentes questions du droit civil; 3° une commission de rédaction sera formée au sein de ce comité, laquelle sera chargée de rédiger un projet préalable de Code civil avec un mémoire explicatif; 4° le comité désigne parmi ses membres ceux qui feront partie de la commission de rédaction; 5° les membres de la commission sont dispensés de tout autre service, afin qu'ils puissent se consacrer entièrement à l'élaboration du Code civil et le terminer dans le plus bref délai possible; 6° les sénateurs du département civil de cassation qui font en même temps partie de la commission de rédaction sont autorisés à ne prendre part aux travaux de leur département qu'autant que cette collaboration n'entravera pas les travaux de rédaction du Code civil; 7° le comité et la commission de rédaction peuvent inviter à leurs séances, avec voix consultative, les magistrats de l'ordre judiciaire, les professeurs de droit civil et toutes les personnes dont l'avis sera jugé utile; 8° outre ces personnes, en vue d'assurer le succès des travaux de rédaction, la commission est autorisée à s'adjoindre des rédacteurs spéciaux ne faisant pas partie du comité, pour prendre part aux travaux et aux délibérations de la commission; les travaux de la commission de rédaction doivent être publiés et communiqués pour conclusion aux personnes et corps constitués dont l'avis sera jugé utile, avec indication du délai dans lequel ces avis et conclusions devront être transmis à la commission, etc...

Nous avons tenu à donner, en détail, les principales dispositions de l'ordre impérial pour montrer avec quel soin et quelle intelligence le ministre russe a pourvu à la direction et au succès des travaux importants qu'il a confiés au comité de codification.

(1) V. les lois de mise en vigueur de ces Codes (*Annuaires de législation étrangère*, 1873-1883).

3° Enfin le département de cassation du Sénat.

— La seconde juridiction se compose : 1° du tribunal de première instance ou d'arrondissement, qui juge les affaires qui dépassent la compétence des juges de paix ; 2° les Cours judiciaires ou d'appel pour les tribunaux de première instance ; 3° et les départements de cassation du Sénat qui connaissent des pourvois contre les arrêts des Cours d'appel (1).

— Le notariat a été organisé en Russie par un règlement général du 14 novembre 1866 (2).

Signalons encore quelques lois importantes parmi les plus récentes :

Loi du 19 avril 1874 établissant des registres publics pour l'inscription des mariages, naissances et décès des dissidents (3).

Loi du 23 mai 1874 concernant les mandataires autorisés à représenter les parties devant les tribunaux.

Loi du 6 mars 1879 sur le taux de l'intérêt (4).

Loi du 7 mars 1879 portant abolition de la contrainte par corps (5).

Loi du 5 février 1880, déterminant les règles de l'adoption pour les bourgeois notables.

Acte législatif du 19 mai 1881 relatif aux principes généraux sur la constitution du droit de propriété et des autres droits réels (6).

b). Duché de Finlande.

Le duché de Finlande n'est pas soumis à la législation russe du *Svodd* ; on y applique le Code suédois de 1734, modifié par un grand nombre des lois postérieures :

Loi du 20 juin 1864 sur le régime hypothécaire.

Loi du 31 octobre 1864 sur la capacité civile des femmes mariées.

---

(1) Sur les détails de cette organisation, on peut consulter : *Les Constitutions Européennes*, de Demombynes, t. I, p. 617 et suiv. — *La Nouvelle organisation judiciaire de la Russie*, par E. Lehr ; Paris, 1875, et *Sur l'organisation des justices de paix*, les études de M. de Tchernow et Legrelle (*Bulletin de la Soc. de législ. comp.*, 1876, p. 506, et 1878, p. 422).

(2) V. Amiaud, *Bulletin de la Soc. de Lég. comp.* 1873, p. 409. et Lehr, *De l'institution du notariat dans l'empire russe* ; in-8° ; Lausanne, 1877.

(3) *Annuaire*, 1875, p. 656 et suiv.

(4) *Annuaire*, 1880, p. 697.

(5) *Annuaire*, 1880, p. 702.

(6) *Annuaire*, 1882, p. 685.

Lois du 19 décembre 1864 sur la tutelle, sur le louage des serviteurs, le morcellement de la propriété foncière ; les clôtures des champs.

Loi du 23 mars 1868 sur les eaux.

Loi du 27 avril sur la procédure civile.

Loi du 27 juin 1868 sur la vente forcée des biens ruraux.

Lois du 9 novembre 1868 sur les contrats de mariage, sur la séparation de biens entre époux; sur le paiement des dettes en cas de décès; sur les privilèges des créanciers; sur la prescription, sur l'inscription des hypothèques.

Loi du 24 février 1873 sur la procédure civile.

Loi du 27 juin 1878 sur le régime matrimonial et les successions, sur le droit de rachat des propriétés de famille.

Loi du 17 mars 1879 sur le domicile (1).

Loi du 15 mars 1880 sur les droits d'auteur (2).

L'organisation judiciaire, en Finlande, est à peu de chose près semblable à celle qui existe en Suède; il y a trois degrés de juridiction : le tribunal de première instance, le tribunal d'appel et le tribunal suprême, qui est formé de l'une des sections du Sénat (3).

c). *Pologne.*

La Pologne russe a été régie, de 808 à 1818 par le Code civil français qui y était en vigueur dans toutes ses dispositions. En 1820, le gouvernement présenta à la Diète un projet de loi apportant diverses modifications au livre premier de ce Code. Ce projet fut adopté en 1825, promulgué le 13 juin de la même année et déclaré obligatoire à dater du 1er janvier 1826.

D'autres modifications partielles (4) ont été introduites relativement au régime hypothécaire (lois des 26 avril 1818 et 6 août 1825; — au mariage et aux régimes matrimoniaux (lois des 23 juin 1825 et 24 juin 1836); — à la preuve des obligations (loi du 19 février 1875, introduisant en Pologne le Code de procédure russe de 1864).

Le Code de procédure civile français avait été rendu obligatoire

(1) *Annuaire de législation étrangère*, 1880, p. 727.

(2) *Annuaire*, 1881, p. 591.

(3) Demombynes, *op., cit.*, t. I, p. 657.

(4) Le fond de la législation, dans la Pologne russe, est donc le droit français, à la différence de la Pologne prussienne et de la Pologne autrichienne qui sont soumises, la première au *Landrecht* prussien,la seconde au Code civil autrichien.

en Pologne en 1809; mais il y a été remplacé, comme on vient de le voir, par le Code russe de 1864.

d). *Provinces Baltiques.*

Les provinces Baltiques ont conservé leurs législations particulières; mais chacune de ces législations présentait la plus grande confusion, lorsque l'empereur Alexandre II fit rédiger et promulguer, en 1864, le *Code baltique*, compilation des neuf droits différents appliqués dans les diverses provinces (1), mais où toutes les dispositions encore en vigueur sont réunies et classées dans un ordre méthodique, et annotées des sources et des variations que les coutumes locales apportent aux diverses règles codifiées. Ce Code contient 4,600 articles.

e). *Transcaucasie.*

Les indigènes de cette province russe suivent le droit musulman, et appartiennent soit au rite des Imâmites (secte Schyi'e) soit au rite Hanéfite (secte Sunnie). (V. *Infrà, Turquie.*)

BIBLIOGRAPHIE

Digeste des lois de l'empire russe ou *Svodd* et supplément. In-8°.
Sommaire des législations des états du Nord, par Angelot. In-8°. Paris, 1834.
Code civil de l'empire russe, traduit sur les éditions officielles, par un jurisconsulte russe, et précédé d'un aperçu historique sur la législation russe et l'organisation judiciaire de l'empire, par Victor Foucher. In-8°; Paris, 1841.
Études historiques sur la législation russe ancienne et moderne, par Zézas. In-8°; Paris, 1862.
Éléments de droit civil russe, par E. Lehr. In-8°; Paris, 1877.
Slavisches Familienrecht, par P. Turner. In-8°; Strasbourg, 1874.
Concordance entre le Code civil du royaume de Pologne promulgué en 1825, et le *Code civil français,* relativement à l'état des personnes, par Louis Lubliner. In-8°; Bruxelles et Paris, 1846.

(1) 1° Droit provincial (*Landrecht*) de la Livonie; 2° droit provincial de l'Esthonie; 3° droit provincial de la Courlande; 4° droit de Pilten; 5° droit urbain (*Stadtrecht*) Livonien; 6° droit urbain Esthonien; 7° droit urbain Courlandais (Mitau, Banske), Friedrichstadt); 8° droit urbain de Narva; 9° droit privés des paysans (Lehr, *Journal du droit international privé*, 1877, p. 206).

Liv-Est-und Curlandisches Privatrecht. In-4°; Saint-Pétersbourg,
  1874.

Concordance entre les Codes civils étrangers et le Code Napoléon,
  par Antoine de Saint-Joseph. 4 vol. in-8° ; 1856, p. 278.

SALVADOR (République de)

Le premier Code civil du Salvador datait du 23 août 1859; il
avait été rédigé par MM. Thomas Ayon, Eustache Cuellar et Angel
Quiroz, qui s'inspirèrent dans ce travail, des principes du Code
civil français, combinés avec la législation romaine et les règles de
l'ancien droit espagnol. Un nouveau Code civil a été promulgué le
10 novembre 1880. Il comprend un titre préliminaire sur la promulgation, les effets et l'interprétation des lois et est divisé en
quatre livres : I. Des personnes ; II. des biens et des divers modes
de jouissance ; III. des successions et des donations entre vifs ;
IV. des obligations et des contrats. Le Code du Chili et le Code
français paraissent avoir servis de modèle.

Depuis, une loi hypothécaire a été votée le 15 mars 1881, et une
loi sur le mariage civil promulguée le 23 février 1882.

Il existe aussi un Code de procédure civile promulgué le 31 décembre 1881 et rédigé par le jurisconsulte Thomas Ayon, d'après
un premier Code de 1855.

BIBLIOGRAPHIE

Codigo civil del Salvador, redactado por D. José Silva, et D. Antonio
  Quiroz. San Salvador, 1860.

Codigo civil del Salvador, redactado por el D. José Trigueros, y D. Antonio Ruiz y D. Jacinto Castellanos. San Salvador, 1880.
  Secunda edicion, comprenant toutes les modifications apportées au
  texte primitif depuis la promulgation (23 août 1859) jusqu'au 1er mars
  1880.

*Notice sur la constitution politique, la législation et l'organisation ju-
  diciaire du Salvador,* par L. de Montluc (*Bulletin de la Soc. de
  législ. comp.,* 1876, p. 285).

SAINT-MARIN

Saint-Marin n'a point de codification spéciale des lois civiles.
La législation appliquée paraît être alternativement le Code civil
italien ou le Code civil français.

BIBLIOGRAPHIE

Saint-Marin, ses institutions, son histoire, par le comte de Bruc.
In-12; Paris, 1876.

SANDWICH (Iles) ou HAWAI

On lit dans un ouvrage récent :

« Tandis que plusieurs pays d'Europe attendent encore la réforme et la codification de leurs lois, le petit état d'Hawaï nous offre le spectacle curieux d'une population perdue au milieu de l'Océan austral et régie, cependant, par un des Codes les mieux faits et les plus complets qui se puissent rencontrer. »

Nous avons eu la curiosité, comme nous avions le devoir, de nous reporter à ce Code, et nous n'avons pas été peu surpris de trouver, sous le titre de *The civil Code of the Hawaïan Island*, une simple consolidation officielle, sous 1,494 articles, des diverses lois constitutionnelles, administratives, commerciales, civiles et de procédure, promulguées dans l'État d'Hawaï; mais où les dispositions civiles se rencontrent, distribuées sans aucun ordre et en très petit nombre.

Cette consolidation date de 1859.

BIBLIOGRAPHIE

The civil Code of the Hawaiian islands. 1 vol in-8. Honolulu, 1857.

A la suite du Code et de l'appendice ont été imprimées diverses lois postérieures et les traités conclus avec les puissances étrangères.

Un recueil annuel de lois est publié à Honolulu sous le titre : *Laws of His Majesty Kalakaua I*.

SERBIE

Dès l'époque où elle fut affranchie du joug turc, la principauté de Serbie se préoccupa de réformer ses institutions judiciaires et sa législation. En 1844, le Sénat, qui était alors investi du pouvoir législatif, vota le Code civil actuellement en vigueur qui fut promulgué par décret du prince Alexandre Karageorgevitch, le 25 mars de la même année. Ce Code, pour l'élaboration duquel les lois autrichiennes ont servi de modèle, diffère peu, quant aux dispositions sur les obligations et les autres matières du droit civil, des autres codifications de l'Europe.

Depuis cette époque, il a subi quelques modifications, spécialement en 1860. Une édition officielle contenant tous les changements et additions a été publiée en 1879.

Le droit serbe contient des particularités en matière de succession. En l'absence de testament, les descendants mâles sont les héritiers exclusifs, les filles ne peuvent que réclamer une dot et n'acquièrent le droit à l'héritage qu'à défaut d'héritiers mâles.

Le régime hypothécaire, tel qu'il existe dans la plupart des États de l'Europe est inconnu en Serbie, où le manque de registres fonciers se fait de plus en plus sentir. On remplace l'hypothèque par l'*intabulation*, sorte de procédure qui a lieu devant le juge et par laquelle ce dernier ordonne, en présence des parties, l'inscription sur un registre *ad hoc*, du consentement par le débiteur à donner ses immeubles en gage (ordonnance du 10 nov. 1854).

Un Code de procédure civile a été promulgué le 20 février 1865.

Une loi sur l'organisation judiciaire a été promulguée le 19 février 1881 (1). Cette organisation se rapproche de l'organisation française, avec deux degrés de juridiction et un recours en cassation (2).

BIBLIOGRAPHIE

Recueil des lois ordonnances et décrets rendus dans la principauté de Serbie, de 1839 à 1883. In 4°; Belgrade. (En Serbe.)

De la condition juridique des étrangers en Serbie, par G. Paulovitsch (*Journal de droit international privé*, 1884, p. 5 et suiv.).

Code civil de la principauté de Serbie, 1 vol. in-4°; Belgrade, 1844; dernière édition, 1879. (En Serbe.)

Concordance entre les Codes civils étrangers et le Code Napoléon, par A. de Saint-Joseph. 4 vol. in-8°; Paris, 1856.

Code de procédure civile de la principauté de Serbie. In-8°; Belgrade, 1865. (En Serbe.)

Rapport sur la Serbie, par E. de Borchgrave. (*Recueil des rapports des secrétaires de légation de Belgique*, t. IV, p. 113).

Annuaires de législation étrangère, années 1882-1883.

(1) *Annuaire* 1882, 724.
(2) *Les Constitutions Européennes*, par Demombynes, t. I, p. 735.

SUÈDE

Bien que réunies sous le gouvernement d'une même dynastie, la Suède et la Norwège présentent, dans leurs lois civiles, comme dans leur organisation politique, de très grandes différences.

Ainsi, pendant qu'en Norwège, le Code Christian, comme nous l'avons vu, est resté la base de la législation, la Suède est régie, au contraire, par un Code civil particulier.

Dès l'année 1442, les lois et coutumes suédoises avaient été l'objet d'une codification générale (1) réunie en deux grands Codes : Code des villes (*Staadzlagh*) et Code des campagnes (*Landzlagh*), mais ce premier travail fut bientôt reconnu insuffisant. En 1734, le pouvoir législatif mit en vigueur un nouveau Code, ou loi générale, composée de neuf titres et comprenant le droit civil, le droit pénal et la procédure. Le titre 8, relatif à la procédure a été entièrement remanié par une loi du 10 août 1877 (2). C'est, dit M. d'Olivecrona, une œuvre remarquable par sa précision, sa clarté et par un esprit singulièrement humain pour l'époque (3), mais qui laisse subsister les législations locales. Il est particulièrement intéressant dans les dispositions relatives au droit de famille et au droit de propriété.

Une réforme fut entreprise vers le commencement de ce siècle, mais le projet de Code civil, présenté en 1824, n'ayant pas abouti, le Code de 1734 est resté la base de la législation suédoise. Il faut seulement la compléter par un assez grand nombre de lois postérieures (4). Les plus importantes sont relatives au concours entre créanciers, — au partage des successions (19 mai 1845), — à la liberté des filles majeures pour contracter mariage et régler elles-mêmes leurs conventions matrimoniales (8 nov. 1872) (5), — à la procédure civile (17 mai et 19 juillet 1872), — à la propriété littéraire (10 août 1877) (6), — au mariage civil (31 octobre 1873), — à l'adjudication des immeubles et au régime hypothécaire

(1) Ce Code, qui n'était qu'une édition revisée du Code de Magnus (1350), porte le nom de *Codex Christophorianus* (Dareste, *Mémoire sur les anciennes lois suédoises*, p. 3).

(2) *Annuaire* de 1878, p. 663.

(3) D'Olivecrona (*Revue de droit international*, 1870, p. 534).

(4) Dareste, *op. cit.*, p. 4; Delaporte, *op. cit.*, p. 478-479.

(5) *Annuaire*, 1878, p. 658.

(6) *Annuaire*, 1873, p. 488.

(16 juin 1873 et 22 avril 1881) (1), — à la propriété des objets trouvés (30 mai 1873), à la prescription de 20 ans (22 avril 1881); au mariage civil des personnes qui professent une religion étrangère (15 octobre 1880) ; au régime des eaux (30 déc. 1880); — à la profession des *Notarii publici* (règlement du 6 octobre 1882) (2).

L'organisation judiciaire a été expliquée dans les *Constitutions Européennes* de M. Demombynes (3).

BIBLIOGRAPHIE

Ny Lag-Samling, éd. Backman. 1850-1883.

Karl Maurer. *Esquisse de l'histoire des sources du droit scandinave.* In-8° ; Christiania, 1878.

Sommaire des législations du Nord, par Angelot. In-8° ; Paris, 1834.

Nordisk Retsencyclopædi, par T.-H. Aschehoug, Berg et Krieger. Copenhague, 1878-83.

Lilienberg. *Sveriges Rikes Lag-I.* Stockolm, 1880.

Glasson. *Le mariage civil et le divorce*, p. 71.

D'Olivecrona. *Du régime des biens entre époux*, 4ᵉ édition ; Upsala, in-8. 1878, et *Revue du droit internat.*, 1883, p. 52.

West. *Exposé de la Législation de la Suède (Revue de droit français et étranger*, t. I, p. 530.

Sparre. *Aperçu de la Législation civile de la Suède* (même revue), t. XIV, p. 662-732.

Anthoine de Saint-Joseph. *Concordance*, t. III, p. 494.

SUISSE (Confédération).

Le développement du droit civil, en Suisse (4), a été analogue à celui de l'Allemagne. Au commencement de ce siècle, un nombre presque infini de statuts particuliers et de coutumes juridiques non écrites existaient encore. Les droits municipaux des capitales jadis gouvernantes, par exemple les statuts juridiques (*Gerichtssatzung*)

----

(1) *Annuaire*, 1876, p. 804 à 836.

(2) V. sur l'introduction du notariat en Suède. V. Ulrich, *Juridiskt Arkiv*, 1881, p. 1 à 25.

(3) T. I, p. 136. Consulter aussi Janvrot, *Étude sur l'organisation judiciaire en Suède, Bull. de la Soc. de Législ. comp.*, 1872, p. 311.

(4) Nous empruntons ces notions générales sur la législation civile de la Suisse à l'étude publiée par M. d'Orelli, professeur à Zurich, dans la *Revue de droit international*, 1872, p. 365. — V. aussi le remarquable article de M. Rivier, dans la même *Revue*, 1870, p. 43.

de Berne, le droit municipal de Zurich et les droits nationaux (*Landrechte*) de certains cantons alpestres avaient, seuls, une juridiction plus étendue.

Le reste du pays était divisé en un nombre infini de petites circonscriptions, régies par les statuts des bailliages, des tribunaux locaux et des divers villages, statuts restés pour la plupart sans changement depuis des siècles. Ces statuts locaux réglaient d'une manière très détaillée certaines parties du droit privé, le droit de succession, les biens matrimoniaux, la poursuite pour dettes, le droit de société; d'autres matières, au contraire, étaient traitées tout à fait superficiellement, en sorte que les coutumes et les sentences du juge avaient libre jeu pour remplir les lacunes du droit écrit.

Cet état de choses s'est considérablement modifié. Les cantons de Saint-Gall, d'Appenzell, Rhod. int., d'Uri, de Schwitz, d'Obwalden et de Bâle-Ville sont seuls encore régis, soit par d'anciens statuts, soit par des coutumes. Tous les autres cantons ont des Codes de droit civil complets.

C'est au canton de *Vaud* qu'appartient l'initiative de ce mouvement législatif; il se donna un Code en 1819. Bientôt après, cet exemple fut suivi par les cantons de Berne (1825), Lucerne (1831-1839); puis le Tessin (1837), Fribourg (1834-1849), Soleure (1841-1847), Argovie (1847-1855), Valais (1853-1855), Zurich (1854-1856), Neufchâtel (1855), Appenzel, Rhod. ext. (1860), Grisons (1862), Schaffouse (1863), Glaris (1874), Zug (1876).

Thurgovie et Niedwalden ont commencé les travaux de codification, mais ne les ont pas encore achevés. Bâle-Ville a élaboré un projet de Code excellent. Depuis sa réunion avec la France, Genève a conservé le Code civil français quelque peu modifié; il en est de même du Jura bernois.

Si l'on veut classer ces nombreuses législations, non d'après leur forme extérieure, mais d'après le système auquel elles se rattachent, on peut les grouper en quatre grandes catégories (1) :

1° De tous les Codes que nous venons d'énumérer, le meilleur et sans contredit le plus intéressant est celui de Zurich, rédigé et

----

(1) Dans son rapport au Congrès des juristes suisses, à Coire, en 1873, M. Hilty classait en cinq groupes les législations qui se partagent la Suisse : 1er *groupe*, d'après le type du Code Napoléon, dont l'influence se fait sentir du commencement de ce siècle à 1830 (Jura bernois, Genève, Vaud, Neufchâtel, Valais, Fribourg et le Tessin); — *2e groupe*, les législations de 1830, inspirées par les remaniements philosophiques du droit actuel et embrassant la période de 1824-1848 (Berne ancien, Lucerne, Argovie, Soleure); — 3e *groupe,*

commenté par Blunschli. Ce Code est un travail entièrement original, à la hauteur de la science moderne et qui ne se rattache ni au Code français ni à quelque autre modèle que ce soit. Plusieurs savants allemands l'ont reconnu, sous le rapport de la forme aussi bien que du fond, comme un des monuments les plus remarquables des temps modernes. Il est très complet, sans être casuiste et sans entrer dans trop de détails. Ce qui doit surtout être relevé avec éloges, c'est qu'il a conservé très habilement les particularités du droit zurichois, dignes de l'être, et cela tout en posant largement les principes du droit moderne purifiés par la science juridique. Aussi est-ce avec raison que ce Code est devenu le modèle des Codes de Schaffouse, Thurgovie, Niedwalden, des Grisons, de Glaris et de Zug, en sorte que l'on peut former de ces cantons orientaux un premier groupe au centre duquel on doit placer la loi de Zurich ; tous ont, en effet, dans l'ancien droit allemanique, une origine commune ;

2° Les législations de Berne, Lucerne, Argovie et Soleure se rallient au Code civil autrichien. Ce second groupe appartient aussi à la famille germanique par les théories, non moins que par la langue ;

3° Les petits cantons de la Suisse centrale, Uri, Schwitz, les deux Unterwalden et Appenzell — Rh. int., chez qui les rapports sociaux sont encore un peu à l'état primitif, forment un troisième groupe. Ces petits États, avec leur jurisprudence coutumière, n'éprouvent aucun besoin de codification.

4° Le quatrième et dernier groupe est composé des cantons romans de la Suisse occidentale et méridionale. Ici le droit privé est partout codifié. Fribourg, Tessin, Vaud, Valais, Neufchâtel et Genève forment un tout qui a adopté directement (Genève et le Jura bernois), ou indirectement, le droit français, la jurisprudence et la terminologie française. Les lois civiles de ces républiques sont toutes des copies plus ou moins fidèles du Code civil de 1804. C'est Fribourg qui a conservé le plus de vestiges de son ancien droit. Le Tessin a maintenu quelques principes du droit autrichien à côté du

lois postérieures à 1848 et dont le type est le Code de Zurich (Schaffouse, Thurgovie, Nidwalden et Zug) ; — 4° *groupe*, également dérivé du Code do Zurich, dont il se montre cependant plus indépendant et marquant un progrès vers la solution du problème actuel, la conciliation du droit allemand et du droit français (les Grisons et Glaris). Ce groupe date de 1860 ; — enfin, 5° *groupe*, composé des lois toutes récentes où apparaît complètement la préoccupation de concilier les lois allemandes et françaises pour arriver à l'unification (*Bulletin de la Société de législation comparée*, 1874, p. 401).

droit français. Le Valais a pris une sorte de position intermédiaire. Neufchâtel, au contraire, a mis de côté sans aucun égard ses anciennes et intéressantes coutumes. Vaud a dû faire la même chose à cause de l'infinie diversité de ses droits locaux.

Bâle-Ville et Saint-Gall ne rentrent, à proprement parler, dans aucun de ces groupes. C'est dans le premier qu'on pourrait le plus facilement les ranger.

Pour terminer ces indications générales, nous devons rappeler que la Constitution fédérale de 1874 (art. 53-54-64) a placé dans la compétence de la confédération un certain nombre de matières de droit (1), dont la réglementation appartenait précédemment aux cantons. Par suite de cette extension de compétence, diverses lois fédérales ont déjà été votées et promulguées :

1° Une loi sur le mariage et l'état civil, en vigueur depuis le 1" janvier 1876 (2) ;

2° Une loi du 3 juillet 1876, sur la naturalisation suisse et la renonciation à la nationalité (3).

3° Une loi sur la capacité civile, du 22 juin 1881, en vigueur depuis le 1" janvier 1882 (4) ;

4° Un Code fédéral des obligations, décrété par le Conseil des États le 10 juin 1881, par le Conseil national, le 14 juin et rendu exécutoire à partir du 1" janvier 1883. Ce Code, très important, contient 880 articles et règle toutes les matières relatives aux contrats et obligations, aux sociétés, aux lettres de change, chèques, billets et autres valeurs au porteur ou à ordre (5).

— L'organisation judiciaire est abandonnée en Suisse, à la législation cantonale ; elle varie donc suivant les cantons. Il n'existe de tribunal fédéral que pour les affaires politiques et pour les procès intéressant divers cantons, dont aucun ne pouvait naturellement être juge en sa propre cause (6).

---

(1) V. *Les Constitutions modernes* de MM. Dareste, t. I, p. 453 et 454.

(2) *Annuaire de législation étrangère*, 1876, p. 414.

(3) *Annuaire*, 1877, p. 549.

(4) Consulter A. Martin, *La loi fédérale du 22 juin 1881, sur la capacité civile*. Genève, 1882.

(5) Une édition officielle de ce Code a été publiée en trois langues, allemand, français, italien, à Berne, in-18, 1882. —M. Soldan, juge, en a aussi publié une édition française à Lausanne en 1881. — V. encore *Annuaire de législation étrangère*, 1882, p. 518.

(6) Sur les détails de l'organisation judiciaire cantonale qui, au point de vue des degrés de juridiction, a une certaine analogie avec l'organisation française, on peut consulter : Picot, *La Réforme judiciaire*, p. 177 et

Nous allons maintenant passer brièvement en revue les législations de chacun des vingt-cinq cantons (1).

I. Appenzell-Rh. Ext. — Demi-canton depuis 1597. Langue allemande ; possède un recueil de lois sur les principales branches du droit civil, mariage, puissance paternelle, filiation, tutelle, succession, droits réels, poursuites pour dettes, faillite (1860-1861).

Deux lois sur la procédure civile et sur l'organisation judiciaire ont été votées le 25 avril 1880 (2).

II. Appenzel-Rh. Int. — Pas de codification ni de recueil de lois. Une loi sur les successions a été publiée le 30 avril 1865.

III. Argovie. — Canton depuis 1803. Langue allemande ; possède un Code civil général (*Allgemeines Bürgerliches Gesetzbuch*) promulgué de 1847 à 1855, et qui a pour auteur le docteur Keller.

Signalons une loi du 29 décembre 1867 sur la tutelle des prodigues et deux lois du 25 nov. 1880 (3), modificatives du Code civil.

Un Code de procédure civile est en vigueur depuis le 1er mars 1832.

IV. Bale-Campagne. — Demi-canton, indépendant depuis 1832. Langue allemande ; est régi par une *Landesorndnung* für den Kanton Basel, de 1813.

Loi sur l'abolition de la tutelle des femmes (17 mars 1879).

V. Bale-Ville. — Demi-canton. Langue allemande ; est encore soumis à ses *Statute und Gerichtsordnung* de 1719, successivement modifiés par des lois spéciales. Il existe plusieurs lois sur le droit hypothécaire (4), une loi sur le notariat du 6 décembre 1859.

Une loi commune est en préparation pour tout le canton sur le droit matrimonial et le droit de succession. Un projet a même déjà été rédigé par M. le prof. A. Heusler.

Une loi du 16 octobre 1876 (5), en vigueur depuis le 1er mai 1877, abolit la tutelle du sexe.

Les droits de succession des enfants naturels ont été réglés par une loi du 23 juin 1879.

Enfin, une nouvelle loi sur l'organisation des tutelles a été votée le 23 février 1880.

---

suiv. — Demombynes, *Les Constitutions Européennes*, t. II, p. 343 et suiv. — Et l'étude de M. Favey, dans le *Bull. de la Soc. de Législ. comparée*, 1881, p 50.

(1) Nous avons emprunté une grande partie des renseignements qui vont suivre à une intéressante étude de M. Rivier : Les successions à cause de mort en Suisse (*Revue de droit international*, 1877, p. 239).

(2) *Annuaire*, 1881, p. 445 et 451.

(3) *Annuaire*, p. 600.

(4) Voir *Les divers systèmes hypothécaires de la Suisse*, par Ernest Lehr. Paris, 1877.

(5) *Annuaire*, 1877, p. 570.

VI. **Berne.** — Canton entré dans la Confédération en 1353. Langue allemande. Code civil (*Civilgesetzbuch fur den kanton Bern*) qui date de 1824-1836 et a été rédigé, puis commenté, par Samuel Schnell. Mais le Jura bernois a conservé depuis l'époque de son incorporation à la France, sa langue française et le Code civil français.

Une loi de 1883 a mis la législation cantonale en harmonie avec le nouveau Code fédéral sur les obligations.

VII. **Fribourg.** — Canton entré dans la corporation en 1481. Langue allemande et française. Code civil promulgué de 1834 à 1849. Une loi récente, du 28 mai 1871, est en vigueur sur les enfants naturels et une du 15 mai 1877 sur la naturalisation et les actes de l'état civil.

Le Code de procédure civile est du 12 oct. 1849.

VIII. **Genève.** — Canton entré dans la Confédération en 1815. Langue française. Code civil français, modifié par quelques lois postérieures, spécialement une loi du 5 septembre 1874 sur les successions.

L. du 5 avril 1876 sur l'état civil et le divorce (1). — L. du 17 septembre 1879 sur la compétence des juges de paix ; — L. du 21 février 1880 sur l'adoption ; — L. du 20 mars 1880 sur l'état civil, le mariage et le divorce, — et sur l'organisation judiciaire (2).

Le Code de procédure civile date de 1819.

IX. **Glaris.** — Entrée dans la Confédération, 1352. Langue allemande. Code civil (*Landbuch*) revisé, voté en *Landsgemeinde*, le 3 mai 1874 ; auteur, M. J.-J.-Blumer (3).

X **Grisons.** — Entré dans la Confédération en 1803. Langue allemande, italienne et idiomes romans. Code civil (*civilgesetzbuch*) en vigueur depuis le 1er décembre 1862 ; a eu pour rédacteur M. P.-C. Planta, qui l'a commenté sous le titre : *Bünderisches Privatrecht*, 1862 *mit Erläuterungen des Gesetzredaktion*. Ce commentaire contient de nombreux renseignements intéressants sur les anciens droits locaux.

Code de procédure civile en vigueur depuis le 1er juin 1871.

XI. **Lucerne.** — Canton de langue allemande, entré dans la Confédération en 1332. Code civil (*Bürgerliches Gesetzbuch des kantons Luzern*. in-8 ; Lucerne, 1840,) promulgué de 1831 à 1839 et rédigé par M. Casimir Pfyffer.

XII. — **Neuchatel.** — Canton entré dans la Confédération en 1815. Langue française. Code civil entré en vigueur du 1er mars 1854 au 30 avril 1855 ; était régi auparavant par la coutume, dont une exposition avait été rédigée par H.-Fl. Calame (1858).

La législation civile cantonale a été coordonnée avec le Code fédéral des obligations en vertu d'une loi du 22 nov. 1882.

Code de procédure civile du 2 juin 1876 et de 1881 (4).

---

(1) *Annuaire* 1877, p. 572.

(2) *Annuaire* 1881, p. 461 à 462.

(3) La traduction presque entière de ce Code a été donnée dans l'*Annuaire de législation comparée*, 1875, p. 501 à 565.

(4) *Annuaire,* 1877, p. 630 et 1881, p. 616.

Loi d'organisation judiciaire des 13 juillet 1874 et 23 novembre 1882 (1).

XIII. NIDWALDEN (Unterwalden-le-Bas). — Demi-canton de langue allemande. Codification incomplète.

Le droit des personnes a été rédigé en 1863, par M. Odermatt. Le droit des successions, rédigé par MM. Odermatt et Deschwanden, a été publié le 22 avril 1859.

XIV. OBWALDEN (Unterwalden-le-Haut). — Demi-canton à langue allemande. N'a publié qu'un recueil de lois spéciales, de coutumes et décisions de 1567, 1570, 1706, 1810, 1845, 1869, etc.

XV. SAINT-GALL. — Entré dans la Confédération en 1803. Langue allemande. Recueil de lois administratives et civiles. Loi sur les successions, modifiée le 16 mars 1832. Un Code civil est en projet et les tribunaux appliquent fréquemment le Code de Zurich, comme droit subsidiaire.

XVI. SCHAFFOUSE. — Entré dans la Confédération en 1501. Langue allemande. Code civil (*Privatrechtliches Gesetzbuch für den kanton Schaffausen*), promulgué de 1864 à 1865 et rédigé par MM. Ammann et Scharer. Le droit sur les successions est en vigueur depuis le 1er septembre 1865.

XVII. SCHWYTZ. — Canton primitif (1291). Langue allemande. A conservé son vieux *landbuch*, auquel ont été ajoutées quelques lois spéciales. On peut consulter sur la législation de ce canton, spécialement sur le droit de succession, *Die Erbrechte des Kantons Schwytz* (Zeitschrift für Schweizerisches recht. V. (1856).

XVIII. SOLEURE. — Entré dans la Confédération en 1481. Langue allemande. Code civil (*Civilgesetzbuch für den Kanton Solothurn*, in-8; Soleure, 1855), promulgué de 1841 à 1848 et rédigé par M. Reinert, qui a commenté spécialement le droit sur les successions : *Kommentar zum Erbrecht*, Soleure, 1858.

Un Code de procédure civile a été promulgué en 1839.

XIX. TESSIN. — Canton depuis 1803. Langue italienne. Code civil du 27 septembre 1837 ; une édition refondue a paru en 1873. Une dernière édition officielle mise en rapport avec les nouvelles lois fédérales sur la capacité civile et les obligations, a été publiée le 15 novembre 1882, sous le titre : *Codice civile della Republica e cantone del Ticino, Coordinato col Codice federale* (Bellinzona, 1883 ; 1 vol. in-8).

Un code de procédure civile a été promulgué en 1843. On trouvera les modifications qu'il a subies jusqu'en 1876 dans une brochure qui a pour titre : « Abrogazioni e modificazioni apportate agli articoli del Codice di procedura civile; » 17 p. in-8º. Bellinzona.

XX. THURGOVIE. — Canton depuis 1803. Langue allemande. Codification encore incomplète qui ne comprend que le droit des personnes, rédigé

____

(1) *Annuaire*, 1883, p. 796.

par MM. Hüberlin, Streny Kappeler et Labhard, en 1860, revisé en 1867 — et le droit de succession publié en 1839, revisé en 1867.

XXI. Uri. — Canton primitif (1291), de langue allemande. Recueil de coutumes, décisions et lois spéciales; citons notamment une loi du 4 mai 1873 sur les dispositions de dernières volontés.

XXII. Valais. — Entré dans la Confédération en 1815. Langue française et allemande. Code civil rédigé par M. H. Cropt, voté le 1er décembre 1853 et entré en vigueur le 1er décembre 1855. Il a été commenté par l'auteur dans son livre intitulé : *Histoire du Code civil du Valais*, 1858-1860.

Une loi du 10 novembre 1870 y a apporté diverses modifications.

Un Code de procédure civile est en vigueur du 1er novembre 1856.

L'organisation judiciaire a été récemment fixée par plusieurs lois des 24-25 mai et 1er juin 1876.

XXIII. Vaud. — Canton dès 1083. Langue française. Le Code civil du canton de Vaud date du 11 juin 1819 et est entré un vigueur le 1er juillet 1821 (1) Depuis ont été publiées : une loi du 28 mai 1824, sur les actes hypothécaires ; une loi du 1er décembre 1855 sur les enfants naturels; une loi du 4 juin 1873 qui remplace le titre du Code sur le nantissement et le gage; une loi du 4 décembre 1873, qui supprime l'antique institution de la tutelle du sexe. Enfin, le 3 décembre 1881, une loi a revisé le Code civil tout entier et l'a mis en rapport avec les nouvelles lois fédérales.

Un Code de procédure civile (25 nov. 1869) est en vigueur depuis le 1er juillet 1876.

XXIV. Zug. — Canton entré dans la Confédération en 1352; langue allemande. Code civil complet depuis le 1er janvier 1876. Droit des *personnes*, rédigé par M. Lautwing, publié en 1861; Droit des *choses*, en 1873; Droit de *succession*, en 1875. Le régime hypothécaire est réglé par une loi du 29 décembre 1859, expressément maintenue par l'art. 281 du Code civil.

Un Code de procédure civile a été promulgué le 15 octobre 1863.

XXV. Zurich. — Canton entré dans la Confédération en 1351; langue allemande. Code civil (*Privatrechtliches Gesetzbuch für den kanton Zurich*), 1844-1854, en vigueur depuis le 21 décembre 1855. Rédacteur : M. Bluntschli, qui l'a commenté dans l'ouvrage publié sous le titre : *Privatrelilches Gesetzbuch*, mit Erläuterungen, von Bluntschli (2e édition, 1872).

Un Code de procédure civile a été promulgué le 15 octobre 1867.

---

(1) Un commentaire excellent de ce Code a été publié par M. Secrétan (Ch.), Lausanne, 1840. — Un Code rural a été promulgué le 15 décembre 1848. V. sur ce Code l'étude de M. Castonnet-Desfosses (*Bulletin de la Société de législation comparée*, 1875, p. 285.

BIBLIOGRAPHIE GÉNÉRALE

En outre du Recueil annuel des lois spécial à chaque canton, nous cite-rons, comme sources principales à consulter :

Feuille fédérale de la Confédération suisse. 1848-1883. Berne.

Zeitschrift für Schweizerisches Recht, publié par Heusler. 1852-1883. Bâle.

Annuaires de législation étrangère. 1873-1883. In-8°; Paris.

F. Schlatter. *Rechtskalender der Schweizerischen Eidgenossenschaft,* in-8°; Zurich, 1878.

Lardy. *Législation civile des cantons suisses en matière de tutelle, de régime matrimonial quant aux biens et de successions.* In-8°; Genève, 1877.

Lehr. *Éléments du droit civil germanique.* 1 vol. in-8°; Paris, 1875.

Lehr. *Des divers régimes hypothécaires de la Suisse.* In-8°; Paris, 1877.

Rivier. *Des successions à cause de mort en Suisse (Revue de droit internat.* 1877, p. 239 et suiv.).

Code fédéral des obligations, édition officielle en trois langues. In-8°; Berne, 1882.

Code fédéral des obligations, par Charles Soldan. In-8°; Lausanne, 1881.

Étude sur la loi fédérale du 21 juin 1881, relative à la capacité civile, par A. Martin. In-8°; Genève 1882.

Guide pour les officiers de l'état civil suisse, publié par le département fédéral de l'intérieur, in-8°; Berne, 1881.

    Cet ouvrage contient les lois fédérales du 24 décembre 1874, sur l'état civil, la tenue des registres, le mariage et le divorce (en vigueur depuis le 1er janvier 1876); le règlement pour la tenue des registres de l'état civil du 20 septembre 1881 ; un commentaire de ces textes législatifs et une série de formules.

Vigier. *La Suisse et ses législations,* trad. de Rick. Genève, 1871.

Lyon-Caen et Gide. *Compte rendu du Congrès des juristes suisses à Coire en 1873 (Bulletin de la Société de législ. com.,* 1874, p. 401, et *Revue de législ. fr. et étrang.* Mai-juin, 1874).

Leçons sur l'état civil, le mariage et le divorce, par Th. Barilliet. In-8°; Genève, 1879.

Die Ehelichen Güterrechte der Schweiz, par Frédérick Schreiber. In-8°; Berne, 1880.

Étude sur l'organisation judiciaire en Suisse, par Favey (*Bulletin de de la Soc. de législ. comparée.* 1881, p. 50,)

BIBLIOGRAPHIE CANTONALE

A. Flammer. *Le droit civil de Genève, ses principes et son histoire.* Genève, 1875.

Code génevois. Recueil complet et méthodique des lois de la République. In-8°; Genève, 1857.

Recueil des lois et actes du gouvernement. In-12; Genève, 1861-1882.

Sammlung der Gesetze... für den Kanton Basel Landschaft. 1832-1883. *...für den Kanton Basel Stadt.* 1838-1883.

Sammlung der Civil und civilprozessgesetze des Cantons B[illegible] éd., publié par Niggeler et Vogt. In-12 ; Berne 1866.

Code de procédure civile et d'exécution du canton de B[illegible]rad. revu ; par J. Feune. In-8°; Délémont, 1858.

Bulletin officiel des lois, décrets du canton de Fribourg. 1803-1883. Fribourg.

Lois civiles du canton de Fribourg. In-8°; Fribourg, 1868.

Codex civil der il cantun Grischun. In-8°; Coïre, 1863.

Cudisch de procedura civile del cantun Grischun. In-8°; Coïre, 1871.

Recueil des lois, décrets... du canton de Neufchâtel. 1852-1883. Neufchâtel.

Code civil du canton de Neufchâtel, 2ᵉ éd. In-8°; 1872.

Le droit civil Neufchâtelois, par Jacottet. In-8; Neuchâtel, 1877-79.

Raccolta officiale delle leggi... della Republica del Ticino. Bellinzona.

Code civil du canton de Vaud, avec la corrélation des articles entre eux et la concordance avec ceux du Code civil français, par H. Rippert et Bornand. Lausanne, 1876.

Recueil des lois, décrets, etc..., du canton de Vaud. 1817-1883. Lausanne.

Coup d'œil sur l'état de la législation civile du canton de Vaud en 1882. Lausanne, 1883.

Code civil du canton du Valais. Éd. off. in-8°. Sion, 1854.

Officielle Sammlung der Gesetze... des Standes Zurich. 1831-1883. uZrich.

Der Civil-und strafprocess des Cantons Zürich und des Bundes, par F. Meili (en cours de publication). In-8°; Zurich, 1882.

TURQUIE

Si le droit musulman diffère essentiellement du droit en vigueur chez les autres nations de l'Europe, il n'en offre pas moins un très grand intérêt, en raison des pays nombreux soumis aux règles de l'islamisme. Ce ne sont pas seulement, en effet, les habitants de la Turquie, de l'Égypte, du Soudan, de la Tunisie, du Maroc, que régit le droit musulman, ce sont aussi les Musulmans de la Russie, des Indes, d'une foule de pays considérables qui, bien que dépendants aujourd'hui, ont conservé encore la plus grande partie de leurs lois et de leurs coutumes nationales (1). Nous avons vu que c'est le cas de l'Algérie.

L'étude du droit musulman est donc nécessaire en France, et elle est, dans nos colonies d'Asie et d'Afrique, d'une application quotidienne. Aussi avons nous cru utile de donner ici un aperçu général et rapide des sources diverses de cette législation, aperçu sans lequel on s'expliquerait difficilement les divergences qui existent entre les droits des divers pays d'Islam.

Il ne faudrait pas croire, malgré le caractère essentiellement religieux de la législation musulmane, que le *Koran* soit le seul livre de droit des Musulmans. Il en contient les principes, il en est la première source; mais les institutions religieuses et les règles de droit y sont si intimement mélangées et dans un tel désordre, qu'une interprétation en devint bientôt nécessaire. Cette interprétation fut développée dans un recueil important et traditionnel appelé *Sunnah*, dont l'autorité juridique est considérable, et qui a donné son nom à une des deux grandes sectes qui se partagent le monde mahométan, les *Sunnites*, par opposition avec les *Alides* ou *Schiites*.

Ces derniers se sont séparés de leurs coreligionnaires, vers l'an 37 de l'Hégire, à l'époque de l'usurpation des Ommiades et du meurtre du khalife Ali. Ils ne reconnurent pas l'autorité de la *Sunnah*. Cette secte dissidente se répandit dans la Perse et la Russie transcaucasienne, où sa doctrine prédomine encore de nos jours. Le principal rite de cette secte, est le rite *Imāmite*, dont nous avons indiqué les sources principales, à l'occasion de la législation Persane.

La secte *Sunnie* s'est elle-même subdivisée en quatre rites, du nom des quatre *imans* qui en ont développé la doctrine dans la *Sunnah :*

Abou-Hanifat, mort en 767, qui a donné son nom au rite *Hanefite* suivi en Égypte, en Turquie, en Tartarie et dans quelques parties des Indes ;

Malek, mort en 795, d'où le rite *malékite* qui compte principalement ses adhérents en Algérie, au Maroc et dans les États barbaresques ;

Schafyi, mort en 819, qui a fondé le rite *Schafyite*, en vigueur dans l'archipel de Java ;

Et Hambol, mort en 855, qui a donné naissance au rite *hambolite*, le moins répandu.

(1) Delaporte, *op. cit.*, p. 681.

C'est le rite *hanéfite* qui est la règle en Turquie ; mais cette doctrine y compte une foule de commentateurs en divergence d'opinions, et la jurisprudence civile musulmane est devenue depuis si longtemps un dédale indéchiffrable, qu'au dire des rapports qu'on lit en tête du nouveau Code, dont nous allons parler, on ne pouvait plus trouver, dans les tribunaux turcs, des juges en état de consulter avec fruit les ouvrages de jurisprudence.

Aussi la confection d'un recueil de lois, dégagé de toute controverse, conforme aux doctrines généralement reçues, était-il demandé avec instance. Une première tentative avait été faite par le Conseil du Tanzimat, institué en 1839, au commencement du mouvement réformateur ottoman. Le projet a été repris récemment par une commission spéciale qui l'a mené à bonne fin.

Le Code civil ottoman, dont la promulgation a été commencée en 1869, devait comprendre seulement les règles relatives aux transactions en général. Son but est ainsi défini par la commission elle-même : « Nous avons compulsé, dit-elle dans son rapport, les travaux des principaux jurisconsultes *hanéfites* relatifs aux transactions qui ont le plus besoin d'être réglementées à raison de leur fréquence ; nous en avons extrait les règles les plus conformes aux vrais principes et nous en avons fait un recueil auquel nous avons donné le nom de *Code civil.* »

Ainsi n'y sont pas comprises les lois qui concernent le statut personnel, et notamment le mariage, à raison de leur caractère spécial qui touche aux questions religieuses (1).

Les parties promulguées et traduites en français comprennent trois livres qui traitent : le premier, des principes généraux dn droit et de la vente (2) ; le second, du louage (3) ; le troisième, du cautionnement (4).

Malgré la promulgation de ce Code civil, la législation séculaire des Mahométans n'en conserve pas moins toute son importance. D'abord, parce que la rénovation législative dont l'essai a été tenté ne constitue guère, comme toutes les réformes en Turquie, qu'une rénovation nominale, et que là où les prescriptions nouvelles sont appliquées, elles le sont exclusivement par les tribunaux de la réor-

---

(1) Cons. M. Gonse, Notice sur divers ouvrages relatifs au droit musulman, *Bulletin de la Soc. de Législ. comp.*, 1874, p. 224. — V. aussi Delaporte, *op. cit.*, p. 681.

(2) Id., id., p. 227 et suiv.

(3) *Bulletin*, 1876, p. 576.

4) *Bulletin*, 1878, p. 232.

ganisation judiciaire. La juridiction des *Cadis* (1) existe toujours sur les matières prévues par le droit musulman proprement dit.

Il faudra donc, longtemps encore, consulter les sources de ce droit ; ces sources sont, d'après Muradjea d'Ohsson : le *Coran*, la *Sunnah*, le *Cacunnameh* ou recueil des opinions des ulémas et des légistes sur les questions douteuses, le *Aadel* ou recueil des décisions de la jurisprudence, les *Coutumes* (2) ; enfin, il convient d'ajouter à ces sources, à cause de son importance exceptionnelle, le *Multeka-ul-Ubhur*, Code universel musulman, œuvre de Ibraham Haliby, le plus célèbre jurisconsulte ottoman, composée vers le commencement du XVI° siècle.

Parmi les lois civiles importantes, plus récemment promulguées, nous citerons : la loi du 18 juin 1867 qui concède aux étrangers le droit de posséder des biens immeubles en Turquie (3) ;

Celle du 21 mai 1867 qui étend le droit d'hérédité sur la propriété des biens détenus par *tapou ;*

Celle du 19 janvier 1869, sur la nationalité ottomane.

Celle de 1870, sur l'hypothèque des propriétés immobilières ;

BIBLIOGRAPHIE

A digest of Mohammadam law, par Baillie. 2 vol. in-8°; Londres, 1865-1869.

Le droit musulman exposé d'après les sources, par Nicolas de Tournow, trad. Esbach. In-8°; Paris, 1860.

Législation ottomane, par Aristarchi-Bey. Publié par Démétrius Nicolaïdes. 5 vol. Constantinople, 1873-78.

Tableau général de l'empire ottoman, par de Muradjea d'Ohsson. 8 vol. in-8° ; Paris, 1824.

Précis de jurisprudence musulmane, par Khalil ibn ish'ak, trad. Perron ; 6 vol. in-4°; Paris, 1854.

Code civil ottoman, liv. I, II et III, trad. par Vitchen Servicen, 3 livr. in-8°; Constantinople, 1872-1878.

(1) Le *Cadi*, juge unique institué par le Koran, a été longtemps le seul magistrat. Depuis la Constitution de 1876, une réorganisation judiciaire a été tentée qui organise des tribunaux de canton et d'arrondissement, des Cours d'appel aux chefs-lieux de province, et à Constantinople une Cour suprême, se divisant en Cour de cassation et haute Cour d'appel. Les affaires civiles et commerciales sont exclusivement de la compétence de ces tribunaux.

(2) *Tableau général de l'empire ottoman*, t. I.

(3) V. la traduction de cette loi dans les *Rapports des secrétaires de légation de Belgique*, t. I, p. 178.

Eherecht, Familienrecht und Erbrecht der Mohamedaner nach dem Hanefitischen ritus (en forme de Code). Vienne, 1883.

A de Saint-Joseph. *Concordance*, t. IV, p. 442.

Sagot-Lesage. *Étude sur la législ. de Mahomet.* (*Revue hist. du droit franç. et étranger*, t. IV, 1858, p. 455 et 573).

Roguet. *Législation des musulmans.* (*Rev. prat.*, t. IV, p. 63, 120-220).

Verhaeghe. *Les lois nouvelles de la Turquie* (Rapport des secrétaires de légation), Bruxelles, 1872, p. 251.

URUGUAY.

Le Code civil de la république orientale de l'Uruguay date du 23 janvier 1868 et est en vigueur depuis le 1er janvier 1869 (Déc. du 29 juillet 1868, art. 1er).

Il comprend 2,344 articles et se divise en quatre livres, précédés d'un titre préliminaire sur l'application des lois.

Le livre Ier est consacré aux personnes; le livre II, aux biens et au droit de propriété; le livre III, aux modes d'acquérir la propriété; le livre IV, qui se divise lui-même en deux parties, aux obligations en général et aux obligations qui naissent des contrats.

Ce Code, comme celui de la Confédération Argentine, a rejeté sur beaucoup de points les principes de la législation espagnole, pour adopter ceux de la législation américaine combinés avec les règles du Code civil français. Cet abandon du droit espagnol ne saurait surprendre, lorsqu'on réfléchit que près de la moitié de la population de cet État et certainement la partie la plus importante par son industrie et sa richesse, se compose d'émigrants italiens, français et allemands.

BIBLIOGRAPHIE

Codigo civil para el Estado oriental del Urugay. Éd. offi. 2 vol in-8°; *Montevideo*, 1868.

Codigo civil de la Republica oriental del Uruguay. 1 vol. in-4°; Madrid, 1879.

Goyena. *La legislacion vig. de la Repub. orient. del Uruguay.*

VÉNÉZUÉLA.

Depuis la codification de ses lois, la république de Vénézuéla a été régie par plusieurs Codes civils : le premier, promulgué le 23 octobre 1862, fut mis en vigueur le 19 avril 1863, époque à laquelle les législations espagnole, colombienne et vénézuélienne, jusque-là appliquées, cessèrent de l'être. Ce Code ne resta en vigueur que jusqu'au 8 août de la même année et fut remplacé par ce que l'on a appelé le Code de la dictature (*Codigo de la dictadura*), qui remit en vigueur les anciennes lois. Cet état de choses dura jusqu'au 20 mai 1867, jour où fut promulgué un autre Code, exécutoire à partir du 22 du même mois, lequel fut enfin remplacé par le Code actuel, achevé le 20 février 1873 et exécutoire à partir du 27 avril de la même année. Ce Code se compose de 1,921 articles.

BIBLIOGRAPHIE

Codigo civil Venezolano. In-8°; 1874.
Sanojo (*L.*). *Instituciones de derecho civil Venezolano.* 4 vol. in-8°.

APPENDICES

APPENDICES

TABLEAUX ET EXTRAITS DES TRAITÉS

CONCLUS ENTRE LA FRANCE ET LES PUISSANCES ÉTRANGÈRES

relativement au règlement des successions des étrangers en France
et des Français à l'étranger,
à l'organisation des tutelles, à l'exécution des jugements,
à la dispense de la *caution judicatum solvi*.

I. — Aux termes des articles 1 et 2 de la loi du 14 juillet 1819, qui a abrogé les articles 726 et 912 du Code civil et dérogé en partie à l'article 11 du même Code, les étrangers ont le droit de succéder, de disposer et de recevoir, en France, de la même manière que les Français. Mais la loi française ne faisant aucune distinction entre la succession d'un étranger et celle d'un Français, ses dispotions leur sont également applicables; c'est donc toujours à l'autorité judiciaire française qu'il appartient exclusivement d'intervenir pour l'administration et la liquidation des successions qui intéressent des étrangers. Tel est le principe. Mais la rigueur du principe a cédé devant la nécessité reconnue par toutes les nations civilisées que l'étranger, décédé en pays étranger, soit représenté par un magistrat de sa nation, investi du pouvoir de faire les actes nécessaires à la sauvegarde des intérêts de ses nationaux. De là les pouvoirs exceptionnels conférés aux Consuls des différents pays pour l'administration et la liquidation des successions des étrangers décédés en France, pouvoirs qui, par réciprocité, ont été conférés aux Consuls français à l'étranger.

II. — L'article 16 du Code civil français dispose qu'en toutes matières, autres que celles de commerce, l'étranger qui sera demandeur sera tenu de donner *caution* pour le payement des frais et dommages-intérêts résultant du procès, à moins qu'il ne possède en France des immeubles d'une valeur suffisante pour assurer ce payement (Art. 166 et 167 C. proc. civ.).

Mais l'étranger peut être dispensé de fournir caution en vertu d'un traité passé entre la France et le pays auquel il appartient. De nombreux traités diplomatiques ont dérogé à la prescription de l'article 16 du Code civil.

III. — L'article 2123 du Code civil et l'article 546 du Code de procédure civile, qui posent le principe de la nécessité de l'*exequatur* pour les jugements étrangers, réservent expressément le cas où des dispositions contraires seraient contenues dans les lois politiques ou dans les traités.

Plusieurs traités ont, en effet, dérogé à ce principe.

Nous avons pensé que les jurisconsultes français, fréquemment appelés à se demander dans quels cas les Consuls peuvent réclamer leur intervention pour le règlement d'une succession ouverte en France, — quels étrangers sont dispensés de la caution *judicatum solvi*, — ou quels jugements étrangers ont, de plein droit, en France, l'autorité de la chose jugée et peuvent être déclarés exécutoires sans révision, — accueilleraient avec faveur un tableau résumé de ces dispositions, avec les textes à l'appui. Ce sera l'objet des trois appendices qui suivent :

I

TABLEAU des Traités et conventions consulaires existant entre la France et les puissances étrangères, relativement au règlement des successions des étrangers décédés en France et des Français décédés à l'étranger.

I. Autriche . . . . . Conventions du 11 déc. 1866, Promulguées le 19 décembre 1866.

II. Birmanie . . . Traité du 24 janv. 1873. Pr. le 28 juillet 1873.

III. Bolivie. . . . . Traité du 9 déc. 1834. Pr. le 26 juillet 1837.

IV. Brésil. . . . . Conventions des 10 déc. 1860, Pr. le 17 mars 1861, et 21 juillet 1866.

V. Chili. . . . . . . Traité du 15 sept. 1846. Pr. le 8 août 1853.

VI. Costa-Rica. . . . Traité du 12 mars 1848. Pr. le 10 mai 1849.

VII. Dominicaine (Rép.). Traité du 8 mai 1852. Pr. le 26 nov. 1852.

VIII. Équateur . . . . . Traité du 6 juin 1843. Pr. le 28 mars 1845.

IX. Espagne. . . . Convent. du 7 janv. 1862. Pr. le 18 mars 1862.

X. Grèce. . . . . Convent. du 7 janv. 1876. Pr. le 2 mars 1878.

XI. Guatémala. . . Traité du 8 mars 1848. Pr. le 10 mai 1849.

XII. Honduras. . Traité du 22 février 1856. Pr. le 17 oct. 1857.

XIII. Italie . . . . Convent. du 26 juillet 1862. Pr. le 24 sept. 1862.

XIV Mascate (États de). . Traité du 17 nov. 1844. Pr. le 22 juillet 1846.

XV. Nicaragua. . . Traité du 11 avril 1859. Pr. le 21 janv. 1860.

XVI. Pérou. . . Traité du 9 mars 1861. Pr. le 26 février 1862.

XVII. Perse. . . . Traité du 12 juillet 1855. Pr. le 14 fév. 1857.

XVIII. Portugal . Convention consulaire du 11 juillet 1866. Pr. le 27 juillet 1867.

XIX. Russie. . . Conventions consulaires du 1er avril 1874. Pr. le 17 juin 1874.

XX. Salvador. . . . . . Convention consulaire du 5 juin 1878. Pr. le 7 août 1879.

XXI. Sandwich (Îles). . . Traité du 29 oct. 1857. Pr. le 21 janv. 1860.

XXII. Serbie. . . Traité du 18 janv. 1883. Pr. le 17 juillet 1883.

XXIII. Siam . . . . . Traité du 15 août 1856. Pr. le 28 août 1857.

XXIV. Vénézuéla. . Convent. du 24 oct. 1856. Pr. le 12 août 1857.

NOTA. — *Turquie.* — Une circulaire ministérielle du 17 juillet 1869 (*Bull. off.* du min. de la just.) mentionne les capitulations de 1535 et de 1740 comme contenant, au profit des Consuls turcs, un droit de juridiction dans le règlement des successions de leurs nationaux décédés en France. Si l'on veut bien se reporter au texte de ces capitulations, on verra qu'elles règlent uniquement les intérêts des sujets français en Turquie.

— *Uruguay.* — Bien que le gouvernement de l'Uruguay ait refusé de proro-

II

TABLEAU des pays dont les sujets sont dispensés de fournir, en France, la caution *judicatum solvi*, aux termes des traités internationaux.

I. Bolivie (1). . . . . . . Traité du 9 déc. 1834. Pr. le 26 juillet 1837.
II. Chili. . . . . Traité du 15 sept. 1846. Pr. le 8 août 1853.
III. Costa-Rica . . . Traité du 12 mars 1848. Pr. le 10 mai 1849.
IV. Dominicaine (Rép.). Traité du 8 mai 1852. Pr. le 26 nov. 1852.
V. Équateur. . . . . . Traité du 6 juin 1843. Pr le 28 mars 1845.
VI. Espagne. . . . . . . Traité des 7 janvier 1862 et 6 février 1882.
Pr. le 13 mai 1882.
VII. Grenade (Nouvelle-). Traité du 15 août 1856. Pr. le 14 sept. 1857.
VIII. Guatémala. . . . Traité du 8 mars 1848. Pr. le 10 mai 1849.
IX. Honduras. . . . . Traité du 22 fév. 1856. Pr. le 17 oct. 1857.
X. Italie . . . . . . Traité du 24 mars 1760 (2).
XI. Nicaragua. . Traité du 11 avril 1859. Pr. le 21 janv. 1860.
XII. Pérou. . . . . . . Traité du 9 mars 1861. Pr. le 26 fév. 1862.
XIII. Perse. . . . . . . Traité du 12 juillet 1855. Pr. le 14 fév. 1857.
XIV. Portugal . . . . . Traité du 9 mars 1853. Pr. le 27 déc. 1853.
XV. Russie. . . . . . . Traité du 1er avril 1874. Pr. le 17 juin 1874.
XVI. Salvador. . . . . . Traité du 2 janvier 1858. Pr. le 3 mars 1860.
XVII. Sandwich (îles). . . Traité du 29 oct. 1857. Pr. le 21 janv. 1860.
XVIII. Siam . . . . Traité du 15 août 1856. Pr. le 28 août 1857.
XIX. Serbie. . . . . . . Traité du 18 janv. 1883. Pr. le 17 juillet 1883.
XX. Suisse. . . . . . . Traités des 18 juillet 1828 et 15 juin 1869. Pr.
le 19 octobre 1869.

ger le traité du 12 octobre 1865, qui reconnaissait aux consuls des deux pays le droit d'intervention dans le règlement des successions *ab intestat* de leurs nationaux, ce droit a été cependant maintenu, en France, aux Consuls de l'Uruguay, par suite de la réciprocité existant dans ce pays en faveur des Consuls français. (V. *Bulletin off. du minist. de la justice*, 1880, p. 75). Mais le droit d'administration ne leur appartient pas.

(1) La jurisprudence considère comme affranchis de la caution les étrangers appartenant à des pays dont les traités conclus avec la France, bien que ne portant pas de *dispense expresse*, stipulent « le libre accès devant les tribunaux de justice... et la jouissance sous ce rapport des mêmes droits et avantages que les nationaux eux-mêmes. » Seine, 22 février 1870 ; 23 novembre 1880 ; 8 juin 1882 ; 29 décembre 1882 ; (*J. du droit intern. pr.*, 1880, p. 575 ; 1882, p. 300 ; 1883, p. 610 611).

(2) Ce traité avait été conclu avec la Sardaigne ; mais il est de doctrine et de jurisprudence constante en Italie et surtout en France (Cass., 27 avril 1870 ; 5 février 1872 ; Chambéry, 29 janvier 1874 ; Paris, 24 novembre 1873 et

II *bis*

D'autres Traités dispensent seulement de la caution *judicatum solvi* les étrangers qui auront été admis au bénéfice de l'*Assistance judiciaire*. Ces traités ont été conclus avec les pays suivants :

I. Allemagne. . . . . Convent. du 20 fév. 1880. Pr. le 12 fév. 1881.
II. Autriche-Hongrie, ... Convent. du 14 mai 1879. Pr. le 19 mars 1880.
III. Bavière. . . . . Convent. du 11 mars 1870. Pr. le 7 mai 1870.
IV. Belgique . . . . Convent. du 22 mars 1870. Pr. le 8 juin 1870.
V. Italie (1). . . . . Convent. du 19 fév. 1870. Pr. le 7 mai 1870.
VI. Luxembourg (gr.-duché). Conv. du 22 mars 1870. Pr. le 7 mai 1870 (2).

9 janvier 1875 ; Paris, 1er décembre 1879 ; Florence, 20 juin 1870 ; Milan, 10 juillet 1875 ; Turin, 20 mars 1876 ; Livourne, 22 mai 1878), que ce traité, interprété par la déclaration signée à Turin le 11 septembre 1860, est toujours en vigueur et doit régir les relations internationales entre la France et le nouveau royaume d'Italie tout entier. V. aussi Paris, 27 août 1864, et *J. du droit intern. privé*, 1874, p. 305 à 307.

— *Grande-Bretagne.* — On a aussi voulu soutenir que le traité de commerce conclu le 16 mai 1882 (S. V., 1883. 5. 504) entre la France et la Grande-Bretagne, dispensait de la caution *judicatum solvi* les Anglais plaidant en France. Cette prétention a été repoussée par un jugement du tribunal de la Seine du 29 décembre 1882 (*J. du droit intern. privé*, 1883, p. 610-611), « le droit de plaider avec libre accès devant les tribunaux français n'ayant nullement été conféré par ce traité aux sujets britanniques. »

L'article 1er, § 2 du traité, invoqué dans l'affaire, est ainsi conçu : « *Il est aussi entendu que, sous réserve de l'exception ci-dessus établie, chacune des hautes parties contractantes s'engage à faire profiter l'autre, immédiatement et sans condition, de toute faveur, immunité ou privilège, en* matière de commerce ou d'industrie, *qui aurait pu ou pourrait être concédé par une des parties contractantes à une tierce puissance en Europe ou hors d'Europe.* »

(1) Pour l'Italie, il résulte des indications que nous avons données au tableau précédent (note 2) que tous les Italiens, en France, admis ou non au bénéfice de l'assistance judiciaire, sont dispensés de la caution *judicatum solvi*.

(2) Il existe des pays où les étrangers, demandeurs en justice, ne sont pas tenus, même sans qu'il existe de traités internationaux à ce sujet, de fournir la caution *judicatum solvi*. Ce sont : l'Italie, l'Angleterre, les États-Unis (lorsque l'étranger réside dans le pays), le Portugal, la Suède.

En Algérie, aux termes de de l'article 19 de l'ordonnance du 12 mai 1843, la disposition de l'art. 166 du Code de proc. civ. ne peut être appliquée qu'aux demandeurs étrangers qui n'ont ni résidence habituelle, ni établissement dans la colonie.

III

TABLEAU des Traités intervenus entre la France (1) et les puissances étrangères (2), relativement à la compétence judiciaire et à l'exécution des jugements.

I. Alsace-Lorraine..... Convention addit. au traité de Francfort du 11 déc.1871, art. 18.
II. Bade (Grand-duché de). Traité du 16 avril 1846.

(1) L'article 546 du Code de procédure civile français dispose que les jugements rendus par les tribunaux étrangers et les actes reçus par les officiers étrangers ne seront susceptibles d'exécution en France que de la manière et dans les cas prévus par les articles 2123 et 2128 du Code civil, c'est-à-dire, pour les jugements, s'ils ont été déclarés exécutoires par un tribunal français, ou si cette exécution a été réglementée par un traité international. Les mêmes principes sont admis par les législations étrangères. Les jugements étrangers ne sauraient, en effet, avoir par eux-mêmes force exécutoire en dehors des pays où ils ont été rendus. Cette condition d'*exequatur* sera même nécessaire dans le cas où il existerait un traité international, car un traité ne saurait, sans déroger au principe de souveraineté ou d'indépendance des États, autoriser les officiers ministériels d'un pays à obéir au mandement des autorités étrangères (Paris, 21 janvier 1873). Mais, par l'effet des traités, les tribunaux chargés de donner l'*exequatur* doivent y déférer sans examiner et reviser le fond de la décision.

(2) Au point de vue de l'exécution des jugements, toutes les nations exigent l'intervention de l'autorité nationale pour autoriser sur leur territoire respectif l'exécution d'une sentence rendue par un juge étranger. Mais les conditions auxquelles est subordonnée l'obtention de cette autorisation sont loin d'être les mêmes partout. Les divers États peuvent, à cet égard, être groupés en trois classes : 1° ceux où les jugements étrangers jouissent de l'autorité de la chose jugée d'une façon absolue, c'est-à-dire dont les tribunaux ne revisent pas les sentences dont l'exécution est demandée, sans se préoccuper de savoir s'il y a réciprocité dans les pays étrangers : Italie, Russie, Angleterre, États-Unis, Danemark; 2° ceux qui admettent l'autorité de la chose jugée, mais sous la condition de réciprocité, comme l'Allemagne, l'Autriche, la Suisse allemande, l'Espagne, la Roumanie, le Brésil et la Grèce; 3° les états où les jugements étrangers ne jouissent pas de l'autorité de la chose jugée : ce sont la Suisse française, le Portugal, la Hollande, la Suède et la Norvège.

Consulter sur ces questions :

Bonfils. *De la compétence des tribunaux français à l'égard des étrangers.* Paris, 1865.
Bertauld. *Questions doctrinales sur le Code Napoléon*, p. 1 à 163. Paris, 1867.
Lemoine. *Des effets produits par les jugements étrangers.* Paris, 1881.

Thévenet. *De l'autorité et de la force exécutoire des jugements étrangers en France et des jugements français à l'étranger.* Paris, 1880.

Gerbaut. *De la compétence des tribunaux français à l'égard des étrangers en matière civile et commerciale.* Paris, 1883.

Revue de droit international et de Législation comparée, 1869, p. 82, 408 et 473.

Et les *Études* publiées sur l'exécution des jugements étrangers dans les divers pays, par le *Journal du droit international privé*, 1877, p. 580.

Pour les divers pays et pour chaque État :

En Allemagne, 1882, p. 25 ; 1883, p. 239 ; 1884, p. 43.
En Angleterre, 1878, p, 22 ; 1879, p. 135 et p. 516 ; 1883, p. 34.
En Autriche, 1877, p. 210.
En Belgique, 1877, p. 339.
En Danemark, 1880, p. 368.
En Espagne, 1881, p. 20
Aux États-Unis d'Amérique, 1875, p. 315 ; 1878, p. 21.
En France (jugements italiens) 1878, p. 7 ; (jugements rendus en Egypte), 1880, p. 547 ; 1882, p. 166.
En Grèce, 1880, p. 173.
En Italie, 1877, p. 515 ; 1878, p. 235 ; 1879, p. 244.
A Monaco, 1877, p. 121.
Dans les Pays-Bas, 1879, p. 369.
En Portugal, 1875, p. 54 et 448.
En Roumanie, 1879, p. 351.
En Russie, 1878, p. 139.
En Suède, 1880, p. 83.
En Suisse, 1875, p. 462 ; 1876, p. 530 et 1883, p. 113.

(1) Un traité avait aussi été conclu, le 14 mai 1871, entre la France et l'*Espagne*, pour l'exécution dans les deux pays des jugements ; mais le traité était encore soumis à l'approbation du Sénat français, quand survint la guerre franco-allemande. Ce traité est donc resté sans exécution.

ALLEMAGNE

Convention *du* 20 *février* 1880 (1) *entre la France et l'Allemagne,
concernant l'assistance judiciaire.*

Article premier. — Les Français en Allemagne et les Allemands en
France jouiront réciproquement du bénéfice de l'assistance judiciaire,
comme les nationaux eux-mêmes, en se conformant aux lois du pays dans
lequel l'assistance sera réclamée.

Art. 2. — Dans tous les cas, le certificat d'indigence doit être délivré à
l'étranger qui demande l'assistance par les autorités de sa résidence habituelle.

Si le requérant ne réside pas dans le pays où la demande est formée, le
certificat d'indigence sera légalisé par l'agent diplomatique du pays où le
certificat doit être produit.

Lorsque le requérant réside dans le pays où la demande est formée, des
renseignements pourront, en outre, être pris auprès des autorités de l'État
auquel il appartient.

Art. 3. — Les Français admis en Allemagne et les Allemands admis
en France au bénéfice de l'assistance judiciaire seront dispensés, de plein
droit, de toute caution ou dépôt qui, sous quelque dénomination que ce
soit, peut être exigé des étrangers plaidant contre les nationaux par la
législation du pays où l'action sera introduite.

Art. 4. — La présente convention, destinée à remplacer, en ce qui
concerne la Bavière, le traité conclu, le 11 mars 1870, entre la France et
la Bavière, sera ratifiée. Elle sortira ses effets à partir du jour de l'change
des ratifications et elle continuera à être exécutoire pendant six mois
après la dénonciation qui en aura été faite par l'une des deux parties
contractantes.

ALSACE-LORRAINE

Aux termes de l'article 18 de la convention additionnelle conclue à
Francfort, entre la France et la Prusse, le 11 décembre 1878, et ratifiée
par la loi du 9 janvier 1872 (2), c'est le traité franco-badois du 16 avril 1846
qui règle, au point de vue de l'exécution des jugements, nos rapports avec
l'Alsace-Lorraine. Nous renvoyons donc à ce traité, *infra*, p. 170.

(1) *Bulletin des Lois*, 1881, n° 598.
(2) *Bulletin*, 1872, n° 78.

AUTRICHE

Première Convention consulaire *conclue le 11 décembre 1866
entre la France et l'Autriche.*

Art. *9 relatif aux pouvoirs des consuls.* — Les consuls généraux, consuls, vice-consuls ou agents consulaires des deux pays, ainsi que leurs chanceliers, auront le droit de recevoir dans leurs chancelleries, au domicile des parties et à bord des navires de leur nation, les déclarations que pourront avoir à faire les capitaines, les gens de l'équipage, les passagers, les négociants et tous autres sujets de leur pays.

Ils seront également autorisés à recevoir : 1° les dispositions testamentaires de leurs nationaux et tous autres actes de droit civil qui les concernent et auxquels on voudrait donner forme authentique ; 2° les simples actes conventionnels passés entre un ou plusieurs de leurs nationaux et d'autres personnes du pays dans lequel ils résident. Ces actes auront en justice, dans les deux pays, la même force et valeur que s'ils avaient été passés devant les officiers publics ou ministériels compétents dans l'un ou l'autre des deux États.

Les consuls généraux, consuls et vice-consuls ou agents consulaires respectifs pourront traduire et légaliser toute espèce de documents émanés des autorités ou fonctionnaires de leur pays ; et ces traductions auront, dans le pays de leur résidence, la même force et valeur que si elles eussent été faites par les interprètes jurés du pays.

Deuxième Convention consulaire (2) *conclue le 11 décembre 1866 entre la France et l'Autriche pour le règlement des successions laissées dans l'un des deux États par des sujets de l'autre pays.*

Article premier. — Les sujets des deux hautes parties contractantes pourront disposer par testament, legs, donation ou autrement, de tous les biens qu'ils posséderaient dans les territoires des États respectifs.

Ils seront habiles à recevoir de la même manière que les nationaux les biens, situés dans l'autre pays, qui leur seraient dévolus à titre de donation, legs, testament ou même par successions *ab intestat*, et lesdits héritiers, légataires ou donataires ne seront pas tenus à acquitter des droits de succession ou mutation autres ni plus élevés que ceux qui seraient imposés, dans des cas semblables, aux nationaux eux-mêmes.

---

(1) *Bulletin*, 1866, n° 1447. Cette convention a été maintenue en vigueur par une nouvelle convention du 8 novembre 1881.

(2) *Bulletin*, 1866, n° 1447.

Ils auront la faculté de faire dresser leurs dispositions de dernière volonté par les consuls ou chanceliers de leur nation.

Art. 2. — La succession aux biens immobiliers sera régie par les lois du pays dans lequel les immeubles seront situés, et la connaissance de toute demande ou contestation concernant les successions immobilières appartiendra exclusivement aux tribunaux de ce pays.

Les réclamations relatives aux successions mobilières ainsi qu'aux droits de succession sur les effets mobiliers laissés dans l'un des deux pays par des sujets de l'autre pays, soit qu'à l'époque de leur décès ils y fussent établis, soit qu'ils y fussent simplement de passage, seront jugées par les tribunaux ou autorités compétentes de l'État auquel appartenait le défunt et conformément aux lois de cet État.

Art. 3. — En cas de décès d'un sujet de l'une des hautes parties contractantes sur le territoire de l'autre, les autorités locales devront en donner avis immédiatement au consul général, consul, vice-consul ou agent consulaire le plus rapproché du lieu du décès. Ceux-ci devront donner le même avis aux autorités locales, lorsqu'ils auront été informés les premiers.

Les consuls généraux, consuls ou vice-consuls de la nation du défunt auront le droit de procéder successivement aux opérations suivantes :

1° Apposer les scellés, soit d'office, soit à la demande des parties intéressées, sur tous les effets, meubles et papiers du défunt, en prévenant de cette opération l'autorité locale compétente, qui, dans le cas où les lois du pays le lui prescrivent, pourra y assister et apposer également ses scellés. Lorsqu'elle aura été informée la première du décès et en tant que, suivant les lois du pays, elle est tenue à apposer les scellés sur la succession, l'autorité locale invitera l'autorité consulaire à procéder, en commun, à cet acte.

Dans le cas où l'apposition immédiate des scellés paraîtrait absolument nécessaire, mais où cette opération, par suite de la distance des lieux ou par d'autres motifs, ne pourrait avoir lieu en commun, l'autorité locale aura la faculté de mettre les scellés préalablement, sans le concours de l'autorité consulaire, et *vice versa*, sauf à informer l'autorité qui ne sera pas intervenue et qui sera libre de croiser ensuite son sceau avec celui déjà apposé.

Les scellés de l'autorité locale et réciproquement ceux de l'autorité consulaire ne devront pas être levés sans que ladite autorité assiste à cette opération.

Toutefois, si, après un avertissement adressé par l'autorité consulaire à l'autorité locale, ou *vice versa*, par l'autorité locale à l'autorité consulaire, pour l'inviter à assister à la levée des doubles scellés, l'autorité à qui l'invitation a été adressée ne s'était pas présentée dans un délai de quarante-huit heures, à compter de la réception de l'avis, l'autre autorité pourrait procéder seule à ladite opération.

2° Former l'inventaire de tous les biens mobiliers et effets du défunt, en présence de l'autorité locale, si, après en avoir été prévenue, celle-ci croyait devoir assister à cet acte.

3° Ordonner la vente aux enchères publiques de tous les objets mobiliers de la succession *ab intestat* ou testamentaire qui pourraient se détériorer et de ceux d'une conservation difficile, en prévenant l'autorité locale, afin que la vente soit faite dans les formes prescrites, et par l'autorité compétente d'après les lois du pays. Dans le cas où ce serait l'autorité locale qui aurait à effectuer cette vente, elle devra inviter l'autorité consulaire à y assister.

4° Déposer en lieu sûr les effets et valeurs inventoriés, le montant des créances que l'on réalisera, ainsi que le produit des rentes que l'on percevra.

Ces dépôts devront avoir lieu, dans l'un ou l'autre cas, d'accord avec l'autorité locale appelée à assister aux opérations antérieures, s'il se présente des sujets du pays ou d'une puissance tierce comme intéressés dans la succession, et en tant qu'il s'agirait de garantir les droits de succession ou de mutation à payer suivant les lois du pays.

En cas d'insuffisance des valeurs de la succession pour satisfaire au payement intégral des créances, tous les documents, effets ou valeurs appartenant à cette succession devront, sur la demande des créanciers, être remis à l'autorité judiciaire ou aux syndics de la faillite selon la loi du pays, l'autorité consulaire restant chargée de représenter ses nationaux, héritiers ou légataires, absents, mineurs et incapables.

5° Administrer eux-mêmes, ou par une personne qu'ils nommeront sous leur responsabilité, la partie mobilière de la succession et même liquider les successions purement mobilières, à moins que le délai fixé par l'autorité locale, selon les lois du pays, pour présenter les réclamations au nom de leurs nationaux ou de sujets d'une tierce puissance demeurant dans le pays, ne soit pas encore expiré ou qu'il ne s'élève quelque contestation à l'égard de pareilles réclamations ; car, dans ces deux cas, le consulat devra surseoir à la liquidation et se bornera à des mesures administratives qui ne pourraient entraver l'acquittement des réclamations précitées.

La décision à l'égard de ces réclamations, en tant qu'elles ne reposent pas sur le titre d'hérédité ou de legs, appartiendra exclusivement aux tribunaux du pays.

Après le prononcé du jugement concernant toutes les réclamations susmentionnées, réservées à la décision des tribunaux du pays, ou après que la somme requise pour leur acquittement aura été déterminée, l'entière succession mobilière, en tant qu'elle ne serait pas engagée à titre de caution, devra, après la levée des scellés apposés par l'autorité locale, être remise, pour en disposer ultérieurement, à l'autorité consulaire.

Art. 4. — Lorsqu'un sujet d'une des hautes parties contractantes se trouvera intéressé dans une succession ouverte sur le territoire de l'autre partie, soit d'un sujet du même pays, soit d'un regnicole, soit même d'un étranger, les autorités locales devront informer de l'ouverture de la succession le consul géneral, consul, vice-consul ou agent consulaire le plus rapproché du lieu du décès.

Art. 5. — Lorsqu'un sujet français dans les États autrichiens, ou un sujet autrichien en France, sera décédé sur un point où il ne se trouve pas d'autorité consulaire de sa nation, l'autorité locale compétente procédera, conformément à la législation du pays, à l'inventaire des effets et à la liquidation des biens qu'il aura laissés, et devra donner avis, dans le plus bref délai possible, du résultat de ces opérations à l'ambassade de la nation du défunt ou à l'autorité consulaire la plus voisine du lieu où se sera ouverte la succession.

Mais dès l'instant que le consul général, consul, vice-consul ou agent consulaire le plus rapproché se présentera personnellement ou aura envoyé un délégué sur les lieux, l'autorité locale qui serait intervenue devra se conformer aux prescriptions de l'article 3 de cette convention.

ART. 6. — Les gages et effets ayant appartenu aux matelots ou passagers de l'un des deux pays, morts à bord d'un navire de l'autre pays, seront remis, dans le port d'arrivée, à l'autorité compétente du pays du défunt ou entre les mains du consul de sa nation.

AUTRICHE-HONGRIE

CONVENTION *conclue le* 14 *mai* 1879 (1), *entre la France
et l'Autriche-Hongrie, relativement à l'assistance judiciaire.*

ARTICLE PREMIER. — Les ressortissants des hautes parties contractantes jouiront réciproquement du bénéfice de l'assistance judiciaire,
comme les nationaux eux-mêmes, en se conformant à la loi du pays dans
lequel l'assistance sera réclamée.

ART. 2. — Dans tous les cas, le certificat d'indigence doit être délivré à
l'étranger qui demande l'assistance par les autorités de sa résidence
habituelle.

S'il ne réside pas dans le pays où la demande est formée, le certificat
d'indigence sera approuvé et légalisé par l'agence diplomatique du pays
où le certificat doit être produit.

Lorsque l'étranger réside dans le pays où la demande est formée, des
renseignements pourront, en outre, être pris auprès des autorités de l'État
auquel il appartient.

ART. 3. — Les Autrichiens et Hongrois admis en France et les Français
admis en Autriche ou en Hongrie au bénéfice de l'assistance judiciaire
seront dispensés, de plein droit, de toute caution ou dépôt qui, sous quelque
dénomination que ce soit, peut être exigée des étrangers plaidant contre
les nationaux par la législation du pays où l'action sera introduite.

ART. 4. — La présente Convention est conclue pour cinq années, à
partir du jour des ratifications.

Dans le cas où aucune des hautes parties contractantes n'aurait notifié,
une année avant l'expiration de ce terme, son intention d'en faire cesser
les effets, la Convention continuera d'être obligatoire encore une année, et
ainsi de suite, d'année en année, à compter du jour où l'une des parties
l'aura dénoncée.

Elle sera ratifiée aussitôt que faire se pourra.

(1) *Bulletin*, 1880, n° 512.

BADE (Grand-Duché de)

Convention *conclue le 16 avril 1846 (1), entre la France et le Grand-Duché de Bade, pour l'exécution des jugements rendus par les tribunaux des deux pays.*

Article premier. — Les jugements ou arrêts rendus, en matière civile et commerciale, par les tribunaux compétents de l'un des deux États contractants, emporteront hypothèque judiciaire dans l'autre; en outre, ils seront exécutoires lorsqu'ils auront acquis l'autorité de la chose jugée, pourvu toutefois que les parties intéressées se conforment aux dispositions de l'article 3 ci-après.

Art. 2. — Sera réputé compétent :

1° Le tribunal dans l'arrondissement duquel le défendeur a son domicile ou sa résidence ; de plus,

2° En matière réelle, celui dans l'arrondissement duquel est situé l'objet litigieux ;

3° En matière de succession, le tribunal du lieu où la succession est ouverte ;

4° En matière de société, quand il s'agit de contestations entre associés, ou de plaintes portées par des tiers contre la société, le tribunal dans l'arrondissement duquel elle est établie ;

5° Le tribunal dans l'arrondissement duquel les parties ont élu domicile pour l'exécution d'un acte.

Art. 3. — La partie en faveur de laquelle un jugement aura été rendu dans l'un des deux États, et qui voudra s'en servir dans l'autre État, soit pour faire preuve de chose jugée, soit pour opérer la saisie des biens du débiteur qui se trouvent dans cet État, sera tenue de produire à cet effet une expédition dûment légalisée du jugement, avec la preuve de la signification et un certificat de greffier constatant qu'il n'existe contre le jugement ni opposition ni appel.

S'il ne s'agit que de l'inscription d'une hypothèque judiciaire, il suffira d'une expédition légalisée du jugement, et d'un acte constatant la signification.

Sur la production de ces pièces, le jugement sera déclaré exécutoire, soit par la cour royale ou d'appel, soit par le tribunal de première instance du lieu du domicile du débiteur ou de la situation des biens, suivant que la décision émanera du premier ou du second degré de juridiction.

Art. 4. — Les deux gouvernements contractants s'engagent à faire remettre les significations ou citations, et à faire exécuter les commissions rogatoires, tant en matière civile que criminelle, autant que les lois du pays ne s'y opposent point. Les récépissés des significations et citations seront délivrés réciproquement.

Art. 5. — Les commissions rogatoires seront transmise par la voie diplomatique.

Art. 6. — Les frais occasionnés par les significations ou commissions rogatoires, ainsi que le port des lettres, resteront à la charge de l'État requis.

(1) *Bulletin*, 1846, n° 1299.

BAVIÈRE

Convention *conclue le 11 mars 1870 (1), entre la France et la Bavière, relativement à l'assistance judiciaire.*

Article premier. — Les Français en Bavière, les Bavarois en France, jouiront réciproquement du bénéfice de l'assistance judiciaire, comme les nationaux eux-mêmes, eu se conformant à la loi du pays dans lequel l'assistance sera réclamée.

Art. 2. — Dans tous les cas, le certificat d'indigence doit être délivré à l'étranger qui demande l'assistance judiciaire par les autorités de sa résidence habituelle.

S'il ne réside pas dans le pays où la demande est formée, le certificat d'indigence sera approuvé et légalisé par l'agent diplomatique du pays où le certificat doit être produit.

Lorsque l'étranger réside dans le pays où la demande est formée, des renseignements pourront, en outre, être pris auprès des autorités de la nation à laquelle il appartient.

Art. 3. — Les Français admis, en Bavière, les Bavarois admis, en France, au bénéfice de l'assistance judiciaire, seront dispensés, de plein droit, de toute caution ou dépôt qui, sous quelque dénomination que ce soit, peut être exigé des étrangers plaidant contre les nationaux par la législation du pays où l'action sera introduite.

Art. 4. — La présente convention est conclue, pour cinq années, à partir du jour de l'échange des ratifications.

Dans le cas où aucune des deux hautes parties contractantes n'aurait notifié, une année avant l'expiration de ce terme, son intention d'en faire cesser les effets, la Convention continuera d'être obligatoire encore une année, et ainsi de suite d'année en année, à compter du jour où l'une des parties l'aura dénoncée.

Elle sera ratifiée aussitôt que faire se pourra.

(1) *Bulletin,* 1870, n° 1803. Cette convention a été confirmée et au besoin remplacée par celle conclue avec l'empire d'Allemagne le 20 février 1880 (V. *suprà*).

BELGIQUE

CONVENTION *conclue le 22 mars 1870 (1) entre la France et la Belgique,*
relativement à l'assistance judiciaire.

ARTICLE PREMIER. — Les Français en Belgique, les Belges en France,
jouiront réciproquement du bénéfice de l'assistance judiciaire, comme les
nationaux eux-mêmes, en se conformant à la loi du pays dans lequel l'assistance sera réclamée.

ART. 2. — Dans tous les cas, le certificat d'indigence doit être délivré
à l'étranger qui demande l'assistance par les autorités de sa résidence habituelle.

S'il ne réside pas dans le pays où la demande est formée, le certificat
d'indigence sera approuvé et légalisé par l'agent diplomatique du pays où
le certificat doit être produit.

Lorsque l'étranger réside dans le pays où la demande est formée, des
renseignements pourront, en outre, être pris auprès des autorités de la
nation à laquelle il appartient.

ART. 3. — Les Français admis, en Belgique, les Français admis, en
France, au bénéfice de l'assistance judiciaire, seront dispensés, de plein
droit, de toute caution ou dépôt qui, sous quelque dénomination que ce soit,
peut être exigé des étrangers plaidant contre les nationaux par la législation du pays où l'action sera introduite.

ART. 4. — La présente convention est conclue pour cinq années, à partir
du jour de l'échange des ratifications.

Dans le cas où aucune des deux hautes parties contractantes n'aurait
notifié, une année avant l'expiration de ce terme, son intention d'en faire
cesser les effets, la convention continuera d'être obligatoire encore une
année, et ainsi de suite d'année en année, à compter du jour où l'une des
parties l'aura dénoncée.

Elle sera ratifiée aussitôt que faire se pourra.

(1) *Bulletin,* 1870, n° 1807.

BIRMANIE

Traité de commerce et d'amitié *signé le 24 janvier 1873 (1) entre la France et la Birmanie.*

Art. 4. — Le gouvernement birman, désirant faciliter autant qu'il est en son pouvoir l'établissement des Français en Birmanie, il est convenu que les autorités birmanes n'interviendront pas dans les contestations entre Français, qui devront toujours être déférées au consul de France, et que les contestations entre Français et Birmans seront jugées par un tribunal mixte, composé du consul et d un fonctionnaire birman de haut rang.

Art. 5. — Dans le cas de décès d'un Français en Birmanie ou d'un Birman en France, les biens du décédé seront remis à ses héritiers, et, à leur défaut, au consul de sa nation, qui se chargera de les faire parvenir aux ayants droit.

Art. 6. — La présente convention demeure obligatoire d'année en année, tant que l'un des deux gouvernements n'aura pas annoncé à l'autre, un an à l'avance, son intention d'en faire cesser les effets.

(1) *Bulletin*, 1873, n° 143. — Ce traité a été de nouveau approuvé par une déclaration signée le 25 avril 1884 et promulguée par décret du 30 mai dernier.

BOLIVIE

Traité *conclu le 9 décembre 1834 (1) entre la France et la Bolivie.*

Art. 3. — Les citoyens respectifs jouiront dans les deux États d'une constante et complète protection pour leurs personnes et leurs propriétés. Ils auront un libre et facile accès auprès des tribunaux de justice, pour la poursuite et la défense de leurs droits. Ils seront maîtres d'employer, dans toutes les circonstances, les avocats, avoués ou agents de toute classe qu'ils jugeront à propos. Enfin ils jouiront, sous ce rapport, des mêmes droits et privilèges que ceux accordés aux nationaux eux-mêmes. Ils seront d'ailleurs exempts de tout service personnel, soit dans les armées de terre, ou de mer, soit dans les gardes ou milices nationales, ainsi que de toutes contributions de guerre, emprunts forcés, réquisitions militaires; et, dans tous les autres cas, ils ne pourront être assujettis, pour leurs propriétés, soit mobilières, soit immobilières, à d'autres charges, réquisitions ou impôts que ceux payés par les nationaux eux-mêmes.

Ils ne pourront être expulsés, ni même envoyés forcément d'un point à un autre du pays, par mesure de police ou gouvernementale, sans motifs graves et de nature à troubler la tranquillité publique, et avant que ces motifs et les documents qui en feront foi aient été communiqués aux agents diplomatiques ou consulaires de leur nation respective. Dans tous les cas, il sera accordé aux inculpés le temps nécessaire pour présenter ou faire présenter au gouvernement du pays leurs moyens de justification. Ce temps sera d'une durée plus ou moins grande, suivant les circonstances.....

Art. 5. — Les citoyens des deux pays seront libres de disposer comme il leur conviendra, par vente, donation, échange, testament ou de quelque autre manière que ce soit, de tous les biens qu'ils possèderaient sur les territoires respectifs. De même, les citoyens de l'un des deux États qui seraient héritiers de biens situés dans l'autre pourront succéder sans empêchement à ceux desdits biens qui leur seraient dévolus *ab intestat,* et lesdits héritiers ou légataires ne seront pes tenus à acquitter des droits de succession autres ou plus élevés que ceux qui seraient supportés, dans des cas semblables, par les nationaux eux-mêmes.

Art. 24. — Les consuls respectifs pourront, au décès de leurs nationaux morts sans avoir testé ni désigné d'exécuteurs testamentaires,

1° Apposer les scellés, soit d'office, soit à la réquisition des parties intéressées, sur les effets mobiliers et les papiers du défunt, en prévenant d'avance de cette opération l'autorité locale compétente, qui pourra y assister, et même, si elle le juge convenable, croiser de ses scellés ceux apposés

____

(1) *Bulletin,* 1837, n° 528.

par le consul, et dès lors ces doubles scellés ne seront levés que de concert ;

2° Dresser, aussi en présence de l'autorité compétente du pays, si elle croit devoir s'y présenter, l'inventaire de la succession ;

3° Faire procéder, suivant l'usage du pays, à la vente des effets mobiliers en dépendant; enfin administrer et liquider personnellement ou nommer, sous leur responsabilité, un agent pour administrer et liquider ladite succession, sans que d'ailleurs l'autorité locale ait à intervenir dans ces nouvelles opérations;

Mais lesdits consuls seront tenus de faire annoncer la mort du défunt dans une des gazettes qui se publiera dans l'étendue de leur arrondissement, et ne pourront faire la délivrance de la succession ou de son produit aux héritiers légitimes ou à leurs mandataires, qu'après avoir fait acquitter toutes les dettes que le défunt pourrait avoir contractées dans le pays, ou qu'autant qu'une année se sera écoulée depuis la date de la publication du décès, sans qu'aucune réclamation ait été présentée contre la succession.

BRÉSIL

Convention consulaire *conclue le 10 décembre 1860 (1)*
entre la France et le Brésil.

Art. 6. — Les consuls généraux, consuls et vice-consuls respectifs auront le droit de recevoir dans leur chancellerie ou à bord des navires de leur pays, les déclarations ou autres actes que les capitaines ou passagers, négociants et sujets de leur nation, voudront y passer, même leurs testaments ou dispositions de dernière volonté, ou tous autres actes notariés, alors même que lesdits actes auraient pour objet de conférer hypothèque.

Cependant quand ces actes auront rapport à des biens fonciers situés dans ledit pays, un notaire écrivain public compétent du lieu sera appelé à y concourir et à les signer avec le chancelier ou l'agent, sous peine de nullité.

Les consuls généraux, consuls et vice-consuls respectifs auront, en outre, le droit de recevoir dans leurs chancelleries tous actes conventionnels entre un ou plusieurs de leurs nationaux et d'autres personnes du pays où ils résident, et même tout acte conventionnel concernant des sujets de ce dernier pays seulement, pourvu, bien entendu, que ces actes aient rapport à des biens situés ou à des affaires à traiter sur le territoire de la nation à laquelle appartiendra le consul ou l'agent devant lequel ils seront passés.

Les expéditions desdits actes, dûment légalisées par les consuls généraux, consuls et vice-consuls, et munies du cachet officiel de leur consulat ou vice-consulat, feront foi en justice devant tous les tribunaux, juges et autorités de France et du Brésil, au même titre que les originaux, et auront respectivement la même force et valeur que s'ils avaient été passés devant les notaires et autres officiers publics compétents du pays, pourvu que ces actes soient passés dans la forme voulue par les lois de l'État auquel le consul appartient, et qu'ils aient été préalablement soumis à toutes les formalités de timbre, à l'enregistrement, insinuation, et à toutes les autres formalités qui régissent la matière dans le pays où l'acte doit recevoir son exécution.

Art. 7. — En cas de décès d'un sujet de l'une des deux parties contractantes sur le territoire de l'autre, les autorités locales compétentes devront immédiatement en avertir les consuls généraux, consuls et vice-consuls du district, et ceux-ci devront, de leur côté, donner le même avis aux autorités locales s'ils en ont connaissance les premiers.

En cas de décès de leurs nationaux morts sans avoir laissé d'héritiers ou d'exécuteurs testamentaires, ou dont les héritiers ne seraient pas connus, seraient absents ou incapables, les consuls généraux, consuls ou vice-consuls devront faire les opérations suivantes :

(1) *Bulletin*, 1861, n° 914.

1° Apposer les scellés, soit d'office, soit à la réquisition des parties intéressées, sur tous les effets mobiliers et les papiers du défunt, en prévenant d'avance de cette opération l'autorité locale compétente, qui pourra y assister, et même, si elle le juge convenable, croiser de ses scellés ceux qui auront été apposés par le consul, et dès lors, ces doubles scellés ne seront levés que d'un commun accord;

2° Dresser aussi en présence de l'autorité locale compétente, si elle croit devoir s'y présenter, l'inventaire de tous les biens et effets qui étaient possédés par le défunt.

En ce qui concerne la double opération tant de l'apposition des scellés, laquelle devra toujours avoir lieu dans le plus bref délai, que de l'inventaire, les consuls généraux, consuls et vice-consuls fixeront, de concert avec l'autorité locale, le jour et l'heure où ces deux opérations devront avoir lieu ; ils la feront prévenir par écrit, et elle donnera un récépissé de l'avis qu'elle aura reçu. Si l'autorité locale ne se rend pas à l'invitation qui lui aura été faite, les consuls procéderont, sans retard et sans autre formalité, aux deux opérations précitées.

Les consuls généraux, consuls et agents vice-consuls, feront procéder, selon l'usage du pays, à la vente de tous les objets mobiliers de la succession qui pourraient se détériorer; ils pourront administrer ou liquider la succession, sans que l'autorité locale ait à intervenir dans ces nouvelles opérations, à moins qu'un ou plusieurs sujets du pays ou d'une puissance tierce n'aient à faire valoir des droits dans cette même succession ; car, en ce cas, s'il s'élevait quelque difficulté résultant d'une réclamation donnant lieu à contestation, le consul n'ayant point le droit de décider sur cette difficulté, elle devra être déférée aux tribunaux locaux, auxquels il appartient de la résoudre, le consul agissant alors comme représentant de la succession. Le jugement rendu, le consul devra l'exécuter, s'il ne croit pas à propos de former appel, et si les parties ne se sont pas arrangées à l'amiable, et il continuera ensuite de plein droit la liquidation qui aurait été suspendue en attendant la décision du tribunal.

Lesdits consuls généraux, consuls et vice-consuls seront toutefois tenus de faire annoncer la mort du défunt dans une des gazettes de leur arrondissement, et ils ne pourront faire la délivrance de la succession ou de son produit aux héritiers légitimes ou à leurs mandataires, qu'après avoir fait acquitter toutes les dettes que le défunt pourrait avoir contractées dans le pays, ou qu'autant qu'une année se sera écoulée depuis la date du décès sans qu'aucune réclamation ait été présentée contre la succession.

Il est, en outre, entendu que le droit d'administrer et de liquider les suc_cessions des Français décédés au Brésil, appartiendra au consul de France, même dans le cas où les héritiers seraient mineurs, enfants de Français nés au Brésil, par réciprocité de la faculté qu'ont les consuls du Brésil en France d'administrer ou de liquider les successions de leurs nationaux dans les cas analogues.

CHILI

TRAITÉ *conclu le 15 septembre 1846 (1) entre la France et le Chili.*

ART. 3. — Les sujets et citoyens respectifs jouiront, dans les deux États, d'une complète et constante protection pour leurs personnes et leurs propriétés. Ils auront un libre et facile accès auprès des tribunaux de justice pour la poursuite et la défense de leurs droits. Ils seront maîtres d'employer, dans toutes les circonstances, les avocats, avoués ou agents de toute classe qu'ils jugeront à propos. Enfin ils jouiront sous ce rapport des mêmes droits et privilèges accordés aux nationaux eux-mêmes.

ART. 5. — Les Français au Chili, et les Chiliens en France, pourront acquérir toute espèce de biens, par vente, échange, donation, testament et par toute autre voie, de la même manière que les habitants du pays.

Les héritiers ou légataires ne seront pas tenus à acquitter, sur les biens qui leur seraient échus par héritage ou legs, des droits autres ou plus élevés que ceux qui seraient supportés, dans des cas semblables, par les nationaux eux-mêmes.

ART. 23. — En cas de décès de leurs nationaux, les consuls respectifs en seront avertis le plus tôt possible par l'autorité locale compétente; ils pourront croiser de leurs scellés ceux qui auraient été déjà mis par cette autorité, et, dans ce dernier cas, les doubles scellés ne pourront être levés que de concert. Ils seront de droit les représentants de ceux de leurs nationaux qui pourraient être intéressés dans une succession et qui, ne se trouvant sur les lieux où la succession est ouverte, n'auraient pas constitué de mandataire. En cette qualité, ils exerceront les mêmes droits que l'héritier aurait pu exercer lui-même, moins celui de recevoir les fonds ou effets provenant de la succession. Pour les recevoir, il sera nécessaire qu'ils soient porteurs d'une procuration spéciale. Lesdits fonds ou effets, jusqu'à la réception de cette procuration, seront déposés entre les mains d'une personne au choix du consul et de l'autorité locale; ils pourront enfin, quand ils y seront invités par leurs nationaux, intervenir dans les inventaires, estimations, nominations de dépositaires, et autres actes semblables, pour que les droits de leurs nationaux soient protégés.

(1) *Bulletin*, 1853, n° 77.

DOMINICAINE (République)

*Traité conclu le 8 mai 1852 (1) entre la France
et la République dominicaine.*

Art. 3. — Les citoyens respectifs jouiront, dans l'un et dans l'autre
Etat, d'une constante et complète protection pour leurs personnes et leurs
propriétés; ils auront, en conséquence, un libre et facile accès auprès des
tribunaux de justice pour la poursuite et la défense de leurs droits en toute
instance et dans tous les degrés de juridiction établis par les lois. Ils seront
libres d'employer, dans toutes les circonstances, les avocats, avoués ou
agents de toutes classes qu'ils jugeront à propos; enfin ils jouiront, sous ce
rapport, des mêmes droits et privilèges que ceux qui sont ou seront accordés aux nationaux et seront soumis aux mêmes conditions imposées à ces
derniers.....

Art. 6. — Les citoyens des deux pays seront libres de posséder des
immeubles et de disposer comme il leur conviendra, par vente, donation,
échange, testament ou de quelque autre manière que ce soit, de tous les
biens qu'ils posséderaient sur les territoires respectifs. De même les citoyens
des deux États qui seraient héritiers de biens situés dans l'autre pourront
succéder sans empêchement à ceux desdits biens qui leur seraient dévolus
par testament ou *ab intestat*, et en disposer selon leur volonté, et lesdits
héritiers ou légataires ne seront assujettis à aucun droit d'aubaine ou de
détraction, et ne seront pas tenus d'acquitter des droits de succession autres
ou plus élevés que ceux qui seront supportés dans des cas semblables par
les nationaux eux-mêmes.

Art. 24. — Les consuls respectifs pourront, au décès de leurs nationaux
morts sans avoir testé ni désigné d'exécuteurs testamentaires : 1° apposer les
scellés, soit d'office, soit à la réquisition des parties intéressées, sur les
effets, meubles et papiers du défunt, en prévenant d'avance de cette opération l'autorité locale compétente, qui pourra y assister, et même, si elle le
juge convenable, croiser de ses scellés ceux qui auront été apposés par le
consul, et dès lors ces doubles scellés ne seront levés que de concert;
2° dresser l'inventaire de la succession, en présence de l'autorité du pays,
si elle croyait devoir concourir à cet acte; 3° faire procéder, suivant l'usage
du lieu, à la vente des effets mobiliers et immobiliers en dépendant; enfin,
administrer et liquider personnellement, ou nommer, sous leur responsabilité, un agent pour administrer et liquider ladite succession, sans que l'autorité locale ait à intervenir dans ces nouvelles opérations, à moins qu'un
ou plusieurs citoyens du pays, ou les citoyens d'une tierce puissance,

(1) *Bulletin*, 1852, n° 594.

n'aient à faire valoir des droits contre elles; car, dans ce cas, et s'il survient quelques difficultés entre les intéressés, elles seront jugées par les tribunaux du territoire, le consul agissant comme représentant la succession.

Mais lesdits consuls seront tenus de faire annoncer la mort du défunt dans une des gazettes qui se publieront dans l'étendue de leur arrondissement, et ils ne pourront faire la délivrance de la succession ou de son produit aux héritiers légitimes ou à leurs mandataires qu'après avoir fait acquitter toutes les dettes que le défunt pourrait avoir contractées dans le pays, ou qu'autant qu'une année se sera écoulée depuis la date du décès sans qu'aucune réclamation ait été présentée contre la succession.

COSTA-RICA

L'Etat de Costa-Rica a accédé, par convention conclue avec la France, le 12 mars 1848, au traité signé le 8 du même mois avec la République de Guatémala. (V. ci-après ce traité).

ÉQUATEUR

Traité *conclu le 6 juin 1843 (1), entre la France et la République de l'Equateur.*

Art. 4. — Les citoyens respectifs jouiront, dans les deux États, d'une constante et complète protection pour leurs personnes et leurs propriétés. Ils auront un libre et facile accès auprès des tribunaux de justice, pour la poursuite et la défense de leurs droits ; et ce, aux mêmes conditions qui seront en usage pour les citoyens du pays dans lequel ils résideront.

Ils seront maîtres, à cet effet, d'employer, dans toutes les circonstances, les avocats, avoués ou agents de toute classe qu'ils jugeront à propos. Enfin, ils auront la faculté d'être présents aux décisions et sentences des tribunaux, dans les causes qui les intéressent, comme aussi à toutes les enquêtes et dépositions de témoins qui pourront avoir lieu à l'occasion des jugements, toutes les fois que les lois des pays respectifs permettront la publicité de ces actes.

Art. 6. — Les citoyens des deux nations seront libres de disposer comme il leur conviendra, par vente, donation, échange, testament, ou de quelque autre manière que ce soit, de tous les biens qu'ils posséderaient sur les territoires respectifs. De même, les citoyens de l'un des deux États, qui seraient héritiers de biens situés dans l'autre, pourront succéder, sans empêchement, à ceux desdits biens qui leur seraient dévolus *ab intestat ;* et les héritiers ou légataires ne seront pas tenus à acquitter des droits de succession autres ou plus élevés que ceux qui seraient supportés, dans des cas semblables, par les nationaux eux-mêmes.

Et, dans le cas où lesdits héritiers seraient, comme étrangers ou pour tout autre motif, privés d'entrer en possession de l'héritage, il leur sera accordé trois ans pour en disposer comme il leur conviendra et pour en extraire le produit, sans payer d'autres impôts que ceux établis par les lois de chaque pays.

Art. 22. — Les consuls respectifs pourront, au décès de leurs nationaux morts sans avoir testé ni désigné d'exécuteurs testamentaires :

1° Apposer les scellés, soit d'office, soit à la réquisition des parties intéressées, sur les effets mobiliers et les papiers du défunt, en prévenant d'avance de cette opération l'autorité locale compétente, qui pourra y assister, et même, si elle le juge convenable, croiser de ses scellés ceux apposés par le consul, et dès lors ces doubles scellés ne seront levés que de concert ;

2° Dresser aussi, en présence de l'autorité compétente, si elle croit devoir s'y présenter, l'inventaire de la succession ;

(1) *Bulletin*, 1845, n° 1187.

3° Faire procéder, suivant l'usage du pays, à la vente des effets mobiliers dépendants de la succession, lorsque lesdits meubles pourront se détériorer par l'effet du temps, ou que le consul croira leur vente utile aux intérêts des héritiers du défunt;

Et, 4° administrer ou liquider personnellement, ou nommer, sous leur responsabilité, un agent pour administrer et liquider ladite succession, sans que, d'ailleurs, l'autorité locale ait à intervenir dans ces nouvelles opérations.

Mais lesdits consuls seront tenus de faire annoncer la mort de leurs nationaux dans une des gazettes qui se publient dans l'étendue de leur arrondissement, et ne pourront faire délivrance de la succession et de son produit aux héritiers légitimes ou à leurs mandataires qu'après avoir fait acquitter toutes les dettes que le défunt pourrait avoir contractées dans le pays, ou qu'autant qu'une année se sera écoulée depuis la date de la publication du décès, sans qu'aucune réclamation eût été présentée contre la succession.

ESPAGNE

Convention consulaire *conclue le 7 janvier 1862 (1), entre la France
et l'Espagne.*

Art. 2. — Les Français en Espagne et les Espagnols en France jouiront réciproquement d'une constante et complète protection pour leurs personnes et leurs propriétés. Ils auront, en conséquence, un libre et facile
accès auprès des tribunaux de justice, tant pour réclamer que pour défendre leurs droits, à tous les degrés de juridiction établis par les lois; ils
pourront employer dans toutes les instances les avocats, avoués et agents
de toutes classes qu'ils jugeront à propos, et jouiront enfin, sous ce rapport,
des mêmes droits ou avantages déjà accordés ou qui seraient accordés aux
nationaux...

Art. 6. — Les sujets des deux États pourront disposer à leur volonté,
par donation, vente, échange, testament ou de toute autre manière, de
tous les biens qu'ils posséderaient dans les territoires respectifs, et retirer
intégralement leurs capitaux du pays. De même, les sujets de l'un des
deux États, habiles à hériter de biens situés dans l'autre, pourront prendre
possession sans empêchement des biens qui leur seraient dévolus, même *ab
intestat;* et lesdits héritiers ou légataires ne seront pas tenus à acquitter
des droits de succession autres ni plus élevés que ceux qui seraient imposés, dans des cas semblables, aux nationaux eux-mêmes.

Art. 19. — Les consuls généraux, consuls et vice-consuls ou agents
consulaires des deux pays, ou leurs chanceliers, auront le droit de recevoir dans leurs chancelleries, au domicile des parties et à bord des navires de leur nation, les déclarations que pourront avoir à faire les capitaines, les gens de l'équipage et les passagers, les négociants et tous autres
sujets de leur pays.

Ils seront également autorisés à recevoir, comme notaires, les dispositions testamentaires de leurs nationaux et tous autres actes notariés, lors
même que lesdits actes auraient pour objet de conférer hypothèque.

Lesdits agents auront, en outre, le droit de recevoir dans leurs chancelleries tous actes conventionnels passés entre un ou plusieurs de leurs nationaux et d'autres personnes du pays dans lequel ils résident, comme
aussi tous les actes qui, quoique d'un intérêt exclusif pour les sujets du
pays dans lequel ils sont dressés, concerneraient des biens situés ou des
affaires à traiter sur un point quelconque du territoire de la nation à laquelle appartient le consul ou vice-consul par qui lesdits actes seront rédigés. Les copies ou extraits de ces actes, dûment légalisés par lesdits agents
et scellés du sceau officiel des consulats ou vice-consulats, feront foi, tant

en justice que hors de justice, aussi bien dans les possessions de la France que celle de l'Espagne, et auront la même force et valeur que s'ils avaient été passés devant un notaire ou autres officiers publics de l'un ou de l'autre pays, pourvu que ces actes aient été rédigés dans les formes requises par les lois de l'État auquel appartiennent les consuls et vice-consuls, et qu'ils aient ensuite été soumis au timbre, à l'enregistrement ou à toute autre formalité en usage dans le pays où l'acte devra recevoir son exécution.

Dans le cas où un doute s'élèverait sur l'authenticité de l'expédition d'un acte public, enregistré à la chancellerie d'un des consulats respectifs, on ne pourra en refuser la confrontation avec l'original à l'intéressé qui en fera la demande et qui pourra assister à cette collation, s'il le juge convenable.

Les consuls généraux, consuls et vice-consuls ou agents consulaires respectifs pourront traduire toute espèce de documents émanés des autorités ou fonctionnaires de leur pays, et ces traductions auront, dans le pays de leur résidence, la même force et valeur que si elles eussent été faites par les interprètes jurés du pays.

Art. 20. — En cas de décès d'un sujet de l'une des parties contractantes sur le territoire de l'autre, les autorités locales devront en donner avis immédiatement au consul général, consul, vice-consul ou agent consulaire dans la circonscription duquel ledit décès aura eu lieu. Ceux-ci, de leur côté, devront donner le même avis aux autorités locales, lorsqu'ils en seront informés les premiers.

Quand un Français en Espagne ou un Espagnol en France sera mort sans avoir fait de testament ni nommé d'exécuteur testamentaire, ou si les héritiers, soit naturels, soit désignés par le testament, étaient mineurs, incapables ou absents, ou si les exécuteurs testamentaires nommés ne se trouvaient pas dans le lieu où s'ouvrira la succession, les consuls généraux, consuls et vice-consuls ou agents consulaires de la nation du défunt auront le droit de procéder successivement aux opérations suivantes :

1° Apposer les scellés, soit d'office, soit à la demande des parties intéressées, sur tous les effets, meubles et papiers du défunt, en prévenant de cette opération l'autorité locale compétente, qui pourra y assister et apposer également ses scellés.

Ces scellés, non plus que ceux de l'agent consulaire, ne devront pas être levés sans que l'autorité locale assiste à cette opération.

Toutefois, si, après un avertissement adressé par le consul ou vice-consul à l'autorité locale pour l'inviter à assister à la levée des doubles scellés, celle-ci ne s'était pas présentée dans un délai de quarante-huit heures, à compter de la réception de l'avis, cet agent pourra procéder seul à ladite opération ;

2° Former l'inventaire de tous les biens et effets du défunt, en présence de l'autorité locale, si, par suite de la notification susindiquée, elle avait cru devoir assister à cette acte.

L'autorité locale apposera sa signature sur les procès-verbaux dressés en sa présence, sans que, pour son intervention d'office dans ces actes, elle puisse exiger des droits d'aucune espèce;

3° Ordonner la vente aux enchères publiques de tous les effets mobiliers de la succession qui pourraient se détériorer et de ceux d'une conservation difficile, comme aussi des récoltes et effets, pour l'aliénation desquels il se présentera des circonstances favorables;

4° Déposer en lieu sûr les effets et valeurs inventoriés, le montant des créances que l'on réalisera, ainsi que le produit des rentes que l'on percevra, dans la maison consulaire ou dans celle de quelque commerçant de la confiance du consul ou vice-consul. Ces dépôts devront avoir lieu, dans l'un ou l'autre cas, d'accord avec l'autorité locale qui aura assisté aux opérations antérieures, si, par suite de la convocation dont va traiter le paragraphe suivant, des sujets du pays ou d'une puissance tierce se présentaient comme intéressés dans la succession *ab intestat* ou testamentaire;

5° Convoquer, au moyen des journaux de la localité et de ceux du pays du défunt, si cela était nécessaire, les créanciers qui pourraient exister contre la succession *ab intestat* ou testamentaire, afin qu'ils puissent présenter leurs titres respectifs de créance, dûment justifiés, dans le délai fixé par les lois de chacun des deux pays.

S'il se présentait des créanciers contre la succession testamentaire ou *ab intestat*, le payement de leurs créances devra s'effectuer dans le délai de quinze jours après l'inventaire fini, s'il y avait l'argent nécessaire pour acquitter ces créances, et, dans le cas contraire, aussitôt que les fonds nécessaires auront pu être réalisés par les moyens les plus convenables; ou enfin dans le délai consenti, d'un commun accord, entre les consuls et la majorité des intéressés.

Si les consuls respectifs se refusaient au payement de tout ou partie des créances, en alléguant l'insuffisance des valeurs de la succession pour les satisfaire, les créanciers auront le droit de demander à l'autorité compétente, s'ils le jugeaient utile à leurs intérêts, la faculté de se constituer en état d'union (*en concurso necesario de acreedores*).

Cette déclaration obtenue par les voies légales, établies dans chacun des deux pays, les consuls ou vice-consuls devront faire immédiatement la remise à l'autorité judiciaire ou aux syndics de la faillite, selon qu'il appartiendra, de tous les documents, effets ou valeurs appartenant à la succession testamentaire ou *ab intestat;* lesdits agents demeurant chargés de représenter les héritiers absents, les mineurs et les incapables;

6° Administrer et liquider eux-mêmes, ou par une personne qu'ils nommeront sous leur responsabilité, la succession testamentaire ou *ab intestat*, sans que l'autorité locale ait à intervenir dans lesdites opérations, à moins que des sujets du pays ou d'une tierce puissance n'aient à faire valoir des droits dans la succession; car, en ce cas, s'il survenait des difficultés, provenant notamment de quelque réclamation, donnant lieu à contestation, les consuls généraux, consuls, vice-consuls et agents consulaires n'ayant aucun droit pour terminer ou résoudre ces difficultés, les tribunaux du pays devront en connaître selon qu'il leur appartient d'y pourvoir ou de les juger.

Lesdits agents consulaires agiront alors comme représentants de la succession testamentaire ou *ab intestat*, c'est-à-dire que, conservant l'administration et le droit de liquider définitivement ladite succession, comme aussi celui d'effectuer les ventes d'effets dans les formes précédemment indiquées, ils veilleront aux intérêts des héritiers et auront la faculté de désigner des avocats chargés de soutenir leurs droits devant les tribunaux. Il est bien entendu qu'ils remettront à ces tribunaux tous les papiers et documents propres à éclairer la question soumise à leur jugement.

Le jugement prononcé, les consuls généraux, consuls et vice-consuls ou agents consulaires devront l'exécuter s'ils ne forment pas appel, et ils continueront alors de plein droit la liquidation, qui aurait été suspendue jusqu'à la conclusion du litige;

Et — 7° — organiser s'il y a lieu, la tutelle ou curatelle, conformément aux lois des pays respectifs.

Art. 21. — Lorsqu'un Français en Espagne et un Espagnol en France sera décédé sur un point où il ne se trouverait pas d'agent consulaire de sa nation, l'autorité territoriale compétente procédera, conformément à la législation du pays, à l'inventaire des effets et à la liquidation des biens qu'il aura laissés, et sera tenu de rendre compte, dans le plus bref délai possible, du résultat de ces opérations à l'ambassade ou à la légation qui doit en connaître, ou au consulat ou vice-consulat le plus voisin du lieu où se sera ouverte la succession *ab intestat* ou testamentaire.

Mais, dès l'instant que l'agent consulaire le plus rapproché du point où serait ouverte ladite succession *ab intestat* ou testamentaire se présenterait personnellement ou enverrait un délégué sur les lieux, l'autorité locale qui sera intervenue devra se conformer à ce que prescrit l'article 20 de cette Convention.

Art. 22. — Les consuls généraux, consuls et vice-consuls ou agents consulaires des deux nations connaîtront exclusivement des actes d'inventaires et des autres opérations pratiquées pour la conservation des biens héréditaires, laissés par les gens de mer et les passagers de leur nation qui décéderaient à bord des navires de leur pays, soit pendant la traversée, soit dans le port de leur arrivée.

Art. 29. — Toutes les dispositions de la présente Convention seront applicables et recevront leur exécution en France et dans les provinces de l'Algérie, comme dans la péninsule espagnole, les îles adjacentes, Baléares et Canaries et dans les possessions espagnoles du nord de l'Afrique qui sont ouvertes actuellement ou qui pourraient l'être plus tard au commerce étranger.

Art. 30. — Les clauses de cette Convention relatives aux successions testamentaires et *ab intestat*, aux naufrages et aux sauvetages, seront applicables aux possessions d'outre-mer de l'un et de l'autre État, sous les réserves que comporte le régime spécial auquel ces possessions sont soumises.

Traité *conclu le 6 février 1882 (1) entre la France et l'Espagne.*

Art. 3. — Les Français en Espagne et les Espagnols en France jouiront réciproquement d'une constante et complète protection pour leurs personnes et leurs propriétés et auront les mêmes droits (excepté les droits politiques) et les mêmes privilèges qui sont ou seront accordés aux nationaux, à la condition toutefois de se soumettre aux lois du pays.

Ils auront, en conséquence, un libre et facile accès auprès des tribunaux de justice, tant pour réclamer que pour défendre leurs droits, à tous les degrés de juridiction établis par les lois; ils pourront employer dans toutes les instances les avocats, avoués et agents de toute classe qu'ils jugeront à propos, et jouiront enfin, sous ce rapport, des mêmes droits et avantages déjà accordés ou qui seront accordés aux nationaux.

Art. 5. — Les ressortissants des deux États pourront disposer à leur volonté, par donation, vente, échange, testament ou de toute autre manière, de tous les biens qu'ils posséderaient dans les territoires respectifs, et retirer intégralement leurs capitaux du pays. De même les ressortissants de l'un des deux États habiles à hériter de biens situés dans l'autre pourront prendre possession, sans empêchement, des biens qui leur seraient dévolus même *ab intestat*; et lesdits héritiers ou légataires ne seront pas tenus à acquitter des droits de succession autres ni plus élevés que ceux qui seraient imposés, dans des cas semblables, aux nationaux eux-mêmes.

(1) *Bulletin.* 1882. n° 718.

GRÈCE

Convention consulaire *conclue le 7 janvier 1876 (1) entre la France et la Grèce.*

Art. 10. — Les consuls généraux et consuls ou leurs chanceliers, ainsi que les vice-consuls ou agents consulaires des deux pays, auront le droit de recevoir, soit dans leur chancellerie, soit au domicile des parties, soit à bord des navires de leur nation, les déclarations que pourront avoir à faire les capitaines, les gens de l'équipage, les passagers, les négociants et tous autres citoyens de leur pays. Ils seront également autorisés à recevoir, comme notaires, les dispositions testamentaires de leur nationaux.

Lesdits consuls ou agents auront le droit de recevoir tout acte notarié destiné à être exécuté dans leur pays et qui interviendra soit entre leurs nationaux seulement, soit entre un ou plusieurs de leurs nationaux et des personnes du pays de leur résidence. Ils pourront même recevoir les actes dans lesquels les citoyens du pays où ils résident seront seuls parties, lorsque ces actes contiendront des conventions relatives à des immeubles situés dans le pays du consul ou agent, ou des procurations concernant des affaires à traiter dans ce pays.

Quant aux actes notariés destinés à être exécutés dans le pays de leur résidence, lesdits consuls ou agents auront le droit de recevoir tous ceux dans lesquels leurs nationaux seront seuls parties ; ils pourront recevoir, en outre, ceux qui interviendraient entre un ou plusieurs de leurs nationaux et des citoyens du pays de leur résidence, à moins qu'il ne s'agisse d'actes pour lesquels, d'après la législation du pays, le ministère de juges ou d'officiers publics déterminés serait indispensable.

Lorsque les actes mentionnés dans le paragraphe précédent auront rapport à des biens fonciers, ils ne seront valables qu'autant qu'un notaire ou autre officier public du pays y aura concouru et les aura revêtus de sa signature.

Art. 11. — Les actes mentionnés dans l'article précédent auront la même force et valeur que s'ils avaient été passés devant un notaire ou autre officier public compétent de l'un ou de l'autre pays, pourvu qu'ils aient été rédigés par les lois de l'État auquel le consul appartient et qu'ils aient été soumis au timbre, à l'enregistrement et à toute formalité en usage dans le pays où l'acte devra recevoir son exécution.

Les expéditions desdits actes, lorsqu'elles auront été légalisées par les consuls ou vice-consuls et scellées du sceau officiel de leur consulat ou vice-consulat, feront foi, tant en justice que hors justice, devant tous les tribunaux, juges et autorités de France et de Grèce, au même titre que les originaux.

Art. 12. — En cas de décès d'un citoyen de l'un des deux pays sur le territoire de l'autre pays, l'autorité locale compétente devra immédiatement en avertir le consul général, consul ou vice-consul dans la circonscription duquel le décès aura eu lieu, et ces agents devront de leur côté, s'ils en ont connaissance les premiers, donner le même avis aux autorités locales.

Quelles que soient les qualités et la nationalité des héritiers, qu'ils soient majeurs ou mineurs, absents ou présents, connus ou inconnus, les scellés seront, dans les vingt-quatre heures de l'avis, apposés sur tous les effets mobiliers et papiers du défunt. L'apposition sera faite, soit d'office, soit à la réquisition des parties intéressées, par le consul, en présence de l'autorité locale ou elle dûment appelée. Cette autorité pourra croiser de ses scellés ceux du consulat, et, dès lors, les doubles scellés ne pourront plus être levés que d'un commun accord ou par ordre de justice.

Dans le cas où le consul ne procéderait pas à l'opposition des scellés, l'autorité locale devra les apposer, après lui avoir adressé une simple invitation, et s'il les croise des siens, la levée des uns et des autres devra être faite soit d'un commun accord, soit en vertu d'une décision du juge.

Ces avis et invitation seront donnés par écrit, et un récépissé en constatera la remise.

Art. 13. — S'il n'a pas été formé d'opposition à la levée des scellés et si tous les héritiers et légataires universels ou à titre universel sont majeurs, présents ou dûment représentés et d'accord sur leurs droits et qualités, le consul lèvera les scellés sur la demande des intéressés, dressera, soit qu'il y ait ou non un exécuteur testamentaire nommé par le défunt, un état sommaire des biens, effets et papiers qui se trouveraient sous les scellés, et délaissera ensuite le tout aux parties qui se pourvoiront comme elles l'entendront pour le règlement de leurs intérêts respectifs.

Dans tous les cas où les conditions énumérées au commencement du paragraphe précédent ne se trouveront pas réunies, et quelle que soit la nationalité des héritiers, le consul après avoir réclamé par écrit la présence de l'autorité locale et prévenu l'exécuteur testamentaire, ainsi que les intéressés ou leurs représentants, procédera à la levée des scellés et à l'inventaire descriptif de tous les biens, effets et papiers placés sous les scellés. Le magistat local devra, à la fin de chaque séance, apposer sa signature au procès-verbal.

Art. 14. — Si, parmi les héritiers et légataires universels ou à titre universel, il s'en trouve dont l'existence soit incertaine ou le domicile inconnu, qui ne soient pas présents ni dûment représentés, qui soient mineurs ou incapables, ou si, étant tous majeurs et présents, ils ne sont pas d'accord sur leurs droits et qualités, le consul, après que l'inventaire aura été dressé, sera, comme séquestre des biens de toute nature laissés par le défunt, chargé de plein droit d'administrer et de liquider la succession. En conséquence, il pourra procéder, en suivant les formes prescrites par les lois et usages du pays, à la vente des meubles et objets mobiliers susceptibles de dépérir ou dispendieux à conserver, recevoir les créances qui seraient exigibles ou viendraient à échoir, les intérêts des créances, les loyers et les fermages échus, faire tous les actes conservatoires des droits et des biens de la succession, employer les fonds trouvés au domicile du défunt ou recouvrés depuis le décès à l'acquittement des charges urgentes et des dettes de la succession, faire, en un mot, tout ce qui sera nécessaire pour rendre l'actif net et liquide.

Le consul fera annoncer la mort du défunt dans une des feuilles publiques de son arrondissement et il ne pourra faire la délivrance de la succession ou de son produit qu'après l'acquittement des dettes contractées dans le pays par le défunt, ou qu'autant que, dans l'année qui suivra le décès, aucune réclamation ne se sera point produite contre la succession.

En cas d'existence d'un exécuteur testamentaire, le consul pourra, si l'actif est suffisant, lui remettre les sommes nécessaires pour l'acquittement des legs particuliers. L'exécuteur testamentaire restera d'ailleurs chargé de tout ce qui concernera la validité de l'exécution du testament.

Art. 15. — Les pouvoirs conférés aux consuls par l'article précédent ne feront point obstacle à ce que les intéressés de l'une ou de l'autre nation, ou leurs tuteurs et représentants, poursuivent devant l'autorité compétente l'accomplissement de toutes les formalités voulues par les lois pour arriver à la liquidation définitive des droits des héritiers et légataires et au partage final de la succession entre eux, et plus particulièrement à la vente ou à la licitation des immeubles situés dans le pays où le décès a eu lieu Le consul devra, le cas échéant, organiser sans retard la tutelle de ceux de ses nationaux qui seraient incapables, afin que le tuteur puisse les représenter en justice.

Toute contestation soulevée soit par des tiers, soit par les créanciers du pays ou d'une puissance tierce, toute procédure de distribution et d'ordre que les oppositions ou les inscriptions hypothécaires rendraient nécessaires, seront également soumises aux tribunaux locaux.

Le consul devra toutefois être appelé en cause, soit comme représentant ses nationaux absents, soit comme assistant le tuteur ou le curateur de ceux qui sont incapables. Il pourra se faire représenter par un délégué choisi parmi les personnes que la législation du pays autorise à remplir des mandats de cette nature.

Il est bien entendu que les consuls généraux, consuls et et vice-consuls, étant considérés comme fondés de pouvoirs de leur nationaux, ne pourront jamais être mis en cause personnellement à l'occasion d'une affaire concernant la succession.

Art. 16. — Lorsqu'un Français en Grèce ou un Hellène en France sera décédé sur un point où il ne se trouverait pas d'agent consulaire de sa nation, l'autorité territoriale compétente procédera, conformément à la législation du pays, à l'inventaire des effets et à la liquidation des biens qu'il aura laissés, et sera tenu de rendre compte, dans le plus bref délai, du résultat de ses opérations au consulat appelé à en connaître.

Mais dès que l'agent consulaire se présentera personnellement ou enverra un délégué sur les lieux, l'autorité locale qui sera intervenue devra se conformer à ce que prescrivent les articles 12, 13, 14 et 15 de la présente convention.

Art. 17. — Dans le cas où un citoyen de l'un des deux pays viendrait à décéder sur le territoire de ce pays et où ses héritiers et légataires universels ou à titre universel seraient tous citoyens de l'autre pays, le consul de la nation à laquelle appartiendront les héritiers ou légataires pourra, si un ou plusieurs d'entre eux sont absents, inconnus ou incapables, ou si, étant présents et majeurs, il ne sont pas d'accord, faire tous les actes conservatoires d'administration et de liquidation énumérées dans les articles 12, 13 14 et 15 de la présente convention. Il n'en devra résulter, toutefois, aucune atteinte aux droits et à la compétence des autorités judiciaires, pour ce qui concerne l'accomplissement des formalités légales prescrites en matière de partage et la décision de toutes les contestations qui pourraient s'élever soit entre les héritiers seulement, soit entre les héritiers et des tiers.

Art. 18. — Les consuls généraux, consuls et vice-consuls ou agents consulaires des deux États connaîtront exclusivement des actes d'inventaires et des autres opérations effectuées pour la conservation des biens et objets de toute nature laissés par les gens de mer et les passagers de leur nation qui décéderaient dans le port d'arrivée, soit à terre, soit à bord d'un navire de leur pays.

Art. 19. — Les dispositions de la présente convention s'appliqueront également aux successions des citoyens de l'un des deux États qui, étant décédés hors du territoire de l'autre État, y auraient laissé des biens mobiliers ou immobiliers.

GRENADE (NOUVELLE-)

Traité conclu le 13 mai 1856 (1), entre la France
et la Nouvelle-Grenade.

Art. 4. — Les sujets et citoyens de l'une et l'autre partie contractante jouiront, dans les deux États, de la plus complète et constante protection pour leurs personnes et leurs propriétés. Ils auront, en conséquence, un libre et facile accès auprès des tribunaux de justice pour la poursuite et la défense de leurs droits, en toute instance et à tous les degrés de juridiction établis par les lois. Ils seront libre d'employer, en toutes circonstances, les avocats, avoués ou agents de toute classe qu'ils jugeraient à propos de faire agir en leur nom. Enfin, ils jouiront, sous ce rapport, des mêmes droits et privilèges que ceux qui seront accordés aux nationaux, et seront soumis aux mêmes conditions imposées à ces derniers.

Art. 8. — Les sujets et citoyens de chacune des parties contractantes auront le droit de posséder, sur les territoires respectifs, des biens-immeubles et de disposer, comme il leur conviendra, par vente, donation, échange, testament, ou de toute autre manière, desdits immeubles et de tous les autres biens qu'ils posséderaient. De même, les sujets et citoyens des deux États qui seraient héritiers par testament ou *ab intestat* de biens situés sur les territoires respectifs pourront succéder sans empêchement auxdits biens, et en disposer selon leur volonté, sans payer de droits de succession plus élevés ou de nature différente de ceux que devraient acquitter les nationaux du pays où les biens se trouveront situés.

(1) *Bulletin*, 1857, n° 543.

GUATÉMALA

*Traité conclu le 8 mars 1848 (1), entre la France
et la République de Guatemala.*

Art. 4. — Les citoyens respectifs jouiront, dans les deux États, d'une constante et complète protection pour leurs personnes et leurs propriétés ; ils auront un libre et facile accès auprès des tribunaux de justice pour la poursuite et la défense de leurs droits, et ce, aux mêmes conditions qui seront en usage pour les citoyens du pays dans lequel ils résideront.

Ils seront maîtres à cet effet d'employer, dans toutes les circonstances, les avocats, avoués ou agents de toute classe qu'ils jugeront à propos ; enfin ils auront la faculté d'être présents aux décisions et sentences des tribunaux dans les causes qui les intéressent, comme aussi à toutes les enquêtes et dépositions de témoins qui pourront avoir lieu à l'occasion des jugements, toutes les fois que les lois des pays respectifs permettront la publicité de ces actes.

Art. 6. — Les citoyens des deux nations seront libres de disposer comme il leur conviendra, par vente, donation, échange, testament, ou de quelque autre manière que ce soit, de tous les biens qu'ils posséderaient sur les territoires respectifs. De même les citoyens de l'un des deux États qui seraient héritiers de biens situés dans l'autre pourront succéder, sans empêchement, à ceux desdits biens qui leur seraient dévolus *ab intestat*, et les héritiers ou légataires ne seront pas tenus à acquitter des droits de succession autres ou plus élevés que ceux qui seraient supportés dans des cas semblables par les nationaux eux-mêmes.

Et, dans le cas où lesdits héritiers seraient, comme étrangers ou pour tout autre motif, privés d'entrer en possession de l'héritage, il leur sera accordé trois ans pour en disposer comme il leur conviendra, et pour en extraire le produit, sans payer d'autres impôts que ceux établis par les lois de chaque pays.

Art. 22. — Les consuls respectifs pourront, au décès de leurs nationaux, morts sans avoir testé ni désigné d'exécuteurs testamentaires :

1° Apposer les scellés, soit d'office, soit à la réquisition des parties intéressées, sur les effets mobiliers et les papiers du défunt, en prévenant d'avance de cette opération l'autorité locale compétente, qui pourra y assister, et même, si elle le juge convenable, croiser de ses scellés ceux apposés par le consul, et dès lors ces doubles scellés ne seront levés que de concert ;

2° Dresser aussi, en présence de l'autorité compétente, si elle croit devoir s'y présenter, l'inventaire de la succession ;

(1) *Bulletin*, 1849, n° 162.

3° Faire procéder, suivant l'usage du pays, à la vente des effets mobiliers dépendants de la succession, lorsque lesdits meubles pourront se détériorer par l'effet du temps, ou que le consul croira leur vente utile aux intérêts des héritiers du défunt ;

Et 4° administrer ou liquider personnellement, ou nommer, sous leur responsabilité, un agent pour administrer et liquider ladite succession, sans que, d'ailleurs, l'autorité locale ait à intervenir dans ces nouvelles opérations.

Mais lesdits consuls seront tenus de faire annoncer la mort de leurs nationaux dans une des gazettes qui se publient dans l'étendue de leur arrondissement, et ne pourront faire délivrance de la succession et de son produit aux héritiers légitimes ou à leurs mandataires qu'après avoir fait acquitter toutes les dettes que le défunt pourrait avoir contractées dans le pays, ou qu'autant qu'une année sera écoulée depuis la date de la publication du décès, sans qu'aucune réclamation ait été présentée centre la succession.

HONDURAS

TRAITÉ *conclu le 22 février 1856* (1) *entre la France et la République de Honduras*

ART. 4. — Les citoyens respectifs jouiront, dans les deux États, d'une constante et complète protection pour leurs personnes et leurs propriétés ; ils auront un libre et facile accès auprès des tribunaux de justice pour la poursuite et la défense de leurs droits; et ce, aux mêmes conditions qui seront en usage pour les citoyens du pays dans lequel ils résideront.

Ils seront maîtres, à cet [effet, d'employer dans toutes les circonstances les avocats, avoués ou agents de toute classe qu'ils jugeront à propos ; enfin, ils auront la faculté d'être présents aux décisions et sentences des tribunaux dans les causes qui les intéressent, comme aussi à toutes les enquêtes et dépositions de témoins qui pourront avoir lieu à l'occasion des jugements, toutes les fois que les lois des pays respectifs permettront la publicité de ces actes.

ART. 6. — Les citoyens des deux nations seront libres de disposer comme il leur conviendra par vente, donation, échange, testament, ou de quelque autre manière que ce soit, de tous les biens qu'ils posséderaient sur les territoires respectifs. De même, les citoyens de l'un des deux États qui seraient héritiers de biens situés dans l'autre, pourront succéder sans empêchement, à ceux desdits biens qui leur seraient dévolus *ab intestat,* et les héritiers ou légataires ne seront pas tenus à acquitter des droits de succession autres ou plus élevés que ceux qui seraient supportés, dans des cas semblables, par les nationaux eux-mêmes.

Et, dans le cas où lesdits héritiers seraient, comme étrangers ou pour tout autre motif, privés d'entrer en possession de l'héritage, il leur sera accordé trois ans pour en disposer comme il leur conviendra, et pour en extraire le produit sans payer d'autres impôts que ceux établis par les lois de chaque pays.

ART. 22. — Les consuls respectifs pourront, aux décès de leurs nationaux morts sans avoir testé ni désigné d'exécuteurs testamentaires :

1° Apposer les scellés, soit d'office, soit à la réquisition des parties intéressées, sur les effets mobiliers et les papiers du défunt, en prévenant d'avance de cette opération l'autorité locale compétente qui pourra y assister, et même, si elle le juge convenable, croiser de ses scellés ceux apposés par le consul, et dès lors ces doubles scellés ne seront levés que de concert;

2° Dresser aussi en présence de l'autorité compétente, si elle croit devoir s'y présenter, l'inventaire de la succession ;

3° Faire procéder, suivant l'usage du pays, à la vente des effets mobi-

(1) *Bulletin*, 1857, n° 552.

liers dépendants de la succession, lorsque lesdits meubles pourront se détériorer par l'effet du temps, ou que le consul croira leur vente utile aux intérêts des héritiers du défunt.

Et 4° administrer ou liquider personnellement, ou nommer sous leur responsabilité un agent pour administrer et liquider ladite succession, sans que, d'ailleurs, l'autorité locale ait à intervenir dans ces nouvelles opérations.

Mais lesdits consuls seront tenus de faire annoncer la mort de leurs nationaux dans une des gazettes qui se publient dans l'étendue de leur arrondissement, et ne pourront faire délivrance de la succession et de son produit aux héritiers légitimes ou à leurs mandataires, qu'après avoir fait acquitter toutes les dettes que le défunt pourrait avoir contractées dans le pays, ou qu'autant qu'une année se sera écoulée depuis la date de la publication du décès, sans qu'aucune réclamation eût été présentée contre la succession.

ITALIE

Traité *de limites et de juridiction conclu à Turin, le 24 mars 1760,*
entre la France et la Sardaigne(1).

Art. 21. — Pour cimenter toujours plus l'union et la correspondance
intime que l'on désire de perpétuer entre les sujets des deux cours, le droit
d'aubaine et tous autres qui pourraient être contraires à la liberté des
successions et des dispositions réciproques, restent désormais supprimés
et abolis pour tous les États des deux puissances, y compris les duchés de
Lorraine et de Bar.

Art. 22. — Pour étendre la réciprocité qui doit former le nœud de cette
correspondance, en matières contractuelles et judiciaires, il est encore
convenu :

1° Que de la même manière que les hypothèques établies en France par
actes publics ou judiciaires sont admises dans les tribunaux de S. M. le
roi de Sardaigne, l'on aura aussi pareil égard dans les tribunaux de France
pour les hypothèques qui seront constituées à l'avenir par contrats publics,
soit par ordonnances ou jugements dans les États de S. M. le roi de
Sardaigne;

2° Que pour favoriser l'exécution réciproque des décrets et jugements,
les Cours suprêmes déféreront, de part et d'autre, à la forme du droit, aux
réquisitions qui leur seront adressées à ces fins mêmes, sous le nom desdites Cours.

Enfin que, pour être admis en jugement, les sujets respectifs ne seront
tenus, de part et d'autre, qu'aux mêmes cautions et formalités qui s'exigent
de ceux du propre ressort, suivant l'usage de chaque tribunal (2).

(1) Wenck, t. III, p. 218; De Clercq, *Recueil des traités de la France*, t. I,
p. 80.

(2) Le 1ᵉʳ septembre 1860, est intervenue entre la France et la Sardaigne
une déclaration ainsi conçue :

« Désirant écarter à l'avenir toute espèce de doute et de difficulté dans
l'application que les cours des deux pays sont appelées à faire du traité du
20 mars 1760, les gouvernements de France et de Sardaigne, à la suite d'explications mutuellement échangées, sont convenus qu'il doit être interprété
de la manière suivante :

« Il est expressément entendu que les cours, en déférant à la forme du
droit, aux demandes d'exécution des jugements rendus dans chacun des
deux États, ne devront faire porter leur examen que sur les trois points
suivants :

« 1° Si la décision émane d'une juridiction compétente;

« 2° Si elle a été rendue, les parties dûment citées et légalement représentées ou défaillantes;

« 3° Si les règles du droit public ou les intérêts de l'ordre public du

CONVENTION *consulaire conclue le 26 juillet 1862*(1)
entre la France et l'Italie.

ART. 8. — Les consuls généraux, consuls et vice-consuls ou agents consulaires des deux pays, ou leurs chanceliers, auront le droit de recevoir dans leur chancellerie, au domicile des parties et à bord des navires de leur nation, les déclarations que pourront avoir à faire les capitaines, les gens de l'équipage et les passagers, les négociants et tous autres sujets de leur pays.

Ils seront également autorisés à recevoir, comme notaires, les dispositions testamentaires de leurs nationaux et tous autres actes notariés, lors même que lesdits actes auraient pour objet de conférer hypothèque ; dans lequel cas on leur appliquera les dispositions spéciales en vigueur dans les deux pays.

Lesdits agents auront, en outre, le droit de recevoir dans leur chancellerie tous actes conventionnels passés entre un ou plusieurs de leurs nationaux et d'autres personnes du pays dans lequel ils résident, et même tout acte conventionnel concernant des citoyens de ce dernier pays seulement, pourvu bien entendu que ces actes aient rapport à des biens situés ou à des affaires à traiter sur le territoire de la nation à laquelle appartiendra le consul ou l'agent devant lequel ils seront passés. Les copies ou extraits de ces actes, dûment légalisés par lesdits agents et scellés du sceau officiel des consulats, vice-consulats ou agences consulaires, feront foi, tant en justice que hors de justice, soit en France, soit en Italie, au même titre que les originaux et auront la même force et valeur que s'ils avaient été passés devant un notaire ou autre officier public de l'un ou de l'autre pays, pourvu que ces actes aient été rédigés dans les formes requises par les lois de l'État auquel appartiennent les consuls et vice-consuls ou agents consulaires, et qu'ils aient ensuite été soumis au timbre et à l'enregistrement, ainsi qu'à toute les autres formalités qui régissent la matière dans le pays où l'acte devra recevoir son exécution.

Dans le cas où un doute s'éleverait sur l'authencité de l'expédition d'un acte public enregistré à la chancellerie d'un des consulats respectifs, on ne pourra en refuser la confrontation avec l'original à l'intéressé qui en fera la demande et qui pourra assister à cette collation, s'il le juge convenable.

Les consuls généraux, consuls et vice-consuls ou agents consulaires respectifs pourront traduire et légaliser toute espèce de documents émanés

pays où l'exécution est demandée ne s'opposent pas à ce que la décision du tribunal étranger ait son exécution.

« La présente déclaration servira de règle aux tribunaux respectifs dans l'exécution du § 3 de l'art. 22 du traité de 1760. » (De Clercq, *Traités de la France*, t. VIII, p. 117-118.

— Sur l'utilité des *lettres rogatoires* pour obtenir l'exécution des jugements italiens, cons. *Journal du droit intern. privé*, 1878, p. 7 et 112.

(1) *Bulletin*, 1862, n° 1058.

des autorités ou fonctionnaire de leur pays ; et ces traductions auront, dans le pays de leur résidence, la même force et valeur que si elles eussent été faites par les interprètes jurés du pays.

Art. 9. — En cas de décès d'un sujet de l'une des parties contractantes sur le territoire de l'autre, les autorités locales devront en donner avis immédiatement au cousul général, consul, vice-consul ou agent consulaire dans la circonscription duquel le décès aura eu lieu. Ceux-ci, de leur côté, devront donner le même avis aux autorités locales, lorsqu'ils en seront informés les premiers.

Quand un Français en Italie ou un Italien en France sera mort sans avoir fait de testament ni nommé d'exécuteur testamentaire, ou si les héritiers, soit naturels, soit désignés par le testament, étaient mineurs, incapables ou absents, ou si les exécuteurs testamentaires nommés ne se trouvaient pas dans le lieu où s'ouvrira la succession, les consuls généraux, consuls et vice-consuls ou agents consulaires de la nation du défunt auront le droit de procéder successivement aux opérations suivantes :

1° Apposer les scellés, soit d'office, soit à la demande des parties intéressées, sur tous les effets, meubles et papiers du défunt, en prévenant de cette opération l'autorité locale compétente, qui pourra y assister et apposer également ses scellés.

Ces scellés, non plus que ceux de l'agent consulaire, ne devront pas être levés sans que l'autorité locale assiste à cette opération.

Toutefois, si, après un avertissement adressé par le consul ou vice-consul à l'autorité locale pour l'inviter à assister à la levée des doubles scellés, celle-ci ne s'était pas présentée dans un délai de quarante-huit heures, à compter de la réception de l'avis, cet agent pourra procéder seul à ladite opération ;

2° Former l'inventaire de tous les biens et effets du défunt, en présence de l'autorité locale, si, par suite de la notification susindiquée, elle avait cru devoir assister à cet acte.

L'autorité locale apposera sa signature sur les procès-verbaux dressés en sa présence. sans que, pour son intervention d'office dans ces actes, elle puisse exiger des droits d'aucune espèce ;

3° Ordonner la vente aux enchères publiques de tous les effets mobiliers de la succession qui pourraient se détériorer et de ceux d'une conservation difficile, comme aussi des récoltes et effets pour la vente desquels il se présentera des circonstances favorables ;

4° Déposer en lieu sûr les effets et valeurs inventoriés; conserver le montant des créances que l'on réalisera, ainsi que le produit des rentes que l'on percevra, dans la maison consulaire ou les confier à quelque commerçant présentant toutes garanties. Ces dépôts devront avoir lieu, dans l'un ou l'autre cas, d'accord avec l'autorité locale qui aura assisté aux opérations antérieures, si, par suite de la convocation mentionnée au paragraphe suivant, des sujets du pays ou d'une puissance tierce se présentaient comme intéressés dans la succession *ab intestat* ou testamentaire;

5° Annoncer le décès et convoquer, au moyen des journaux de la localité et de ceux du pays du défunt, si cela était nécessaire, les créanciers qui pourraient exister contre la succession *ab intestat* ou testamentaire, afin qu'ils puissent présenter leurs titres respectifs de créance, dûment justifiés, dans le délai fixé par les lois de chacun des deux pays.

S'il se présentait des créanciers contre la succession testamentaire ou *ab intestat*, le payement de leurs créances devra s'effectuer dans le délai de quinze jours après la clôture de l'inventaire, s'il existait des ressources qui puissent être affectées à cet emploi; et, dans le cas contraire, aussitôt que les fonds nécessaires auraient pu être réalisés par les moyens les plus convenables; ou enfin dans le délai consenti, d'un commun accord, entre les consuls et la majorité des intéressés.

Si les consuls respectifs se refusaient au payement de tout ou partie des créances, en alléguant l'insuffisance des valeurs de la succession pour les satisfaire, les créanciers auront le droit de demander à l'autorité compétente, s'ils le jugaient utile à leurs intérêts, la faculté de se constituer en état d'union.

Cette déclaration obtenue par les voies légales établies dans chacun des deux pays, les consuls ou vice-consuls devront faire immédiatement la remise à l'autorité judiciaire ou aux syndics de la faillite selon qu'il appartiendra, de tous les documents, effets ou valeurs appartenant à la succession testamentaire ou *ab intestat;* lesdits agents demeurant chargés de représenter les héritiers absents, les mineurs et les incapables.

En tous cas, les consuls généraux, consuls et vice-consuls ne pourront faire la délivrance de la succession ou de son produit aux héritiers légitimes ou à leurs mandataires qu'après l'expiration d'un délai de six mois à partir du jour où l'avis du décès aura été publié dans les journaux;

6° Administrer et liquider eux-mêmes, ou par une personne qu'ils nommeront sous leur responsabilité, la succession testamentaire ou *ab intestat*, sans que l'autorité locale ait à intervenir dans lesdites opérations, à moins que des sujets du pays ou d'une tierce puissance n'aient à faire valoir des droits dans la succession; car, en ce cas, s'il survenait des difficultés, provenant notamment de quelque réclamation, donnant lieu à contestation, des consuls généraux, consuls, vice-consuls et agents consulaires n'ayant aucun droit pour terminer ou résoudre ces difficultés, les tribunaux du pays devront en connaître selon qu'il leur appartient d'y pourvoir ou de les juger.

Lesdits agents consulaires agiront alors comme représentants de la succession testamentaire ou *ab intestat*, c'est-à-dire que, conservant l'administration et le droit de liquider définitivement ladite succession, comme aussi celui d'effectuer les ventes d'effets dans les formes précédemment indiquées, ils veilleront aux intérêts des héritiers et auront la faculté de désigner des avocats chargés de soutenir leurs droits [devant les tribunaux. Il est bien entendu qu'ils remettront à ces tribunaux tous les papiers et documents propres à éclairer la question soumise à leur jugement.

Le jugement prononcé, les consuls généraux, consuls et |vice-consuls ou agents consulaires devront l'exécuter, s'ils ne forment pas appel, et ils continueront alors de plein droit la liquidation qui aurait été suspendue jusqu'à la conclusion du litige ;

7° Organiser, s'il y a lieu, la tutelle ou curatelle, conformément aux lois des pays respectifs.

Art. 10. — Lorsqu'un Français en Italie ou un Italien en France sera décédé sur un point où il ne se trouverait pas d'agent consulaire de sa nation, l'autorité territoriale compétente procédera, conformément à la législation du pays, à l'inventaire des effets et à la liquidation des biens qu'il aura laissés, et sera tenu de rendre compte, dans le plus bref délai possible, du résultat de ces opérations à l'ambassade ou à la légation qui doit en connaître, ou au consulat le plus voisin du lieu où se sera ouverte la succession *ab intestat* ou testamentaire.

Mais, dès l'instant que l'agent consulaire le plus rapproché du point où se serait ouverte ladite succession *ab intestat* ou testamentaire se présenterait personnellement ou enverrait un délégué sur les lieux, l'autorité locale qui sera intervenue devra se conformer à ce que prescrit l'article précédent.

Art. 11. — Les consuls généraux, consuls et vice-consuls ou agents consulaires des deux États connaîtront exclusivement des actes d'inventaire et des autres opérations pratiquées pour la conservation des biens et objets de toute nature, laissés par les gens de mer et les passagers de leur nation qui décéderaient à terre ou à bord des navires de leur pays, soit pendant la traversée, soit dans le port de leur arrivée.

Convention consulaire *conclue le 19 février 1870 (1) entre la France et l'Italie, relativement à l'assistance judiciaire.*

Article premier. — Les Français en Italie, les Italiens en France, jouiront réciproquement du bénéfice de l'assistance judiciaire, comme les nationaux eux-mêmes, en se conformant à la loi du pays dans lequel l'assistance sera réclamée.

Art. 2. — Dans tous les cas, le certificat d'indigence doit être délivré à l'étranger qui demande l'assistance par les autorités de sa résidence habituelle.

S'il ne réside pas dans le pays où la demande est formée, le certificat d'indigence sera approuvé et légalisé par l'agent diplomatique du pays où le certificat doit être produit.

Lorsque l'étranger réside dans le pays où la demande est formée, des renseignements pourront, en outre, être pris auprès des autorités de la nation à laquelle il appartient.

Art. 3. — Les Français admis, en Italie, les Italiens admis, en France,

(1) *Bulletin*, 1870, n° 1803.

au bénéfice de l'assistance judiciaire, seront dispensés, de plein droit, de toute caution ou dépôt qui, sous quelque dénomination que ce soit, peut être exigé des étrangers plaidant contre les nationaux par la législation du pays où l'action est introduite.

Art. 4. — La présente convention est conclue pour cinq années, à partir du jour de l'échange des ratifications.

Dans le cas où aucune des deux hautes parties contractantes n'aurait notifié, une année avant l'expiration de ce terme, son intention d'en faire cesser les effets, la convention continuera d'être obligatoire encore une année, et ainsi de suite d'année en année, jusqu'à l'expiration d'une année, à compter du jour où l'une des parties l'aura dénoncée.

Elle sera ratifiée aussitôt que faire se pourra (1).

(1) Un traité a aussi été conclu avec l'Ialie le 13 janvier 1875 (*Bull.* n° 251), pour faciliter la communication des actes de l'état civil.

LUXEMBOURG (GRAND-DUCHÉ DE)

CONVENTION *conclue le 22 mars 1870 (1) entre la France et le grand-duché de Luxembourg, relativement à l'assistance judiciaire.*

ARTICLE 1er. — Les Français dans le grand-duché de Luxembourg, les Luxembourgeois en France, jouiront réciproquement du bénéfice de l'assistance judiciaire, comme les nationaux eux-mêmes, en se conformant à la loi du pays dans lequel l'assistance sera réclamée.

ART. 2. — Dans tous les cas, le certificat d'indigence doit être délivré à l'étranger qui demande l'assistance par les autorités de sa résidence habituelle.

S'il ne réside pas dans le pays où la demande est formée, le certificat d'indigence sera approuvé et légalisé par l'agent diplomatique du pays où le certificat doit être produit.

Lorsque l'étranger réside dans le pays où la demande est formée, des renseignements pourront, en outre, être pris auprès des autorités de la nation à laquelle il appartient.

ART. 3. — Les Français admis, dans le grand-duché de Luxembourg, les Luxembourgeois admis, en France, au bénéfice de l'assistance judiciaire, seront dispensés, de plein droit, de toute caution ou dépôt qui, sous quelque dénomination que ce soit, peut être exigé des étrangers plaidant contre les nationaux par la législation du pays où l'action sera introduite.

ART. 4. — La présente convention est conclue pour cinq années, à partir du jour de l'échange des ratifications.

Dans le cas où aucune des deux hautes parties contractantes n'aurait notifié, une année avant l'expiration de ce terme, son intention d'en faire cesser les effets, la convention continuera d'être obligatoire encore une année, et ainsi de suite d'année en année, à compter du jour où l'une des parties l'aura dénoncée.

Elle sera ratifiée aussitôt que faire se pourra (2).

(1) *Bulletin*, 1870, n° 1803.
(2) Un traité a aussi été conclu avec le Luxembourg le 14 juin 1875 (*Bull.* n° 288) pour faciliter la communication des actes de l'état civil.

MASCATE (ÉTATS DE)

TRAITÉ *conclu le 17 novembre 1844 (1) entre la France et les États de Mascate.*

ART. 2. — Les sujets de Son Altesse l'iman de Mascate pourront, en toute liberté, entrer, résider, commercer et circuler en France avec leurs marchandises. Les Français jouiront de la même liberté dans les États de Son Altesse le sultan de Mascate, et les sujets de chacun des deux pays auront réciproquement droit, dans l'autre, à tous les privilèges et avantages qui sont ou pourront être accordés aux sujets des nations les plus favorisées.

ART. 3. — Les Français auront la faculté d'acheter, de vendre ou de prendre à bail des terres, maisons, magasins, dans les États de Son Altesse le sultan de Mascate. Nul ne pourra, sous aucun prétexte, pénétrer dans les maisons, magasins et autres propriétés, possédés ou occupés par des Français, ou par des personnes au service des Français, ni les visiter sans le consentement de l'occupant, à moins que ce ne soit avec l'intervention du consul de France.....

ART. 6. — Les autorités relevant de Son Altesse le sultan de Mascate n'interviendront point dans les contestations entre Français ou entre des Français et des sujets d'autres nations chrétiennes. Dans les différends entre un sujet de Son Altesse et un Français, la plainte, si elle est portée par le premier, ressortira au consul français, qui prononcera le jugement; mais si la plainte est portée par un Français contre quelqu'un des sujets de Son Altesse ou de toute autre puissance musulmane, la cause sera jugée par Son Altesse le sultan de Mascate ou par telle personne qu'il désignera. Dans ce cas, il ne pourra être procédé au jugement qu'en présence du consul de France ou d'une personne désignée par lui pour assister à la procédure. Dans les différends entre un Français et un sujet de Son Altesse le sultan de Mascate, la déposition d'un individu convaincu de faux témoignage dans une occasion précédente sera récusé, soit que la cause se trouve appelée devant le consul de France, soit qu'elle soit soumise à Son Altesse le sultan ou à son représentant.

ART. 7. — Les biens d'un Français décédé dans les États de Son Altesse le sultan de Mascate ou d'un sujet de Son Altesse décédé en France, seront remis aux héritiers ou exécuteurs testamentaires, ou, à leur défaut, au consul ou agent consulaire de la nation à laquelle appartenait le décédé.

ART. 8. — Si un Français fait faillite dans les États du sultan, le consul de France prendra possession de tous les biens du failli et les remettra à ses créanciers pour être partagés entre eux. Cela fait, le failli aura droit à

(1) *Bulletin*, 1846, n° 1318.

une décharge complète de ses créanciers. Il ne saurait être ultérieurement tenu de combler son déficit, et l'on ne pourra considérer les biens qu'il acquerra par la suite comme susceptibles d'être détournés à cet effet; mais le consul de France ne négligera aucun moyen d'opérer, dans l'intérêt des créanciers, la saisie de tout ce qui appartiendra au failli dans d'autres pays, et de constater qu'il a fait l'abandon sans réserve de tout ce qu'il possédait au moment où il a été déclaré insolvable.

ART. 9. — Si un sujet de Son Altesse le sultan de Mascate refuse ou élude le payement d'une dette envers un Français, les autorités relevant de Son Altesse donneront au créancier toute aide et facilité pour recouvrer ce qui lui est dû; et de même le consul de France donnera toute assistance aux sujets de Son Altesse pour recouvrer les dettes qu'ils auront à réclamer des Français.

NICARAGUA

Traité *conclu le 11 avril 1859 (1) entre la France
et la République de Nicaragua.*

Art. 4. — Les sujets et citoyens respectifs jouiront, dans les deux États, d'une constante et complète protection pour leurs personnes et leurs propriétés ; ils auront un libre et facile accès auprès des tribunaux de justice pour la poursuite et la défense de leurs droits, et ce, aux mêmes conditions qui seront en usage pour les citoyens du pays dans lequel ils résideront.

Ils seront maîtres à cet effet d'employer, dans toutes les circonstances, les avocats, avoués et agents de toute classe qu'ils jugeront à propos ; enfin ils auront la faculté d'être présents aux décisions et sentences des tribunaux dans les causes qui les intéresseront, comme aussi à toutes les enquêtes et dépositions de témoins qui pourront avoir lieu à l'occasion des jugements, toutes les fois que les lois des pays respectifs permettront la publicité de ces actes.

Art. 6. — Les sujets et les citoyens des deux pays seront libres de disposer comme il leur conviendra, par vente, donation, échange, testament, ou de quelque autre manière que ce soit, de tous les biens qu'ils posséderaient sur les territoires respectifs. De même, les sujets ou citoyens de l'un des deux États qui seraient héritiers de biens situés dans l'autre pourront succéder, sans empêchement, à ceux desdits biens qui leur seraient dévolus *ab intestat ;* et les héritiers ou légataires ne seront pas tenus à acquitter des droits de succession autres ou plus élevés que ceux qui seraient supportés dans des cas semblables par les nationaux eux-mêmes.

Art. 22. — Les consuls respectifs pourront, au décès de leurs nationaux morts sans avoir testé ni désigné d'exécuteurs testamentaires :

1° Apposer les scellés, soit d'office, soit à la réquisition des parties intéressées, sur les effets mobiliers et les papiers du défunt, en prévenant d'avance de cette opération l'autorité locale compétente, qui pourra y assister, et même, si elle le juge convenable, croiser de ses scellés ceux apposés par le consul, et dès lors ces doubles scellés ne seront levés que de concert ;

2° Dresser aussi, en présence de l'autorité locale compétente, si elle croit devoir s'y présenter, l'inventaire de la succession ;

3° Faire procéder, suivant l'usage du pays, à la vente des effets mobiliers dépendants de la succession, lorsque lesdits meubles pourront se détériorer par l'effet du temps, ou que le consul croira leur vente utile aux intérêts des héritiers du défunt ;

Et 4° administrer ou liquider personnellement ou nommer, sous leur res-

---

(1) *Bulletin*, 1860, n° 766.

ponsabilité, un agent pour administrer et liquider ladite succession, sans que, d'ailleurs, l'autorité locale ait à intervenir dans ces nouvelles opérations.

Mais lesdits consuls seront tenus de faire annoncer la mort de leurs nationaux dans une des gazettes qui se publient dans l'étendue de leur arrondissement, et ne pourront faire délivrance de la succession et de son produit aux héritiers légitimes ou à leurs mandataires, qu'après avoir fait acquitter toutes les dettes que le défunt pourrait avoir contractées dans le pays, ou qu'autant qu'une année se sera écoulée depuis la date de la publication du décès, sans qu'aucune réclamation ait été présentée contre la succession.

PÉROU

Traité conclu le 9 mars 1861 (1), entre la France et le Pérou.

Art. 3. — Les sujets et citoyens des deux hautes parties contractantes jouiront, dans l'un et l'autre État, de la plus complète et constante protection pour leurs personnes et leurs propriétés : ils auront, en conséquence, libre et facile accès auprès des tribunaux de justice pour la poursuite et la défense de leurs droits en toute instance et à tous les degrés de juridiction établis par les lois ; ils seront libres d'employer les avocats, avoués, agents ou interprètes qu'ils jugeront à propos ; enfin, ils jouiront, sous ce rapport, des mêmes droits et privilèges que ceux qui sont ou seront accordés aux nationaux, et seront soumis aux conditions imposées à ces derniers...

Art. 6. — Les sujets ou citoyens de chacune des hautes parties contractantes auront le droit, sur les territoires respectifs, d'acquérir et de posséder des biens meubles et immeubles, comme aussi d'en disposer par achat, vente, donation, échange, mariage, ou de toute autre manière ; et leurs héritiers testamentaires ou *ab intestat,* de même que leurs légataires, pourront entrer sans obstacle en possession de l'héritage et en disposer selon leur volonté, sans payer des droits de succession autres ni plus élevés qne ceux auxquels seront soumis, dans des cas semblables, les nationaux du pays où les biens seront situés. A défaut des héritiers ou de leurs représentants, les biens en deshérence seront traités de la même manière que le seraient, en pareil cas, des biens appartenant aux nationaux.

Art. 37. — Les consuls auront droit d'intervenir, en cas de décès *ab intestat* de sujets ou citoyens de leurs nations respectives, en tout ce qu est relatif aux inventaires à dresser, à la sécurité, conservation, administration et liquidation de la succession, et d'en faire la remise aux héritiers légitimes ou à leurs mandataires dûment autorisés, en se conformant aux lois du pays, en tant qu'elles ne s'opposent pas à la concession de ce droit. Comme conséquence de cette stipulation, les consuls respectifs pourront, au décès de leurs nationaux, quand ils n'auront pas fait de testament ni désigné d'exécuteur testamentaire, après avis donné au juge d'arrondissement et avec son intervention :

1° Apposer les scellés, soit d'office, soit à la requête des parties intéressées, sur les effets mobiliers, y compris les valeurs métalliques et les bijoux, et sur les papiers du défunt, en prévenant d'avance de cette opération un des juges territoriaux compétents, qui pourra y assister, et même, s'il le juge convenable, croiser de ses scellés ceux qui auraient été apposés

______
(1) *Bulletin,* 1862, n° 1008.

14

par le consul, et dès lors ces doubles scellés ne seront levés que de concert. Toutefois, il est bien entendu que le juge ne pourra se refuser à obtempérer à la demande du consul en pareil cas;

2° Dresser aussi, en présence dudit juge compétent, si celui-ci croit devoir se présenter, l'inventaire de la succession et l'inviter à le signer;

3° Faire procéder, en temps opportun et suivant l'usage du pays, à la vente des effets mobiliers susceptibles de détérioration;

4° Administrer et liquider personnellement ou nommer sous leur responsabilité un agent pour administrer et liquider la succession, sans que l'autorité locale ait à intervenir dans ces nouvelles opérations, à moins qu'un ou plusieurs sujets ou citoyens du pays dans lequel sera ouverte ladite succession ou les sujets ou citoyens d'une tierce puissance n'aient à faire valoir des droits dans cette même succession; car, dans ce cas, et s'il survient pendant toute la durée des douze mois qui suivront le jour du décès, des difficultés entre les intéressés, elles seront jugées par les tribunaux compétents du pays, les consuls agissant alors comme représentants de la succession. Il reste bien entendu, toutefois, que si ces intéressés, d'un commun accord, déclarent volontairement et formellement s'en rapporter à la décision du consul, pour le règlement de leurs droits sur ladite succession, les tribunaux territoriaux n'auront pas à intervenir;

5° Conserver en dépôt dans la caisse de leurs chancelleries respectives le produit net de la succession, lequel, après douze mois révolus à dater du jour du décès, et après l'acquittement des dettes contractées dans le pays par le défunt, et dont le payement aura été réclamé avant l'expiration des douze mois précités, sera délivré soit aux héritiers légitimes ou légataires, soit à leurs mandataires dûment autorisés. A défaut d'héritier où de légataire, le produit de la succession sera transmis, après ledit terme de douze mois, par les consuls français, à la caisse des dépôts et consignations à Paris, et, par les consuls péruviens, à la trésorerie de Lima.

Pour l'accomplissement des paragraphes précédents, les consuls respectifs sont tenus de faire annoncer mensuellement, dans une des gazettes publiées dans leur arrondissement consulaire, et ce, pendant une année, la mort du défunt et l'ouverture de la succession.

Il est, d'un autre côté, bien entendu que si, après les douze mois écoulés à partir du décès et postérieurement à la délivrance des fonds et valeurs de la succession aux ayants droit ou à leur transmission par les consuls des États respectifs, soit à la caisse des dépôts et consignations à Paris, soit à la trésorerie de Lima, il se présente des créanciers retardataires, ceux-ci auront toujours le droit de revendiquer le montant de leurs créances dûment constatées, sans qu'il puisse leur être opposé d'autre prescription que celle établie en matière civile par les lois du pays auquel appartenait le défunt, et aux tribunaux duquel seront toujours déférées leurs réclamations.

Dans le cas où le défunt sera décédé à une distance telle de la résidence du consul que celui-ci ne puisse pas s'y transporter immédiatement ou y envoyer, sous sa responsabilité, une personne de sa confiance, le juge compétent de la localité, après avoir prévenu sans retard le consul de ce décès, procédera à l'apposition et à la levée des scellés, à la confection de l'inventaire et au retrait des effets mobiliers, valeurs métalliques et bijoux, à la vente desdits effets et à la transmission du montant intégral, sauf les frais judiciaires de ladite succession, au consul, lequel en demeurera dépositaire, ainsi qu'il est convenu au cinquième paragraphe du présent article. Le consul pourra, dans l'intérêt des héritiers, exciter le zèle du juge, afin que ces diverses opérations s'accomplissent avec la plus grande célérité possible.

ART. 38. — Les consuls respectifs pourront régler amiablement et extrajudiciairement les différents survenus entre leurs nationaux relativement à des affaires commerciales, toutes les fois que les parties désireront se soumettre volontairement à un arbitrage de leur consul, dans lequel cas la décision arbitrale du consul, appuyée du consentement préalable donné par écrit par lesdites parties, obtiendra, devant l'autorité territoriale, la valeur d'un document obligatoire ayant force de jugement exécutoire à l'égard desdites parties intéressées.

ART. 39. — Auront également une valeur légale et pourront faire foi en justice dans le pays de la résidence des consuls, les attestations, traductions, certificats et légalisations qu'ils délivreraient revêtus du sceau du consulat, pourvu que ces actes se rapportent à des faits ou à des conventions passés entre des sujets ou citoyens de leur nation, ou qu'ils concernent des personnes établies ou des choses situées sur le territoire de leur pays. La stipulation contenue dans cet article s'appliquera, en outre, aux affaires qui intéresseront les citoyens ou sujets d'une troisième puissance, lesquels se trouveraient accidentellement sous la protection d'un consul français ou péruvien.

PERSE

Traité *conclu le 12 juillet 1855 (1), entre la France et la Perse.*

Art. 5. — Les procès, contestations et disputes qui, dans l'empire de Perse, viendraient à s'élever entre sujets français, seront déférés en totalité à l'arrêt et à la décision de l'agent ou consul français qui résidera dans la province où ces procès, contestations et disputes auraient été soulevés, ou dans la province la plus voisine. Il en décidera d'après les lois françaises.

Les procès, contestations et disputes soulevées en Perse entre des sujets français et des sujets persans, seront portés devant le tribunal persan, juge ordinaire de ces matières, au lieu où résidera un agent ou un consul français, et discutés et jugés selon l'équité, en présence d'un employé de l'agent ou du consul français.

Les procès, contestations et disputes soulevés en Perse entre des sujets français et des sujets appartenant à d'autres puissances également étrangères, seront jugés et terminés par l'intermédiaire de leurs agents ou consuls respectifs.

En France, les sujets persans seront également, dans toutes leurs contestations, soit entre eux, soit avec des sujets français ou étrangers, jugés suivant le mode adopté dans cet Empire envers les sujets de la nation la plus favorisée.

Quant aux affaires de la juridiction criminelle dans lesquelles seraient compromis des sujets français en Perse, des sujets persans en France, elles seront jugées en France et en Perse suivant le mode adopté dans les deux pays envers les sujets de la nation la plus favorisée.

Art. 6. — En cas de décès de l'un de leurs sujets respectifs sur le territoire de l'un ou de l'autre État, sa succession sera remise intégralement à la famille ou aux associés du défunt, s'il en a. Si le défunt n'avait ni parents ni associés, sa succession, dans l'un comme dans l'autre pays, serait remise à la garde de l'agent ou du consul de la nation du sujet décédé, pour que celui-ci en fasse l'usage convenable, conformément aux lois et coutumes de son pays.

(1) *Bulletin*, 1857, n° 470.

PORTUGAL

Traité *conclu le 9 mars 1853 (1), entre la France et le
Portugal.*

Article premier. — Les citoyens et sujets des deux pays jouiront réciproquement, dans les États respectifs, d'une constante et complète protection pour leurs personnes et leurs propriétés. Ils auront un libre et facile accès auprès des tribunaux de justice pour la poursuite et la défense de leurs droits. Ils seront maîtres d'employer, dans toutes les circonstances, les avocats, avoués ou agents de toute classe qu'ils jugeront à propos, sans avoir à subir ou à acquitter, comme étrangers, des formalités, droits ou rétributions autres ou plus élevés que ceux qui seraient supportés dans les cas semblables par les citoyens de la nation la plus favorisée.

Art. 2. — Les citoyens et sujets des deux États seront libres de disposer comme il leur conviendra, par donation, vente, échange, testament, ou de quelque autre manière que ce soit, de tous les biens qu'ils posséderaient sur les territoires respectifs. De même les citoyens ou sujets de l'un des deux États qui seraient héritiers de biens situés dans l'autre pourront succéder, sans empêchement, à ceux desdits biens qui leur seraient dévolus, même *ab intestat*, et lesdits héritiers ou légataires ne seront pas tenus à acquitter des droits de succession autres ou plus élevés que ceux imposés dans des circonstances identiques aux citoyens de la nation la plus favorisée.

Art. 29. — Les consuls généraux, consuls et vice-consuls respectifs pourront, au décès de leurs nationaux, morts sans avoir testé ni désigné d'exécuteur testamentaire; 1° apposer les scellés, soit d'office, soit à la requête des parties intéressées, sur les effets mobiliers et les papiers du défunt, en prévenant d'avance de cette opération l'autorité locale compétente, qui pourra y assister, et même, si elle le juge convenable, croiser de ses scellés ceux qui auront été apposés par le consul, et, dès lors, ces doubles scellés ne pourront être levés que de concert; 2° dresser aussi, en présence de l'autorité compétente du pays, si elle croit devoir s'y présenter, l'inventaire de la succession; 3° faire procéder, suivant l'usage du pays, à la vente des objets mobiliers dépendant de ladite succession; enfin, administrer et liquider personnellement ou nommer sous leur responsabilité un agent pour l'administrer et la liquider sans que l'autorité locale ait à intervenir dans ces nouvelles opérations, à moins que les intéressés eux-mêmes ne réclament cette intervention, auquel cas, s'il survient quelques difficultés entre les intéressés, elles seront jugées par les tribunaux du pays, le consul agissant alors comme représentant de la succession.

Mais lesdits consuls généraux, consuls ou vice-consuls seront tenus de faire annoncer la mort du défunt dans une des gazettes qui se publient dans leur arrondissement, et ils ne pourront faire la délivrance de la suc-

(1) *Bulletin*, 1854, n° 127.

cession ou de son produit aux héritiers légitimes ou à leurs mandataires, qu'après avoir fait acquitter toutes les dettes que le défunt pourrait avoir contractées dans le pays, ou qu'autant qu'une année se sera écoulée depuis la date du décès sans qu'aucune réclamation ait été présentée contre la succession.

Convention consulaire, conclue le 11 juillet 1866 (1)
entre la France et le Portugal.

Art. 7. — Les consuls généraux, consuls, vice-consuls ou agents consulaires des deux pays où leurs chanceliers pourront recevoir dans leur chancellerie, au domicile des parties ou à bord des navires, les déclarations et autres actes que les capitaines, équipages, passagers, négociants ou citoyens de leur nation voudront y passer, même leurs testaments ou dispositions de dernière volonté et tous autres actes notariés, y compris les contrats de toute espèce.

Ces actes seront rédigés dans les formes requises par les lois de l'État auquel appartient le consul, sauf l'accomplissement de toutes les formalités exigées par les lois du pays où l'acte devra recevoir son exécution.

Si l'acte a pour objet une constitution d'hypothèque ou toute autre transaction sur des immeubles situés dans le pays où le consul réside, il devra être dressé dans les formes requises et selon les dispositions spéciales des lois de ce même pays.

Les expéditions desdits actes, légalisées par les consuls, vice-consuls ou agents consulaires, et munies du cachet officiel de leur consulat, feront foi tant en justice que hors de justice, devant tous les tribunaux, juges et autorités de France et de Portugal, au même titre que les originaux, et auront respectivement la même force et valeur que s'ils avaient été passés devant les notaires, écrivains ou autres officiers publics compétents du pays.

Lesdits agents pourront, en outre, recevoir tous actes conventionnels passés entre un ou plusieurs de leurs nationaux et d'autres personnes du pays dans lequel ils résident, et même tout acte conventionnel concernant des citoyens de ce dernier pays seulement, pourvu que ces actes aient rapport à des biens situés ou à des affaires à traiter sur le territoire de la nation à laquelle appartient le consul ou l'agent devant lequel ces actes seront passés.

Dans le cas où un doute s'élèverait sur l'authenticité de l'expédition d un acte public enregistré à la chancellerie d'un des consulats respectifs, on ne pourra en refuser la confrontation avec l'original à l'intéressé qui en fera la demande et qui pourra assister à cette collation, s'il le juge convenable.

Les consuls généraux, consuls, vice-consuls ou agents consulaires respectifs pourront traduire et légaliser toute espèce de documents émanés des autorités ou fonctionnaires de leurs pays, et ces traductions auront, dans

____

(1) Bulletin, 1857, n° 1521.

le pays de leur résidence, la même force et valeur que si elles eussent été faites par les interprètes jurés du pays.

Art. 8. — En cas de décès d'un sujet de l'une des parties contractantes sur le territoire de l'autre, les autorités locales devront en donner avis immédiatement au consul général, consul, vice-consul ou agent consulaire dans la circonscription duquel le décès aura lieu. Ceux-ci, de leur côté devront donner le même avis aux autorités locales, lorsqu'ils en seront informés les premiers.

Quand un sujet de l'une des parties contractantes sera décédé sur le territoire de l'autre sans laisser des héritiers, ou si, au nombre des héritiers, soit naturels, soit désignés par le testament, quelqu'un était inconnu, absent, mineur ou incapable, les consuls généraux, consuls, vice-consuls ou agents consulaires de la nation du défunt auront le droit de procéder successivement aux opérations suivantes :

1° Apposer les scellés, soit d'office, soit à la demande des parties intéressées, sur tous les effets, meubles et papiers du défunt, en prévenant de cette opération l'autorité locale compétente, qui pourra y assister et apposer également ses scellés.

Ces scellés, non plus que ceux de l'agent consulaire, ne devront pas être levés sans que l'autorité locale assiste à cette opération.

Toutefois, si, après un avertissement adressé par le consul ou vice-consul à l'autorité locale pour l'inviter à assister à la levée des doubles scellés, celle-ci ne s'était pas présentée dans un délai de quarante-huit heures à compter de la réception de l'avis, cet agent pourra procéder seul à·ladite opération;

2° Former l'inventaire de tous les biens et effets du défunt, en présence de l'autorité locale, si, par suite de la notification susindiquée, elle avait cru devoir assister à cet acte.

L'autorité locale apposera sa signature sur les procès-verbaux dressés en sa présence, sans que, pour son intervention d'office dans ces actes, elle puisse exiger des droits d'aucune espèce;

3° Ordonner la vente aux enchères publiques de tous les effets mobiliers de la succession qui pourraient se détériorer et de ceux d'une conservation difficile, comme aussi les récoltes et effets pour la vente desquels il se présentera des circonstances favorables;

4° Déposer en lieu sûr les effets et valeurs inventoriés, conserver le montant des créances que l'on réalisera, ainsi que le produit des ventes que l'on percevra, dans la maison consulaire, ou les confier à quelque commerçant présentant toutes garanties.

Ces dépôts devront avoir lieu, dans l'un ou l'autre cas, d'accord avec l'autorité locale qui aura assisté aux opérations antérieures, si, par suite de la convocation mentionnée au paragraphe suivant, des sujets du pays ou d'une puissance tierce se présentaient comme intéressés dans la succession *ab intestat* ou testamentaire;

5° Annoncer le décès et convoquer, au moyen des journaux de la localité et de ceux du pays du défunt. si cela était nécessaire, les créanciers qui pourraient exister contre la succession *ab intestat* ou testamentaire, afin qu'ils puissent présenter leurs titres respectifs de créance dûment justifiés, dans le délai fixé par les lois de chacun des deux pays.

S'il se présentait des créanciers contre la succession testamentaire ou *ab intestat*, le payement de leur créance devra s'effectuer dans le délai de quinze jours après la clôture de l'inventaire, s'il existait des ressources qui pussent être affectées à cet emploi, et, dans le cas contraire, aussitôt que les fonds nécessaires auraient pu être réalisés par les moyens les plus convenables, ou enfin, dans le délai consenti d'un commun accord entre les consuls et la majorité des intéressés.

Si les consuls respectifs se refusaient au payement de tout ou partie des créances, en alléguant l'insuffisance des valeurs de la succession pour les satisfaire, les créanciers auront le droit de demander à l'autorité compétente, s'ils le jugeaient utile à leurs intérêts, la faculté de se constituer en état d'union.

Cette déclaration obtenue par les voies légales établies dans chacun des deux pays, les consuls généraux, consuls, vice-consuls ou agents consulaires devront faire immédiatement la remise à l'autorité judiciaire ou aux syndics de la faillite, selon qu'il appartiendra, de tous les documents, effets ou valeurs appartenant à la succession testamentaire ou *ab intestat*, lesdits agents demeurant chargés de représenter les héritiers absents, les mineurs et les incapables.

En tout cas, les consuls généraux, consuls, vice consuls ou agents consulaires ne pourront faire la délivrance de la succession ou de son produit aux héritiers légitimes ou à leurs mandataires qu'après avoir fait acquitter toutes les dettes que le défunt pourrait avoir contactées dans le pays;

6° Administrer et liquider eux-mêmes, ou par une personne qu'ils nommeront sous leur responsabilité, la succession testamentaire ou *ab intestat*, sans que l'autorité locale ait à intervenir dans lesdites opérations, à moins que des sujets du pays ou d'une tierce puissance n'aient à faire valoir des droits dans la succession; car, en ce cas, s'il survenait des difficultés provenant notamment de quelques réclamations donnant lieu à contestation, les consuls généraux, consuls, vice-consuls ou agents consulaires n'ayant aucun droit pour terminer et résoudre ces difficultés, les tribunaux du pays devront en connaître, selon qu'il leur appartient d'y pourvoir et de les juger.

Les consuls généraux, consuls, vice-consuls ou agents consulaires agiront alors comme représentants de la succesion testamentaire ou *ab intestat*, c'est-à-dire que, conservant l'administration et le droit de liquider définitivement ladite succession, comme aussi celui d'effectuer les ventes d'effets dans les formes précédemment indiquées, ils veilleront aux intérêts des héritiers et auront la faculté de désigner des avocats chargés de soutenir leurs droits devant les tribunaux. Il est bien entendu qu'ils remettront à ces tribunaux tous les papiers et documents propres à éclairer la question soumise à leur jugement.

Le jugement prononcé, les consuls généraux, consuls, vice-consuls, ou agents consulaires devront l'exécuter, s'ils ne forment pas appel, et ils continueront alors de plein droit la liquidation qui aurait été suspendue jusqu'à la conclusion du litige;

7° Organiser, s'il y a lieu, la tutelle ou curatelle conformément aux lois des pays respectifs.

Si, dans les cas mentionnés ci-dessus, le défunt avait laissé un testament sans y nommer un exécuteur testamentaire, ou si l'exécuteur testamentaire nommé avait décliné cette charge, ou s'il était inconnu, absent, non présent ou incapable, les consuls généraux, consuls et vice-consuls ou agents consulaires procéderaient, en outre des actes ci-dessus mentionnés, à tous ceux qui auraient appartenu à l'exécuteur testamentaire.

Si, au contraire, l'exécuteur testamentaire nommé est connu, présent et capable, et s'il accepte la charge, celui-ci sollicitera tout ce qui sera nécessaire pour l'exécution du testament par-devant le consul.

En ce qui concerne l'apposition des scellés, le consul général, consul, vice-consul ou agent consulaire pourra procéder à cette formalité toutes les fois qu'un de ses nationaux viendrait à décéder, et alors même qu'aucun des héritiers ne serait inconnu, absent, mineur ou incapable. Dans ce cas, si la succession est activement et passivement représentée par des intéressés présents et capables de revendiquer leurs droits et de répondre aux actions des tiers, le consul général, consul, vice-consul ou agent consulaire doit se borner à dresser un état sommaire des valeurs et biens de la succession et à délaisser ensuite le tout aux parties intéressées. Mais si, parmi les légataires à titre particulier, il y avait des absents ou des incapables, il pourrait requérir, dans leur intérêt, la confection de l'inventaire; il pourrait aussi exercer les fonctions qui appartiennent aux exécuteurs testamentaires selon les lois du pays du consul, si le défunt ayant nommé un exécuteur testamentaire, celui-ci déclinait la charge, ou s'il était inconnu, absent ou incapable.

Art. 9. — Lorsqu'un Français en Portugal, ou un Portugais en France, sera décédé, dans les cas mentionnés au paragraphe 2 de l'article 8, sur un point où il ne se trouverait point d'agent consulaire de sa nation, l'autorité territoriale compétente procédera, conformément à la législation du pays, à l'inventaire des effets et à la liquidation des biens qu'il aura laissés, et sera tenu de rendre compte, dans le plus bref délai possible, du résultat de ces opérations à la légation qui doit en connaître, ou au consulat ou vice-consulat le plus voisin du lieu où se sera ouverte la succession *ab intestat* ou testamentaire.

Mais, dès l'instant que l'agent consulaire le plus rapproché du point où se serait ouverte ladite succession *ab intestat* ou testamentaire se présenterait personnellement ou enverrait un délégué sur les lieux, l'autorité locale qui sera intervenue devra se conformer à ce que prescrit l'article précédent.

Art. 10. — Les consuls généraux, consuls, vice-consuls ou agents consulaires des deux États connaîtront exclusivement des actes d'inventaires et des autres opérations pratiquées pour la conservation des biens et objets de toute nature laissés par les gens de mer et les passagers de leur nation qui décéderaient à terre ou à bord des navires de leur pays, soit pendant la traversée, soit dans le port de leur arrivée.

RUSSIE

*Conventions consulaires du 1er avril 1874 (1) conclues
entre la France et la Russie.*

PREMIÈRE CONVENTION

Art. 9. — Les consuls généraux, consuls et leurs chanceliers, ainsi que les vices-consuls et agents consulaires des deux pays, auront le droit de recevoir..... comme notaires et d'après les lois de leur pays :

1° Les dispositions testamentaires de leurs nationaux et tous autres actes notariés les concernant, y compris les contrats de toute espèce. Mais si ces contrats ont pour objet une constitution d'hypothèque ou toute autre transaction sur des immeubles situés dans le pays où le consul réside, ils devront être dressés dans les formes requises et selon les dispositions spéciales de ce même pays;

2° Tous actes passés entre un ou plusieurs de leurs nationaux et d'autres personnes du pays dans lequel ils résident, et même les actes passés entre les sujets de ce dernier pays seulement, pourvu que ces actes se rapportent exclusivement à des biens situés ou à des affaires à traiter sur le territoire de la nation à laquelle appartient le consul ou l'agent devant lequel ces actes seront passés.

Ils pourront également traduire et légaliser toute espèce d'actes et de documents émanés des autorités ou fonctionnaires de leur pays.

Tous les actes ci-dessus mentionnés, ainsi que les copies, extraits ou traductions de ces actes, dûment légalisés par lesdits agents et scellés du sceau officiel des consulats et vice-consulats, auront, dans chacun des deux pays, la même force et valeur que s'ils avaient été passés devant un notaire ou autres officiers publics ou ministériels compétents dans l'un ou l'autre des deux États, pourvu que ces actes aient été soumis aux droits de timbre, d'enregistrement ou à toute autre taxe ou imposition établie dans le pays où ils devront recevoir leur exécution.

DEUXIÈME CONVENTION

Article premier. — En cas de décès d'un Français en Russie ou d'un Russe en France, soit qu'il fût établi dans le pays, soit qu'il y fût simplement de passage, les autorités compétentes du lieu du décès sont tenues de prendre, à l'égard des biens mobiliers ou immobiliers du défunt, les mêmes mesures conservatoires que celles qui, d'après la législation du

(1) *Bulletin*, 1874, n° 209.

pays, doivent être prises à l'égard des successions des nationaux, sous réserve des dispositions stipulées par les articles suivants :

Art. 2. — Si le décès a lieu dans une localité où réside un consul général, consul ou vice-consul de la nation du défunt, ou bien à proximité de cette localité, les autorités locales devront en donner immédiatement avis à l'autorité consulaire, pour qu'il puisse être procédé en commun à l'apposition des scellés respectifs sur tous les effets, meubles et papiers du défunt.

L'autorité consulaire devra donner le même avis aux autorités locales, lorsqu'elle aura été informée du décès la première.

Si l'apposition immédiate des scellés paraissait nécessaire et que cette opération ne pût, pour un motif quelconque, avoir lieu eu commun, l'autorité locale aura la faculté de mettre les scellés préalablement, sans le concours de l'autorité consulaire, et *vice versa*, sauf à informer l'autorité qui ne sera pas intervenue et qui sera libre de croiser ensuite son sceau avec celui déjà apposé.

Le consul général, consul ou vice-consul aura la faculté de procéder à cette opération, soit en personne, soit par un délégué dont il aura fait choix. Dans ce dernier cas, le délégué devra être muni d'un document émanant de l'autorité consulaire, revêtu du sceau du consulat et constatant son caractère officiel.

Les scellés apposés ne pourront être levés sans le concours de l'autorité locale et de l'autorité consulaire ou de son délégué.

Il sera procédé de la même manière à la formation de l'inventaire de tous les biens mobiliers et immobiliers, effets et valeurs du défunt.

Toutefois si, après un avertissement adressé par l'autorité locale à l'autorité consulaire, ou *vice versa* par l'autorité consulaire à l'autorité locale, pour l'inviter à assister à la levée des scellés, simples ou doubles, et à la formation de l'inventaire, l'autorité à qui l'invitation a été adressée ne s'était pas présentée dans un délai de quarante-huit heures, à compter de la réception de l'avis, l'autre autorité pourrait procéder seule auxdites opérations.

Art. 3. — Les autorités compétentes feront les publications prescrites par la législation du pays relativement à l'ouverture de la succession et à la convocation des héritiers ou créanciers, sans préjudice des publications qui pourront également être faites par l'autorité consulaire.

Art. 4. — Lorsque l'inventaire aura été dressé conformément aux dispositions de l'article 2, l'autorité compétente délivrera à l'autorité consulaire, sur sa demande écrite et d'après cet inventaire, tous les biens meubles dont se compose la succession, les titres, valeurs, créances, papiers, ainsi que le testament, s'il en existe.

L'autorité consulaire pourra faire vendre aux enchères publiques tous les objets mobiliers de la succession susceptibles de se détériorer et tous ceux dont la conservation en nature entraînerait des frais onéreux pour la succession. Elle sera tenue, toutefois, de s'adresser à l'autorité locale afin que la vente soit faite dans les formes prescrites par les lois du pays.

Art. 5. — L'autorité consulaire devra conserver, à titre de dépôt demeurant

soumis à la législation du pays, les effets et valeurs inventoriés, le montant
das créances que l'on réalisera et des revenus que l'on touchera, ainsi que
le produit de la vente des meubles, si elle a eu lieu, jusqu'à l'expiration du
terme de six mois, à compter du jour de la dernière des publications faites
par l'autorité locale relativement à l'ouverture de la succession, ou du
terme de huit mois, à compter du jour du décès, s'il n'a pas été fait de
publication par l'autorité locale.

Toutefois, l'autorité consulaire aura la faculté de prélever immédiatement, sur le produit de la succession, les frais de dernière maladie et d'en-
terrement du défunt, les gages de domestiques, loyers, frais de justice et de
consulat, et autres de même nature, ainsi que les dépenses d'entretien de
la famille du défunt, s'il y a lieu.

ART. 6.—Sous la réserve des dispositions de l'article précédent, le consul
aura le droit de prendre, à l'égard de la succession mobilière ou immobilière
du défunt, toutes les mesures conservatoires qu'il jugera utiles dans l'intérêt
des héritiers. Il pourra l'administrer, soit personnellement, soit par des
délégués choisis par lui et agissant en son nom, et il aura le droit de se
faire remettre toutes les valeurs appartenant au défunt qui pourraient se
trouver déposées, soit dans les caisses publiques, soit chez des particuliers.

ART. 7.—Si, pendant le délai mentionné à l'article 5, il s'élève quelque contestation à l'égard des réclamations qui pourraient se produire contre la
partie mobilière de la succession de la part de sujets du pays ou de sujets
d'une tierce puissance, la décision concernant ces réclamations, en tant
qu'elles ne reposent pas sur le titre d'hérédité ou de legs, appartiendra
exclusivement aux tribunaux du pays.

En cas d'insuffisance des valeurs de la succession pour satisfaire au
payement intégral des créances, tous les documents, effets ou valeurs
appartenant à cette succession devront, sur la demande des créanciers,
être remis à l'autorité compétente, l'autorité consulaire restant chargée de
représenter les intérêts de ses nationaux.

ART. 8. — A l'expiration du terme fixé par l'article 5, s'il n'existe aucune
réclamation, l'autorité consulaire, après avoir acquitté d'après les tarifs en
vigueur dans le pays, tous les frais et comptes à la charge de la succession, entrera définitivement en possession de la partie mobilière de ladite
succession, qu'elle liquidera et transmettra aux ayants droit, sans avoir
d'autre compte à rendre qu'à son propre gouvernement.

ART. 9. — Dans toutes les questions auxquelles pourront donner lieu l'ouverture, l'administration et la liquidation des successions des nationaux de
l'un des deux pays dans l'autre, les consuls généraux, consuls et vice-
consuls respectifs représenteront de plein droit les héritiers et seront offi-
ciellement reconnus comme leurs fondés de pouvoirs, sans qu'ils soient
tenus de justifier de leur mandat par un titre spécial.

Ils pourront, en conséquence, se présenter, soit en personne, soit par
des délégués choisis parmi les personnes qui y sont autorisées par la
législation du pays, par-devant les autorités compétentes pour y prendre,

dans toute affaire se rapportant à la succession ouverte, les intérêts des héritiers, en poursuivant leurs droits ou en répondant aux demandes formées contre eux.

Il est, toutefois, bien entendu que les consuls généraux, consuls et vice-consuls étant considérés comme fondés de pouvoirs de leurs nationaux, ne pourront jamais personnellement être mis en cause relativement à toute affaire concernant la succession.

Art. 10. — La succession aux biens immobiliers sera régie par les lois du pays dans lequel les immeubles seront situés, et la connaissance de toute demande ou contestation concernant les successions immobilières appartiendra exclusivement aux tribunaux de ce pays.

Les réclamations relatives au partage des successions mobilières, ainsi qu'aux droits de succession sur les effets mobiliers laissés dans l'un des deux pays par des sujets de l'autre pays, seront jugées par les tribunaux ou autorités compétentes de l'État auquel appartenait le défunt et conformément aux lois de l'État, à moins qu'un sujet du pays où la succession est ouverte n'ait des droits à faire valoir à ladite succession.

Dans ce dernier cas, et si la réclamation est présentée avant l'expiration du délai fixé par l'article 5, l'examen de cette réclamation sera déféré aux tribunaux ou autorités compétents du pays où la succession est ouverte, qui statueront, conformément à la législation de ce pays, sur la validité des prétentions du réclamant, et, s'il y a lieu, sur la quote-part qui doit lui être attribuée.

Lorsqu'il aura été désintéressé de cette quote-part, le reliquat de la succession sera remis à l'autorité consulaire, qui en disposera, à l'égard des autres héritiers, conformément aux dispositions de l'article 8.

Art. 11. — Lorsqu'un Français en Russie ou un Russe en France sera décédé sur un point où il ne se trouve pas d'autorité consulaire de sa nation, l'autorité locale compétente procédera, conformément à la législation du pays, à l'apposition des scellés et à l'inventaire de la succession. Des copies authentiques de ces actes seront transmises, dans le plus bref délai, avec l'acte de décès et le passe-port national du défunt, à l'autorité consulaire la plus voisine du lieu où sera ouverte la succession, ou, par l'intermédiaire du ministère des affaires étrangères, au représentant diplomatique de la nation du défunt.

L'autorité locale compétente prendra, à l'égard des biens laissés par le défunt, toutes les mesures prescrites par la législation du pays, et le produit de la succession sera transmis, dans le plus bref délai possible, après l'expiration du délai fixé par l'article 5, auxdits agents diplomatiques ou consulaires.

Il est bien entendu que, dès l'instant que l'ambassade de la nation du défunt, ou l'autorité consulaire la plus voisine, aura envoyé un délégué sur les lieux, l'autorité locale qui serait intervenue devra se conformer aux prescriptions contenues dans les articles précédents.

Art. 12. — Les dispositions de la présente convention s'appliqueront également à la succession d'un sujet de l'un des deux États qui, étant décédé hors du territoire de l'autre État, y aurait laissé des biens mobiliers ou immobiliers.

Traité conclu le 1er avril 1874 entre la France et la Russie.

Art. 2. — Les Français en Russie et les Russes en France auront réciproquement un libre accès auprès des tribunaux de justice, en se conformant aux lois du pays, tant pour réclamer que pour défendre leurs droits, à tous les degrés de juridiction établis par les lois. Ils pourront employer, dans toutes les instances, les avocats, avoués et agents de toutes classes autorisés par les lois du pays, et jouiront, sous ce rapport, des mêmes droits et avantages qui sont ou seront accordés auxnationaux.

Art. 8. — Les Français en Russie et les Russes en France, auront pleine liberté d'acquérir, de posséder et d'aliéner, dans toute l'étendue des territoires et possessions respectifs, toute espèce de propriété que les lois du pays permettent ou permettront aux sujets de toute autre nation étrangère d'acquérir ou de posséder.

Ils pourront en faire l'acquisition et en disposer par vente, donation, échange, mariage, testament ou de quelque autre manière que ce soit, dans les mêmes conditions qui sont ou seront établies à l'égard des sujets de toute autre nation étrangère, sans être assujettis à des taxes, impôts ou charges, sous quelque dénomination que ce soit, autres ou plus élevés que ceux qui sont ou seront établis sur les nationaux.

Ils pourront de même exporter librement le produit de la vente de leur propriété et leurs biens en général, sans être assujettis à payer comme étrangers, à raison de l'exportation, des droits autres ou plus élevés que ceux que les nationaux auraient à acquitter en pareille circonstance.

(1) *Bulletin*, 1874, n° 209.

SALVADOR

Traité *conclu le 2 janvier 1858 (1) entre la France et la République
du Salvador.*

Art. 4. — Les sujets et citoyens de l'une et l'autre partie contractante
jouiront, dans les deux États, de la plus complète et constante protection
pour leurs personnes et leurs propriétés. Ils auront un libre et facile accès
auprès des tribunaux de justice pour la poursuite et la défense de leurs
droits. Ils pourront, à cet effet, employer dans toutes les circonstances les
avocats on agents de toute classe qu'ils désigneront. Ils auront la faculté
d'être présents aux décisions et sentences des tribunaux dans les causes
qui les intéressent, de même qu'à toutes les enquêtes et dépositions de
témoins qui pourront avoir lieu à l'occasion des jugements, toutes les fois
que les lois des pays respectifs permettront la publicité de ces actes.

Enfin ils jouiront, sous ce rapport, des mêmes droits et privilèges que
les nationaux, et seront soumis aux mêmes conditions imposées à ces
derniers.

Art. 8. — Les sujets et citoyens de chacune des parties contractantes
auront le droit de posséder, sur les territoires respectifs, toutes sortes de
biens meubles et immeubles, de les exploiter en toute liberté, de même
que d'en disposer comme il leur conviendra, par vente, donation, échange,
testament, ou de toute autre manière que ce soit. Egalement les sujets ou
citoyens de l'un des deux États pourront succéder, sans empêchement, à
ceux desdits biens qui leur seraient échus *ab intestat,* ou par testament,
et en disposer selon leur volonté, sauf à payer les mêmes droits de
vente, succession ou autres que payeraient les nationaux dans des cas
semblables.

Art. 26. — Les consuls respectifs pourront, au décès de leurs nationaux
morts sans avoir testé ni désigné d'exécuteurs testamentaires :

1° Apposer les scellés, soit d'office, soit à la réquisition des parties intéressées, sur les effets mobiliers et les papiers du défunt, en prévenant
d'avance, de cette opération, l'autorité locale compétente, qui pourra y
assister, et même, si elle le juge convenable, croiser de ses scellés ceux
apposés par le consul, et dès lors ces doubles scellés ne seront levés que de
concert ;

2° Dresser aussi, en présence de l'autorité compétente, si elle croit devoir
s'y présenter, l'inventaire de la succession ;

3° Faire procéder, suivant l'usage du pays, à la vente des effets mobiliers dépendants de la succession, lorsque lesdits meubles pourront se

(1) *Bulletin,* 1860, n° 777.

détériorer par l'effet du temps, ou que le consul croira leur vente utile aux intérêts des héritiers du défunt ;

Et 4° administrer ou liquider personnellement, ou nommer, sous leur responsabilité, un agent pour administrer et liquider ladite succession, sans que d'ailleurs l'autorité locale ait à intervenir dans ces nouvelles opérations.

Mais lesdits consuls seront tenus de faire annoncer la mort de leurs nationaux dans une des gazettes qui se publient dans l'étendue de leur arrondissement, et ne pourront faire délivrance de la succession et de son produit aux héritiers légitimes ou à leurs mandataires, qu'après avoir fait acquitter toutes les dettes qne le défunt pourrait avoir contractées dans le pays, ou qu'autant qu'une année sera écoulée depuis la date de la publication du décès, sans qu'aucune réclamation ait été présentée contre la succession.

CONVENTION CONSULAIRE *conclue le 5 juin 1878 (1) entre la France et la République du Salvador.*

ART. 10. — Les consuls généraux et consuls ou leurs chanceliers, ainsi que les vice-consuls et les agents consulaires des deux pays, auront le droit de recevoir, soit dans leur chancellerie, soit au domicile des parties, soit à bord des navires de leur nation, les déclarations que pourront avoir à faire les capitaines, les gens de l'équipage, les passagers, les négociants et tous autres citoyens de leur pays.

Lorsqu'ils y auront été autorisés par les lois et règlements de leur pays, lesdits consuls ou agents pourront également recevoir, comme notaires, les dispositions testamentaires de leurs nationaux. Ils auront le droit de recevoir tout acte notarié destiné à être exécuté dans leur pays et qui interviendra entre leurs nationaux et des personnes du pays de leur résidence. Ils pourront même recevoir les actes dans lesquels les citoyens du pays où ils résident seront seuls parties, lorsque ces actes contiendront des conventions relatives à des immeubles situés dans le pays du consul ou agent, ou des procurations concernant des affaires à traiter dans ce pays.

Quant aux actes notariés destinés à être exécutés dans le pays de leur résidence, lesdits consuls ou agents auront le droit de recevoir tous ceux dans lesquels leurs nationaux seront seuls parties ; ils pourront recevoir, en outre, ceux qui interviendraient entre un ou plusieurs de leurs nationaux et des citoyens du pays de leur résidence, à moins qu'il ne s'agisse d'actes pour lesquels, d'après la législation du pays, le ministère des juges ou d'officiers publics déterminés serait indispensable.

Lorsque les actes mentionnés dans le paragraphe précédent auront rapport à des biens fonciers, ils ne seront valables qu'autant qu'un notaire ou

____

(1) *Bulletin,* 1879, n° 463.

autre officier public du pays y aura concouru et les aura revêtus de sa signature.

Art. 11. — Les actes mentionnés dans l'article précédent auront la même force et valeur que s'ils avaient été passés devant un notaire ou autre officier public compétent de l'un ou de l'autre pays, pourvu qu'ils aient été rédigés dans les formes voulues par les lois de l'État auquel le consul appartient et qu'ils aient été soumis au timbre, à l'enregistrement et à toute formalité en usage dans le pays où l'acte devra recevoir son exécution.

Les expéditions desdits actes, lorsqu'elles auront été légalisées par les consuls ou vice-consuls et scellées du sceau officiel de leur consulat ou vice-consulat, feront foi, tant en justice que hors justice, devant tous les tribunaux, juges et autorités de France et du Salvador, au même titre que les originaux.

Art. 12. — En cas de décès d'un citoyen de l'un des deux pays sur le territoire de l'autre pays, l'autorité locale compétente devra immédiatement en avertir le consul général, consul, vice-consul ou agent consulaire dans le ressort duquel le décès aura eu lieu, et ces agents devront, de leur côté, s'ils en ont connaissance les premiers, donner le même avis aux autorités locales.

Quelles que soient les qualités et la nationalité des héritiers, qu'ils soient majeurs ou mineurs, absents ou présents, connus ou inconnus, les scellés seront, dans les vingt-quatre heures de l'avis, apposés sur tous les effets mobiliers et les papiers du défunt. L'apposition sera faite, soit d'office, soit à la réquisition des parties intéressées, par le consul, en présence de l'autorité locale ou celle-ci dûment appelée. Cette autorité pourra croiser de ses scellés ceux du consulat, et dès lors les doubles scellés ne pourront plus être levés que d'un commun accord ou par ordre de justice.

Dans le cas où l'autorité consulaire ne procéderait pas à l'apposition des scellés, l'autorité locale devra les apposer, après lui avoir adressé une simple invitation, et si elle les croise des siens, la levée des uns et des autres devra être faite soit d'un commun accord, soit en vertu d'une décision du juge.

Ces avis et invitations seront donnés par écrit et un récépissé en constatera la remise.

Art. 13. — S'il n'a pas été formé d'opposition à la levée des scellés et si tous les héritiers et légataires universels ou à titre universel sont majeurs, présents ou dûment représentés et d'accord sur leurs droits et qualités, le consul lèvera les scellés sur la demande des intéressés, dressera, qu'il y ait ou non un exécuteur testamentaire nommé par le défunt, un état sommaire des biens, effets et papiers qui se trouveraient sous les scellés, et délaissera ensuite le tout aux parties, qui se pourvoiront comme elles l'entendront pour le règlement de leurs intérêts respectifs.

Dans tous les cas où les conditions énumérées au commencement du paragraphe précédent ne se trouveront pas réunies et quelle que soit la nationalité des héritiers, l'autorité consulaire, après avoir réclamé, par écrit, la présence de l'autorité locale et prévenu l'exécuteur testamentaire ainsi que les intéressés ou leurs représentants, procédera à la levée des scellés et à l'inventaire descriptif de tous les biens, effets et papiers placés sous les scellés. Le magistrat local devra, à la fin de chaque séance, apposer sa signature au procès-verbal.

Art. 14. — Si parmi les héritiers et légataires universels ou à titre universel, il s'en trouve dont l'existence soit incertaine ou le domicile inconnu, qui ne soient pas présents ni dûment représentés, qui soient mineurs ou incapables, ou si, étant tous majeurs et présents, ils ne sont pas d'accord sur leurs droits et qualités, l'autorité consulaire, après que l'inventaire aura été dressé, sera, comme séquestre des biens de toute nature laissés par le défunt, chargée de plein droit d'administrer et de liquider la succession.

En conséquence, elle pourra procéder, en suivant les formes prescrites par les lois et usages du pays, à la vente des meubles et objets mobiliers susceptibles de dépérir ou dispendieux à conserver, recevoir les créances qui seraient exigibles ou viendraient à échoir, les intérêts des créances, les loyers et les fermages échus, faire tous les actes conservatoires des droits et des biens de la succession, employer les fonds trouvés au domicile du défunt ou recouvrés depuis le décès à l'acquittement des charges urgentes et des dettes de la succession; faire, en un mot, tout ce qui sera nécessaire pour rendre l'actif net et liquide.

L'autorité consulaire fera annoncer la mort du défunt dans une des feuilles publiques de son arrondissement et elle ne pourra faire la délivrance de la succession ou de son produit qu'après l'acquittement des dettes contractées dans le pays par le défunt, ou qu'autant que, dans l'année qui suivra le décès, aucune réclamation ne se sera produite contre la succession.

En cas d'existence d'un exécuteur testamentaire, le consul pourra, si l'actif est suffisant, lui remettre les sommes nécessaires pour l'acquittement des legs particuliers. L'exécuteur testamentaire restera, d'ailleurs, chargé de tout ce qui concernera la validité et l'exécution du testament.

Art. 15. — Les pouvoirs conférés aux consuls par l'article précédent ne feront point obstacle à ce que les intéressés de l'une ou de l'autre nation, ou leurs tuteurs et représentants, poursuivent devant l'autorité compétente l'accomplissement de toutes les formalités voulues par les lois pour arriver à la liquidation définitive des droits des héritiers et légataires et au partage final de la succession entre eux, et plus particulièrement à la vente ou à la licitation des immeubles situés dans le pays où le décès a eu lieu.

Le consul devra, le cas échéant, organiser sans retard la tutelle de ceux de ses nationaux qui seraient incapables, afin que le tuteur puisse les représenter en justice.

Toute contestation soulevée soit par des tiers, soit par des créanciers du pays ou d'une puissance tierce, toute procédure de distribution et d'ordre que les oppositions ou les inscriptions hypothécaires rendraient nécessaires, seront également soumises aux tribunaux locaux.

Le consul devra, toutefois, être appelé en justice, soit comme représentant ses nationaux absents, soit comme assistant le tuteur ou le curateur de ceux qui sont incapables; mais il est bien entendu qu'il ne pourra jamais être mis personnellement en cause. Il pourra, d'ailleurs, se faire représenter par un délégué choisi parmi les personnes que la législation du pays autorise à remplir des mandats de cette nature.

Art. 16. — Lorsqu'un Français dans le Salvador, ou un Salvadorien en France, sera décédé sur un point où il ne se trouverait pas d'autorité consulaire de sa nation, l'autorité territoriale compétente procédera, conformément à la législation du pays, à l'inventaire des effets et à la liquidation des biens qu'il aura laissés, et sera tenue de rendre compte, dans le plus bref délai, du résultat de ses opérations au consulat appelé à en connaître.

Mais dès que le consul se présentera personnellement ou enverra un délégué sur les lieux, l'autorité locale qui sera intervenue devra se conformer à ce que prescrivent les articles 12, 13, 14 et 15 de la présente convention.

Art. 17. — Dans le cas où un citoyen de l'un des deux pays viendrait à décéder sur le territoire de ce pays, et où ses héritiers et légataires universels ou à titre universel seraient tous citoyens de l'autre pays, le consul de la nation à laquelle appartiendront les héritiers ou légataires pourra, si un ou plusieurs d'entre eux sont absents, inconnus ou incapables, ou si, étant présents et majeurs, ils ne sont pas d'accord, faire tous les actes conservatoires d'administration et de liquidation énumérés dans les articles 12, 13, 14 et 15 de la présente convention. Il n'en devra résulter, toutefois, aucune atteinte aux droits et à la compétence des autorités judiciaires, pour ce qui concerne l'accomplissement des formalités légales prescrites en matière de partage et la décision de toutes les contestations qui pourraient s'élever soit entre les héritiers seulement, soit entre les héritiers et des tiers.

Art. 18. — Les consuls généraux, consuls, vice-consuls et agents consulaires des deux États connaîtront exclusivement des actes d'inventaire et des autres opérations effectuées pour la conservation des biens et objets de toute nature laissés par les gens de mer et les passagers de leur nation qui décéderaient dans le port d'arrivée, soit à terre, soit à bord d'un navire de leur pays.

Art. 19. — Les dispositions de la présente convention s'appliqueront également aux successions des citoyens de l'un des deux États qui, étant décédés hors du territoire de l'autre État, y auraient laissé des biens mobiliers ou immobiliers.

SANDWICH (ÎLES)

*Traité conclu le 29 octobre 1857 (1) entre la France
et les îles Sandwich.*

Art. 4. — Les sujets respectifs jouiront, dans l'un et l'autre État, d'une constante et complète protection pour leurs personnes et leurs propriétés. Ils auront, en conséquence, un libre et facile accès auprès des tribunaux de justice, pour la poursuite et la défense de leurs droits en toute instance et dans tous les degrés de juridiction établis par les lois. Ils seront libres d'employer, dans toutes les circonstances, les avocats, avoués ou agents de toute classe qu'ils jugeront à propos ; enfin, ils jouiront, sous ce rapport, des mêmes droits et privilèges que ceux qui sont ou seront accordés aux nationaux.

Art. 6. — Les sujets des deux pays seront libres d'acquérir et de posséder des immeubles, et de disposer comme il leur conviendra, par vente, donation, échange, testament, ou de quelque autre manière que ce soit, de tous les biens qu'ils posséderaient sur les territoires respectifs. De même, les sujets de l'un des deux États qui seraient héritiers de biens situés dans l'autre pourront succéder, sans empêchement, à ceux desdits biens qui leur seraient dévolus même *ab intestat*, et en disposer selon leur volonté, et lesdits héritiers ou légataires ne seront assujettis à aucun droit d'aubaine ou de détraction, et ne seront pas tenus à acquitter des droits de succession ou autres plus élevés que ceux qui seraient supportés, dans des cas semblables par les nationaux eux-mêmes.

Art. 20. — Les consuls respectifs pourront, au décès de leurs nationaux morts sans avoir testé ni désigné d'exécuteurs testamentaires : 1° apposer les scellés, soit d'office, soit à la réquisition des parties intéressées, sur les effets mobiliers et les papiers du défunt, en prévenant d'avance, de cette opération, l'autorité locale compétente, qui pourra y assister, et même, si elle le juge convenable, croiser de ses scellés ceux qui auront été apposés par le consul et, dès lors, ces doubles scellés ne seront levés que de concert ; 2° dresser aussi, en présence de l'autorité compétente du pays, si elle croit devoir s'y présenter, l'inventaire de la succession ; 3° faire procéder, suivant l'usage du pays, à la vente des effets mobiliers en dépendant ; enfin administrer et liquider personnellement ou nommer, sous leur responsabilité, un agent pour administrer et liquider ladite succession, sans que l'autorité locale ait à intervenir dans ces nouvelles opérations.

Mais lesdits consuls seront tenus de faire annoncer la mort du défunt dans une des gazettes qui se publieront dans l'étendue de leur arrondissement, et ils ne pourront faire la délivrance de la succession ou de son produit aux héritiers légitimes, ou à leurs mandataires, qu'après avoir fait acquitter toutes les dettes que le défunt pourrait avoir contractées dans le pays, ou qu'autant qu'une année se sera écoulée depuis la date du décès, sans qu'aucune réclamation ait été présentée contre la succession.

(1) *Bulletin*, 1860, n° 766.

SERBIE

<TRAITÉ conclu le 18 janvier 1883 (1) entre la France et la Serbie.>

Tr**aité** *conclu le* 18 *janvier* 1883 (1) *entre la France et la Serbie.*

Art. 4. — Les Français en Serbie et les Serbes en France jouiront réciproquement d'une constante et complète protection pour leurs personnes et leurs propriétés, et auront les mêmes droits (excepté les droits politiques) et les mêmes privilèges qui sont ou seront accordés aux nationaux ou aux ressortissants de la nation la plus favorisée, à la condition, toutefois, de se soumettre aux lois du pays.

Ils auront, en conséquence, un libre et facile accès auprès des tribunaux de justice, tant pour réclamer que pour défendre leurs droits, à tous les degrés de juridiction établis par les lois; ils pourront employer, dans toutes les instances, les avocats, avoués et agents de toute classe qu'ils jugeront à propos, et jouiront enfin, sous ce rapport, des mêmes droits et avantages déjà accordés ou qui seront accordés aux nationaux ou aux ressortissants de la nation la plus favorisée.

Art. 5. — Il ne sera exigé des Français qui auraient à poursuivre une action en Serbie, ou des Serbes qui auraient à poursuivre une action en France, aucune caution ou dépôt auquel ne seraient pas soumis, en France, les citoyens de la nation la plus favorisée, ni aucun droit auquel les nationaux ne seraient pas soumis d'après les lois du pays.

Art. 6. — Les Français en Serbie et les Serbes en France jouiront du bénéfice de l'assistance judiciaire, en se conformant aux lois du pays dans lequel l'assistance sera réclamée. Néanmoins l'état d'indigence devra, en outre des formalités prescrites par ces lois, être établi par la production de pièces délivrées par les autorités compétentes du pays d'origine de la partie, et légalisées par l'agent diplomatique ou consulaire de l'autre pays, qui les transmettra à son gouvernement.

Art. 7. — Les Français en Serbie et les Serbes en France pourront, comme les nationaux et sans distinction de race ni de religion, acquérir, posséder et transmettre pas succession, testament, donation, ou de quelque autre manière que ce soit, les biens meubles et immeubles situés dans quelque lieu que ce soit des territoires respectifs, sans qu'ils puissent être tenus à acquitter des droits de succession ou de mutation autres ni plus élevés que ceux qui seraient imposés dans des cas semblables aux nationaux eux-mêmes.

Art. 8. — La succession aux biens immobiliers sera régie par les lois du pays dans lequel les immeubles seront situés, et la connaissance de toute demande ou contestation concernant les successions immobilières appartiendra exclusivement aux tribunaux de ce pays.

______

(1) *Bulletin*, 1883, n° 793.

Les réclamations relatives au partage des successions mobilières ainsi qu'aux droits de succession sur les effets mobiliers laissés dans l'un des deux pays par des citoyens de l'autre pays, soit qu'à l'époque de leur décès ils y fussent établis ou y fussent simplement de passage, soit qu'ils fussent décédés ailleurs, seront jugées par les tribunaux ou autorités compétentes de l'État auquel appartenait le défunt et conformément aux lois de cet État.

Art. 9. — Tout avantage que l'une des parties contractantes aurait concédé ou pourrait encore concéder à l'avenir, d'une manière quelconque, à une autre puissance, en ce qui concerne l'établissement des citoyens et l'exercice des professions industrielles, sera applicable, de la même manière et à la même époque à l'autre partie, sans qu'il soit nécessaire de faire une convention spéciale à cet effet.

Art. 26. — Le gouvernement de la République française consent à renoncer aux privilèges et immunités dont ses nationaux ont joui jusqu'ici en vertu des capitulations existant entre la France et l'empire ottoman

Il est toutefois convenu expressément que lesdites capitulations resteront en vigueur pour toutes les affaires judiciaires intéressant les relations des nationaux français avec les nationaux des puissances qui n'auraient pas renoncé au bénéfice des capitulations, à moins cependant qu'il ne s'agisse d'affaires judiciaires concernant des propriétés immobilières situées en Serbie.

SIAM

Traité *conclu le* 15 *août* 1856 (1) *entre la France
et le royaume de Siam.*

Article premier. — ...Les sujets de chacun des deux pays jouiront dans l'autre d'une pleine et entière protection pour leurs personnes et leurs propriétés, conformément aux lois qui sont établies, et auront réciproquement droit à tous les privilèges et avantages qui sont ou pourront être accordés aux sujets des nations étrangères les plus favorisées.

Art. 5. — Lorsqu'un Français voudra acquérir un immeuble, il devra s'adresser, par l'intermédiaire du consul de France, à l'autorité locale compétente, laquelle, de concert avec le consul, l'aidera à régler le prix d'achat à des conditions équitables et lui délivrera son titre de propriété, après avoir fait la délimitation de l'immeuble. L'acquéreur devra, d'ailleurs, se conformer aux lois et règlements du pays, et sera assujetti, en ce qui concerne sa propriété, aux mêmes impôts que les sujets siamois eux-mêmes. Mais, si le terrain ainsi acheté n'était pas exploité dans un délai de trois années, à partir du jour de l'entrée en possession, le gouvernement siamois aurait la faculté de résilier le marché, en remboursant à l'acheteur le prix d'acquisition.

Art. 12. — Si un Français fait faillite dans le royaume de Siam, le consul de France prendra possession de tous les biens du failli, et les remettra à ses créanciers, pour être partagés entre eux. Cela fait, le failli aura droit à une décharge complète de ses créanciers. Il ne saurait être ultérieurement tenu de combler son déficit, et il ne pourra considérer les biens qu'il acquerra par la suite comme susceptibles d'être détournés à cet effet; mais le consul ne négligera aucun moyen d'opérer, dans l'intérêt des créanciers, la saisie de tout ce qui appartiendra au failli dans d'autres pays, et de constater qu'il a fait l'abandon sans réserve de tout ce qu'il possédait au moment où il a été déclaré insolvable.

Art. 13. — Si un Siamois refuse ou élude le payement d'une dette envers un Français, les autorités siamoises donneront au créancier toute aide et facilité pour recouvrer ce qui lui est dû ; et, de même, le consul de France donnera toute assistance aux sujets siamois, pour recouvrer les dettes qu'ils auront à réclamer des Français.

Art. 14. — Les biens d'un Français décédé dans le royaume de Siam ou d'un Siamois décédé en France, seront remis aux héritiers ou exécuteurs testamentaires, ou, à leur défaut, au consul ou agent consulaire de la nation à laquelle appartenait le décédé.

(1) *Bulletin*, 1858, n° 573.

———

SUISSE

CONVENTION *relative à la compétence judiciaire et à l'exécution des jugements en matière civile, suivie d'un protocole explicatif, conclue, le 15 juin 1869 (1), entre la France et la Confédération suisse (2).*

I. — COMPÉTENCE ET ACTION EN JUSTICE

ARTICLE PREMIER. — Dans les contestations en matière mobilière et personnelle, civile ou de commerce, qui s'élèveront soit entre Français et Suisses, soit entre Suisses et Français, le demandeur sera tenu de poursuivre son action devant les juges naturels du défendeur. Il en sera de même pour les actions en garantie, quel que soit le tribunal où la demande originaire sera pendante. Si le Français ou le Suisse défendeur n'a point de domicile ou de résidence connus en France ou en Suisse, il pourra être cité devant le tribunal du domicile du demandeur.

Si néanmoins l'action a pour objet l'exécution d'un contrat consenti par le défendeur dans un lieu situé soit en France, soit en Suisse, hors du ressort desdits juges naturels, elle pourra être portée devant le juge du lieu où le contrat a été passé, si les parties y résident au moment où le procès sera engagé.

ART. 2. — Dans les contestations entre Suisses qui seraient tous domiciliés ou auraient un établissement commercial en France, et dans celles entre Français tous domiciliés ou ayant un établissement commercial en Suisse, le demandeur pourra aussi saisir le tribunal du domicile ou du lieu de l'établissement du défendeur, sans que les juges puissent se refuser de juger et se déclarer incompétents à raison de l'extranéité des parties contestantes. Il en sera de même si un Suisse poursuit un étranger domicilié ou résidant en France devant un tribunal français, et réciproquement si un Français poursuit, en Suisse, un étranger domicilié ou résidant en Suisse devant un tribunal suisse.

ART. 3. — En cas d'élection de domicile dans un lieu autre que celui du domicile du défendeur, les juges du lieu du domicile élu seront seuls compétents pour connaître des difficultés auxquelles l'exécution du contrat pourra donner lieu.

(1) *Balletin*, 1669, n° 1758.

(2) On peut consulter sur cette convention qui a déjà donné lieu à de nombreuses difficultés :

Brocher, *Commentaire pratique et théorique du traité franco-suisse du 15 juin 1879. In-8°*; Genève, 1879 ; et le *Journal du droit internat. privé*, 1879, p. 11 à 135

Art. 4. — En matière réelle ou immobilière, l'action sera suivie devant le tribunal du lieu de la situation des immeubles. Il en sera de même dans le cas où il s'agira d'une action personnelle concernant la propriété ou la jouissance d'un immeuble.

Art. 5. — Toute action relative à la liquidation et au partage d'une succession testamentaire ou *ab intestat* et aux comptes à faire entre les héritiers ou légataires sera portée devant le tribunal de l'ouverture de la succession, c'est-à-dire s'il s'agit d'un Français mort en Suisse, devant le tribunal de son dernier domicile en France, et s'il s'agit d'un Suisse décédé en France, devant le tribunal de son lieu d'origine en Suisse. Toutefois, on devra, pour le partage, la licitation ou la vente des immeubles, se conformer aux lois du pays de leur situation.

Si, dans les partages de succession auxquels les étrangers sont appelés concurremment avec des nationaux, la législation de l'un des deux pays accorde à ses nationaux des droits et avantages particuliers sur les biens situés dans ce pays, les ressortissants de l'autre pays pourront, dans les cas analogues, revendiquer de même les droits et avantages accordés par la législation de l'État auquel ils appartiennent.

Il est du reste bien entendu que les jugements rendus en matière de succession par les tribunaux respectifs et n'intéressant que leurs nationaux seront exécutoires dans l'autre, quelles que soient les lois qui y sont en vigueur.

Art. 6. — La faillite d'un Français ayant un établissement de commerce en Suisse pourra être prononcée par le tribunal de sa résidence en Suisse, et réciproquement celle d'un Suisse ayant un établissement de commerce en France pourra être prononcée par le tribunal de sa résidence en France.

La production du jugement de faillite dans l'autre pays donnera au syndic ou représentant de la masse, après toutefois que le jugement aura été déclaré exécutoire conformément aux règles établies en l'article 16 ci-après, le droit de réclamer l'application de la faillite aux biens meubles et immeubles que le failli possédera dans ce pays.

En ce cas, le syndic pourra poursuivre contre les débiteurs le remboursement des créances dues au failli; il poursuivra également, en se conformant aux lois du pays de leur situation, la vente des biens meubles et immeubles appartenant au failli.

Le prix des biens meubles et les sommes et créances recouvrées par le syndic dans le pays d'origine du failli seront joints à l'actif de la masse chirographaire du lieu de la faillite et partagés avec cet actif, sans distinction de nationalité, entre tous les créanciers, conformément à la loi du pays de la faillite.

Quant au prix des immeubles, la distribution entre les ayants droit sera régie par la loi du pays de leur situation; en conséquence, les créanciers français ou suisses qui se seront conformés aux lois du pays de la situation des immeubles pour la conservation de leurs droits de privilège ou d'hypothèque sur lesdits immeubles seront, sans distinction de nationalité, colloqués sur le prix des biens au rang qui leur appartiendra d'après la loi du pays de la situation desdits immeubles.

Art. 7. — Les actions en dommages, restitution, rapport, nullité et autres qui, par suite d'un jugement déclaratif de faillite ou d'un jugement reportant l'ouverture de la faillite à une époque autre que celle primitivement fixée, ou pour toute autre cause, viendraient à être exercées contre des créanciers ou des tiers, seront portées devant le tribunal du domicile du défendeur, à moins que la contestation ne porte sur un immeuble ou un droit réel et immobilier.

Art. 8. — En cas de concordat, l'abandon fait par le débiteur failli des biens situés dans son pays d'origine et toutes les stipulations du concordat produiront, par la production du jugement d'homologation, déclaré exécutoire conformément à l'article 16, tous les effets qu'il aurait dans le pays de la faillite.

Art. 9. — La faillite d'un étranger établi soit en France, soit en Suisse, et qui aura des créanciers français et suisses et des biens situés en France ou en Suisse, sera, si elle est déclarée dans l'un des deux pays, soumise aux dispositions des articles 7 et 8.

Art. 10. — La tutelle des mineurs et interdits français résidant en Suisse sera réglée par la loi française, et réciproquement la tutelle des mineurs et interdits suisses résidant en France sera régie par la législation de leur canton d'origine. En conséquence, les contestations auxquelles l'établissement de la tutelle et l'administration de leur fortune pourront donner lieu seront portés devant l'autorité compétente de leur pays d'origine, sans préjudice, toutefois, des lois qui régissent les immeubles et des mesures conservatoires que les juges du lieu de la résidence pourront ordonner.

Art. 11. — Le tribunal français ou suisse devant lequel sera portée une demande qui, d'après les articles précédents, ne serait pas de sa compétence, devra d'office, et même en l'absence du défendeur, renvoyer les parties devant les juges qui en doivent connaître.

Art. 12. — L'opposition à un jugement par défaut ne pourra être formée que devant les autorités du pays où le jugement aura été rendu.

Art. 13. — Il ne sera exigé des Français qui auraient à poursuivre une action en Suisse aucun droit, caution ou dépôt auxquels ne seraient pas soumis, conformément aux lois du canton où l'action est intentée, les ressortissants suisses des autres cantons; réciproquement, il ne sera exigé des Suisses qui auraient à poursuivre une action en France aucun droit, caution ou dépôt auxquels ne seraient pas soumis les Français d'après les lois Françaises.

Art. 14. — Les Français en Suisse et les Suisses en France jouiront du bénéfice de l'assistance judiciaire, en se conformant aux lois du pays dans lequel l'assistance sera réclamée. Néanmoins, l'état d'indigence devra, en outre des formalités prescrites par ces lois, être établi par la production de pièces délivrées par les autorités compétentes du pays d'origine de la partie et légalisées par l'agent diplomatique de l'autre pays, qui les transmettra à son gouvernement.

II. — EXÉCUTION DES JUGEMENTS

Art. 15. — Les jugements ou arrêts définitifs en matière civile et commerciale, rendus soit par les tribunaux, soit par des arbitres, dans l'un des deux États contractants, seront, lorsqu'ils auront acquis force de chose jugée, exécutoires dans l'autre, suivant les formes et sous les conditions indiquées dans l'article 16 ci-après.

Art. 16. — La partie en faveur de laquelle on poursuivra, dans l'un des deux États, l'exécution d'un jugement ou d'un arrêt devra produire au tribunal ou à l'autorité compétente du lieu ou de l'un des lieux où l'exécution doit avoir lieu :

1° L'expédition du jugement ou de l'arrêt légalisé par les envoyés respectifs ou, à leur défaut, par les autorités de chaque pays;

2° L'original de l'exploit de signification dudit jugement ou arrêt, ou tout autre acte qui, dans le pays, tient lieu de signification;

3° Un certificat délivré par le greffier du tribunal où le jugement a été rendu, constatant qu'il n'existe ni opposition ni appel, ni autre acte de recours.

Sur la représentation de ces pièces, il sera statué sur la demande d'exécution, savoir: en France, par le tribunal réuni en chambre de conseil, sur le rapport d'un juge commis par le président et les conclusions du ministère public, et en Suisse, par l'autorité compétente, dans la forme prescrite par la loi. Dans l'un et l'autre cas, il ne sera statué qu'après qu'il aura été adressé à la partie contre laquelle l'exécution est poursuivie, une notification indiquant le jour et l'heure où il sera prononcé sur la demande.

Art. 17. — L'autorité saisie de la demande d'exécution n'entrera point dans la discussion du fond de l'affaire. Elle ne pourra refuser l'exécution que dans les cas suivants :

1° Si la décision émane d'une juridiction incompétente;

2° Si elle a été rendue sans que les parties aient été dûment citées et légalement représentées ou défaillantes;

3° Si les règles du droit public ou les intérêts de l'ordre public du pays où l'exécution est demandée s'opposent à ce que la décision de la juridiction étrangère y reçoive son exécution.

La décision qui accorde l'exécution et celle qui la refuse ne seront point susceptibles d'opposition, mais elles pourront être l'objet d'un recours devant l'autorité compétente, dans les délais et suivant les formes déterminés par la loi du pays où elles auront été rendues.

Art. 18. — Quand le jugement emportera contrainte par corps, le tribunal ne pourra ordonner l'exécution en cette partie de la décision, si la législation du pays ne l'admet pas dans le cas dont il s'agit au jugement.

Cette mesure ne pourra, dans tous les cas, être exercée que dans les limites et suivant les formes prescrites par la loi du pays où l'on poursuit son exécution.

Art. 19. — Les difficultés relatives à l'exécution des jugements et arrêts ordonnée conformément aux articles 15, 16 et 17, seront portées devant l'autorité qui aura statué sur la demande d'exécution.

III. — Transmission d'exploits et actes judiciaires et extra-judiciaires. Commissions rogatoires.

Art. 20. — Les exploits, citations, notifications, sommations et autres actes de procédure dressés en Suisse et destinés à des personnes domiciliées ou résidant en France seront adressés directement par le gouvernement suisse à son agent diplomatique ou consulaire placé le plus près du procureur impérial chargé de les remettre aux destinataires. L'agent diplomatique ou consulaire les transmettra à ce magistrat, qui lui enverra les récépissés délivrés par les personnes auxquelles les actes auront été notifiés.

Réciproquement, le gouvernement français adressera à son agent diplomatique ou consulaire en Suisse placé le plus près de l'autorité suisse chargée de les remettre aux destinataires, les exploits et actes dressés en France et destinés à des personnes domiciliées ou résidant en Suisse. L'autorité à laquelle les actes auront été transmis renverra à l'agent consulaire les récépissés qu'elle aura reçus.

Art. 21. — Les deux gouvernements contractants s'engagent à faire exécuter dans leurs territoires respectifs les commissions rogatoires décernées par les magistrats des deux pays pour l'instruction des affaires civiles et commerciales, et ce autant que les lois du pays où l'exécution devra avoir lieu ne s'y opposeront pas.

La transmission desdites commissions rogatoires devra toujours être faite par la voie diplomatique et non autrement. Les frais occasionnés par ces commissions rogatoires resteront à la charge de l'État requis de pourvoir à leur exécution.

Art. 22. — La présente convention est conclue pour dix années, à partir du jour de l'échange des ratifications.

Dans le cas où aucune des deux hautes parties contractantes n'aurait notifié, une année avant l'expiration de ce terme, son intention d'en faire cesser les effets, la convention continuera d'être obligatoire encore une année, et ainsi de suite d'année en année, jusqu'à l'expiration d'une année à compter du jour où l'une des parties l'aura dénoncée.

Le jour où la présente convention sera mise en vigueur sera fixé dans le procès-verbal de l'échange des ratifications (1).

Les dispositions du traité du 18 juillet 1828 relatives à la juridiction et à l'exécution des jugements sont et demeurent abrogées.

(1) L'échange des ratifications a eu lieu à Paris, le 13 octobre 1869 et la la convention déclarée en vigueur à partir du 19 octobre.

En foi de quoi, les plénipotentiaires respectifs ont signé la présente convention et y ont apposé le cachet de leurs armes.

Fait à Paris, le 15 juin 1869.

(*L. S.*) Signé La Valette.
(*L. S.*) Signé Kern.

Protocole.

Après s'être mis d'accord sur les termes des divers articles de ladite convention, les plénipotentiaires des deux pays ont pensé qu'il serait utile de déterminer, par des observations insérées en un protocole spécial, le sens et la portée de quelques-unes des stipulations de la convention, stipulations sur l'interprétation desquelles il pourrait s'élever des doutes ; à ces causes, les plénipotentiaires ont dressé les notes explicatives suivantes :

Article premier. — Le dernier alinéa de cet article est ainsi conçu :

« Si néanmoins l'action a pour objet l'exécution d'un contrat consenti par le défendeur dans un lieu situé, soit en France, soit en Suisse, hors du ressort desdits juges naturels, elle pourra être portée devant le juge du lieu où le contrat a été passé, *si les parties y résident au moment où le procès sera engagé.* »

Le traité de 1828 dispose, dans son article 3, que les contestations personnelles sont portées devant les juges naturels du défendeur, « *à moins que les parties ne soient présentes dans le lieu même où le contrat a été stipulé.* »

Des difficultés se sont élevées sur l'interprétation des derniers mots qu'on vient de transcrire. Faut-il, pour que le tribunal du lieu où le contrat a été stipulé soit compétent, que les parties aient été présentes dans ce lieu au moment où le contrat a été passé, ou bien au moment où le procès est engagé ?

Des décisions ont été rendues en sens contradictoire par plusieurs cours impériales de France.

Le gouvernement suisse a toujours soutenu que, pour que les juges naturels cessassent d'être compétents, il ne suffisait pas que les parties se trouvassent dans le lieu où le contrat a été passé au moment de la convention, mais qu'il était nécessaire qu'elles y fussent présentes au moment où le procès était engagé.

Le gouvernement français s'était, à plusieurs reprises, montré disposé à partager cet avis. Il convenait donc de trancher la question dans le nouveau traité.

En conséquence, une rédaction nouvelle a été adoptée : on a substitué aux mots : « *à moins que les parties ne soient présentes* dans le lieu même où le contrat a été stipulé, » ceux-ci : « si les parties *y résident* au moment où le procès sera engagé. »

En principe donc, l'interprétation du gouvernement suisse est adoptée ; mais il a paru nécessaire d'expliquer que le seul fait de la présence du Français en Suisse ou du Suisse en France ne suffirait pas pour rendre le tribunal du lieu du contrat compétent; les mots *y résident* ont pour objet d'indiquer que la dérogation au principe de la compétence des juges naturels n'aura pas lieu quand le défendeur se trouvera momentanément et en quelque sorte de passage dans le pays où le contrat aura été stipulé, par exemple, pour assister à une fête publique ou autre, pour un voyage d'affaires et de commerce, une foire, une opération isolée, un témoignage en justice, etc., etc., mais seulement quand le défendeur y aurait, soit une résidence équivalente à domicile, soit même une résidence temporaire dont la cause n'est point déterminée par des faits purement accidentels, tels que ceux qu'on vient d'énumérer.

Art. 4. — Le paragraphe final de cet article donne compétence au tribunal du lieu de la situation des immeubles « dans le cas où il s'agira d'une action *personnelle* concernant la propriété ou la jouissance à cet immeuble. »

On a voulu prévoir les cas où un Français propriétaire en Suisse ou bien un Suisse propriétaire en France serait actionné en justice, soit par des entrepreneurs qui ont fait des réparations à l'immeuble, soit par un locataire troublé dans sa jouissance, soit enfin par toutes personnes qui, sans prétendre droit à l'immeuble même, exercent contre le propriétaire, et à raison de sa qualité de propriétaire, des droits purement personnels.

Art. 5. — La question s'est élevée, dans le cours des négociations, de savoir si l'article 2 de la loi française du 14 juillet 1819 pouvait encore être appliqué dans le cas où des héritiers français et suisses se trouveraient appelés concurremment à la succession d'un Français ou d'un Suisse décédé en laissant des biens dans les deux pays. Cet article est ainsi conçu :

« Dans le cas de partage d'une même succession entre des cohéritiers étrangers et français, ceux-ci prélèveront sur les biens situés en France une portion égale à la valeur des biens situés en pays étrangers dont ils seraient exclus, à quelque titre que ce soit, en vertu des lois et coutumes locales. »

Le gouvernement suisse exprimait le désir que les successions respectives des Français et des Suisses fussent réglées sans égard aux dispositions de cet article; le gouvernement français a expliqué qu'il ne pouvait, par un traité, abroger une loi faite en faveur des Français; que, d'après un arrêt de la cour de cassation du 18 juillet 1859, les traités antérieurs ne faisaient point obstacle à l'application de l'article 2 de la loi de 1819; que tout ce qu'il était possible de faire, c'était de stipuler la réciprocité; en conséquence, on a exprimé dans des termes généraux que si la législation d'un des deux pays accordait à ses nationaux des droits et des avantages particuliers *sur les biens situés dans le pays*, les nationaux de l'autre pays pourraient de même invoquer les droits et avantages à eux réservés par la législation de l'État auquel ils appartiennent.

Art. 11. — Le gouvernement suisse attache comme le gouvernement français un grand intérêt à ce que le tribunal saisi incompétemment d'une affaire qui appartient aux juges naturels du défendeur veille, même en l'absence de celui-ci, à la stricte application du traité, et renvoie le procès au tribunal qui en doit connaître. En imposant aux juges l'obligation de se déclarer incompétents, *même d'office*, l'article 11 disait suffisamment que, même en l'absence du défendeur et de toute exception d'incompétence produite par lui, le tribunal devrait se déclarer incompétent ; on a cependant ajouté ces mots : *et même en l'absence du défendeur*, afin que celui-ci puisse, sans être tenu de se présenter à la barre pour soulever le moyen d'incompétence, adresser, soit au président du tribunal de commerce, soit au procureur impérial, quand il s'agira d'un tribunal où se rencontrera un officier du ministère public, des notes et observations propres à les éclairer sur l'application à sa cause des stipulations du traité. Ce moyen aura pour effet d'appeler utilement l'attention du tribunal sur sa propre compétence. Des instructions adressées aux tribunaux pour l'exécution du traité leur indiqueront d'ailleurs la portée des termes de l'article 11.

Art. 16. — Pour l'intelligence des mots *autorité compétente* qui se rencontrent plusieurs fois dans cet article, il est expliqué qu'en Suisse la demande d'exécution peut être portée, suivant les cantons, soit devant le tribunal entier, soit devant le président, soit même devant l'autorité exécutive ; que, de plus, elle peut, en cas de difficulté, être soumise au conseil fédéral, qui fait office, en ce cas, de cour supérieure : il a donc fallu se servir d'expressions générales et applicables à tous les cas.

En France, c'est toujours l'autorité judiciaire, à ses divers degrés, qui statuera sur les demandes d'exécution.

Art. 20. — Il est reconnu que le mode de transmission des exploits, citations et actes de procédure, tel qu'il est organisé actuellement, donne lieu à des correspondances géminées et à des retards fâcheux. On aurait désiré stipuler que ces actes seraient envoyés directement par le magistrat d'un pays à l'autorité correspondante de l'autre pays ; mais le paragraphe 9 de l'article 69 du Code de procédure civile français est impératif ; il exige, à peine de nullité (article 70), que les exploits soient envoyés au ministère des affaires étrangères, qui les transmet au gouvernement étranger. Il y a donc lieu d'attendre que la revision du Code de procédure, et notamment celle du paragraphe 9 de l'article 69, permette au gouvernement français de consentir des stipulations plus appropriées aux besoins de célérité de notre époque. Dans l'état des choses, la clause insérée en l'article 20 a seule pu être admise.

Art. 21. — Quant aux commissions rogatoires, le gouvernement français a tenu à conserver le mode actuel de transmission. Il importe, dans son opinion, que les gouvernements puissent surveiller avec soin l'exécution des mesures sollicitées par la justice étrangère et qui peuvent n'être point en rapport avec la législation du pays.

Le présent protocole, qui, de même que la convention du 15 juin 1869, a été expédié en double original, sera considéré comme approuvé et confirmé par les parties contractantes et comme ayant reçu la ratification par le fait seul de l'échange des ratifications de ladite convention, à laquelle le présent protocole se réfère.

VÉNÉZUÉLA

Convention consulaire *conclue le* 24 *octobre* 1856 (1) *entre la France et la République de Vénézuéla.*

Art. 6. — Les consuls généraux, consuls et vice-consuls respectifs auront le droit de recevoir dans leurs chancelleries, ou à bord des navires, les déclarations ou autres actes que les capitaines, équipages ou passagers, négociants et citoyens de leur nation voudront y passer, même leur testament ou dispositions de dernières volontés ou tous actes notariés. Les expéditions desdits actes, dûment légalisées par les consuls généraux, consuls et vice consuls, et munies du cachet officiel de leur consulat, feront foi en justice devant tous tribunaux, juges ou autorités de France et de Vénézuéla, au même titre que les originaux, et auront respectivement la même force et valeur que s'ils avaient été passés devant les notaires, écrivains et autres officiers publics compétents du pays, alors même que lesdits actes auraient pour objet de conférer hypothèque.

Cependant, quand ces actes auront rapport à des biens fonciers situés dans ledit pays, un notaire, écrivain public, ou autre agent ministériel compétent du lieu, sera appelé à y concourir et à les signer avec le chancelier ou l'agent, sous peine de nullité.

Ces derniers actes, pour être exécutoires dans le pays, devront, en outre, être soumis à toutes les formalités d'enregistrement ou transcription auxquelles sont assujettis les actes de même nature passés devant les notaires ou autres agents ministériels locaux.

Art. 7. — Les consuls généraux, consuls et vice-consuls respectifs sont encore autorisés par la présente Convention à recevoir dans leurs chancelleries tous actes conventionnels entre un ou plusieurs de leurs nationaux et d'autres individus du pays où ils résident, et même tous actes concernant des citoyens de ce dernier pays seulement, pourvu, bien, entendu, que ces actes aient rapport à des biens situés ou à des affaires à traiter sur le territoire de la nation à laquelle appartiendra le consul ou l'agent devant lequel ils seront passés.

Art. 8. — Les consuls respectifs pourront, au décès de leurs nationaux morts sans avoir testé ni désigné d'exécuteurs testamentaires :

1° Apposer les scellés, soit d'office, soit à la réquisition des parties intéressées, sur les effets mobiliers et les papiers du défunt, en prévenant d'avance de cette opération l'autorité locale compétente, qui pourra y assister, et même, si elle le juge convenable, croiser de ses scellés ceux apposés par le consul ou agent; et, dès lors, ces doubles scellés ne seront levés que de concert;

(1) *Bulletin*, 1857, n° 532.

2° Dresser aussi en présence de l'autorité compétente du pays, si elle croit devoir s'y présenter, l'inventaire de la succession;

3° Faire procéder, suivant l'usage du pays, à la vente des effets mobiliers en dépendant; enfin, administrer et liquider personnellement, ou nommer, sous leur responsabilité, un agent pour administrer et liquider ladite succession, sans que, d'ailleurs, l'autorité locale ait à intervenir dans ces dernières opérations, à moins qu'un ou plusieurs citoyens du pays dans lequel se serait ouverte la succession, ou les citoyens d'une tierce puissance, n'exercent quelque réclamation contre cette même succession, car, dans ce cas, et s'il survenait quelquel difficulté à l'égard de ces réclamations, elles seraient jugées par les tribunaux du pays, le consul agissant alors comme simple représentant de la succession.

Lesdits consuls généraux, consuls et vice-consuls seront tenus, dans tous les cas, de faire annoncer la mort du défunt dans l'une des gazettes qui se publieront dans l'étendue de leur arrondissement, et ne pourront faire la délivrance de la succession, ou de son produit, aux héritiers légitimes ou à leurs mandataires, qu'après avoir fait acquitter toutes les dettes que le défunt pourrait avoir contractées dans le pays, ou qu'autant qu'une année se sera écoulée, depuis la date de la publication du décès, sans qu'aucune réclamation ait été présentée contre la succession.

Il est entendu que, dans le cas où les héritiers viendraient à se présenter eux-mêmes dans le pays, le consul, à quelque époque que cela arrive, sera tenu de leur rendre compte et de remettre, s'ils l'exigent, l'administration de la succession entre leurs mains. Il en sera de même, si lesdits héritiers constituent par acte authentique un ou plusieurs fondés de pouvoirs pour agir en leur nom. Dans tous les cas, la liquidation définitive, et surtout la vente des biens fonciers, ne pourra avoir lieu qu'un an après la mort du défunt, à moins que le consul ne soit spécialement autorisé par les héritiers eux-mêmes à devancer ce terme.

APPENDICES

PARIS. — IMPRIMERIE C. MARPON ET E. FLAMMARION, RUE RACINE, 26.

CATALOGUE DE LIVRES,

A PARIS,

Chez Guillaume de Luyne, Libraire-
Iuré, au Palais, dans la Salle des
Merciers, sous la Montée de la
Cour des Aydes, à la Iustice, 1671.

Recueil de toutes les Pieces de Theatre
de Messieurs *de Corneille*, 6 vol. avec
Figures, 8
Idem, 7 vol. papier commun, 12
Idem, 7 vol. papier fin, 12
Se vendent separément, sçavoir.
Le Theatre de *P. Corneille*, 2 vol. fol.
Idem, 4 vol. avec Figures, 8
Idem, 4 vol. 12. papier commun.
Idem, 4 vol. 12. papier fin.
L'Imitation de Iesus en Vers, 8. 16
L'Office de la Vierge, avec toutes les Hymnes,
en Vers, 12
L'Office de S. François de Sales, en Vers & en
Prose, 12

A

De *T. Corneille, sçavoir.*

Le Poëme Dramatique, avec Figures, 3 vol. 8
   Idem, 3 vol. 12
Les Metamorphoses d'Ovide, en Vers, 2 vol. 12
   Les Pieces Choïsies, 12

Oeuvres de Monsieur Scarron.

Les Oeuvres reveuës, corrigées, & augmen-
   tées, 2 vol. 12
Le Romant Comique, 2 vol. 12
Le Virgile Travesty, 2 vol. 12
Les dernieres Oeuvres, 2 vol. 12

Recueil des Pieces de Theatre de *M. Quinault,*
   3 vol. 12
Recueil de Tragedies Saintes, 12
Les Oeuvres de *Moliere,* 2 vol. 12
Les Lettres & Poësies de *Malherbe,* 12
Les Oeuvres de *Theophile,* 12
   Idem, les Lettres.
Les Poësies Diverses de *Gilbert,* 12
Les Poësies de *Malleville,* 12
Les Oeuvres Poëtiques de *Beys,* 4
Les Poësies de *Perrin,* 12
Les Satyres de *Regnier,* 12
Le Villebrequin de *Maistre Adam* Menuisier
   de Nevers, 12
L'Ovide Bouffon de *Risber,* 12
Recueil des Enigmes de *Cotin,* 12
Les Madrigaux Amoureux de *Guarini,* 12